俄蒙回憶錄

毛以亨◎原著
蔡登山◎主編

編輯書前註

本書內容為史料性質，由蔡登山老師重新點校，部分詞彙與翻譯和現今所習慣的正確用字並不相同，為尊重歷史、呈現作者當時的記載，我們予以保留。

毛以亨和《俄蒙回憶錄》

蔡登山

毛以亨曾歷任北大、台大、暨南等校教授，精研史學，卓然有所見。早歲受知於新會梁啟超，後來他寫出《梁啟超》一書。以研究梁啟超著名的北京大學教授夏曉虹說：「在一九四九年以前，只有梁啟超在清華國學院指導的學生吳其昌寫過半部《梁啟超》，一九四四年出版。因吳同年病逝，此書並未完成，梁的生平也只寫到戊戌變法失敗，出亡日本，梁之事業其實剛剛開始。所以，從完整性的角度看，毛以亨的《梁啟超》應該算是最早的一部梁啟超傳記。此書出版後，伍憲子（名莊，梁之萬木草堂同學，後任中國民主憲政黨主席）曾發表書評，認為『其持論很公平』，『能將梁啟超真相畫出，是一部有價值之書』，甚至稱讚毛氏的評論『說得極有分寸，亦極中肯』，因謂『毛氏可算任公知己』。不過，此書的價值長久不為人知，直到一九七五年，才又在臺灣出了一版。」（按：該書初版是香港亞洲出版社，一九五七年。）

毛以亨（一八九四—一九七〇），字公惺，浙江江山人，一八九五年（清光緒二十一年）

生。早年，加入光復會。一九一〇年春，考入杭州府中學。同學有徐志摩、郁達夫、毛準（子水）、姜立夫等人。一九一一年秋，參加辛亥革命。民初考入國立北京大學，在校時任北大閱書報社幹事。畢業後於一九一八年十二月，由上海乘日輪「丸善丸」赴法國留學，治中國外交史。其時梁啟超偕蔣方震（百里）、張君勱、丁文江、徐新六、劉崇傑等人赴歐考察，適與毛以亨同船，其後受知於梁啟超，受到張君勱培植，肇因於此。

一九二三年二月，獲法國巴黎大學政治學博士學位；七月，離歐返國；同年秋，任公立浙江法政專門學校政治系教授，又刊行《浙民日報》。一九二四年，以黃郛秘書長之介任西北邊防督辦公署秘書，待命南苑。一九二五年一月，馮玉祥在張家口專任西北邊防督辦，於得馮電後，被派往張家口任公署秘書兼代理特派交涉員，奉派接收蘇援軍械，迨墾務委員會成立，任墾務委員；十一月，任駐蘇聯特羅邑（後改設於上烏丁斯克）領事；同年以李煜瀛、徐謙之介，由丁惟汾主持，在北京加入中國國民黨。

一九二六年二月，經滿州里抵布里雅特蒙古共和國首都上烏丁斯克履新；三月，偕主事兼俄文翻譯勾增澍晤馮玉祥於庫倫，並奉馮氏之命往見蘇聯大使康克格利，告以外蒙總理丹巴已向馮氏提出中國對外蒙承認之要求，此乃與中蘇條約有關之問題，是時外蒙以獨立國為標榜；五月，隨馮玉祥、徐謙、李鳴鐘等至莫斯科，馮乞軍援於蘇聯，企圖以武力統一中國。抵莫斯科後，嘗隨馮氏參觀孫逸仙大學，學生中有陳紹禹（王明）、邵力子、蔣經國、張秀鳳等人。居留三月，對蘇聯軍援原則上已達成協議，由蘇聯供應日製三八式步槍、法國式機關槍等武器，至於細則尚未決定；八月，偕勾增澍返回上烏丁斯克任所；九月，因駐蘇聯大使館鄭延禧代辦向北京外交部報告他隨西北軍馮玉祥至蘇京活動，擅離職守，外交部據之免去領事職務。

一九二七年一月回國，抵達上海，旋與李鳴鐘、韓安乘日輪「鳳陽丸」往漢口，奉共黨中央總書記陳獨秀命向「中國國民黨中央執行委員會暨國民政府委員會聯席會議」（簡稱「聯席會議」）報告西北軍與庫倫近況，其後往南昌晉謁蔣總司令，告以馮氏非特不附共，且致力反共。四月，上海「清黨」之役起，奉蔣總司令命，攜其親筆函、密電本及蔡元培、吳敬恆、李煜瀛諸人之親筆函，經天津、運城，謁馮玉祥於潼關，報告三小時，清共之議遂決；六月，馮玉祥與汪兆銘、徐謙、唐生智、張發奎等舉行鄭州會議，會議結束，奉馮氏之命赴徐州，晤李宗仁、白崇禧，決定蔣、馮在徐州會晤。後來蔣、馮聯名通電繼續北伐，南京國民政府每月協濟西北軍軍餉二百萬，並實行清黨與遣送鮑羅廷回國；馮玉祥任毛以亨、李鳴鐘、韓安三人為西北軍駐南京代表，代表馮玉祥列席政治會議。一度被提名為內政部次長並代部務。

同年脫離政治，任國立暨南大學教授。後歷任國立北京大學、私立上海法科大學等校教授，私立大夏大學文科史地系主任，國立北平大學法學院預科主任兼教授，主各大學「中外關係史」講席凡二十年。

一九四一年十二月，太平洋戰事起，日軍攻佔香港，其時他和湯薌銘適旅居香港。

一九四五年八月，加入中國民主社會黨。一九四七年三月，代表張君勱前往新德里參加泛亞洲會議；七月，當選為民社黨候補中央執行委員。一九四八年六月，任行憲後第一屆監察院監察委員（院長于右任）。一九四九年冬，遷居香港，一度來臺灣出席監察院會議，任臺灣大學教授。一九六八年二月十五日，病逝於香港九龍。終年七十四歲。著有《倫理問題》、《學制與學科的改革》、《現代民主政治》、《民主各國的政黨》、《俄蒙回憶錄》等。譯有《歐洲現代政治史》等。

《俄蒙回憶錄》作者毛以亨在序中記述：「我隨馮玉祥，經庫倫赴莫斯科，請求援助之經過。自民國十三年始入馮幕起，至十六年蔣馮徐州會議止，就我所知道的對俄蒙交涉，分為若干題目，作有系統的敘述與批評。其目的不在紀北行之艷異，談海客之瀛洲，乃是作俄蒙之研究，供國人之參考。惟既為研究性質，則僅述至民國十六年以前的事，未免貽明日黃花之譏，乃參考他書，而敘至今日始止。」

他在外蒙時，就看清共產黨的真面目，他在書中說：「我們在國內的人不易明白，自稱左派者，亦不悟其為共產黨所利用。如果到了蒙古，看到共產黨之如何操縱而吸收蒙古人民黨與青年團，就可恍然了。他們在中國與在外蒙，所用是同一手法。」而他對於此行的任務及馮玉祥也有著清醒的看法，他說：「初出茅廬的我，對於國家自問已盡了責任，心中為之泰然。惟一般人認為我從此走紅，一帆風順，然則適與事實相反。我開始受到馮夫人的排斥，決不能再在西北軍幹下去了。不過人生的道路是很寬的，即使政治的豪興發了，我亦當另選別路，何必走西北軍這樣沒落的、反動的政治團體的門路？至我之繼讀為他們再幹二年，完全在異國之環境下，刺激起我的愛國情緒所致。自認為替國家而自動幹的成分多，而為馮氏私人幹的成分少。當馮夫人問我，『是否真正想擺脫帝國主義者壓迫，非做共產黨不可』時。我即答以，『做了共產黨，即不能做單純的中國人，這是不能兩全的，我則只願做中國人。』弄得她面紅耳赤，恨我刺骨。假使我對西北軍而有留戀的話，只有想法敷衍她，不至毫無顧忌的逢彼之怒。」

在蘇聯時他聽見某君會見史達林的談話，他們的陰謀計畫是蘇聯在遠東的紅軍，與西北軍合作，做成兩鉗之形，以鉗住關東軍。毛以亨在寫此書時回憶此事時，他說：「事隔二十餘年，猶以疇昔閒事，足證史達林魔力的偉大，亦足證明『道高一尺魔高一丈』之語為不我欺了。尤其兩把鉗之說，恍若言猶在耳，而感到痛澈肺腑以的。」而「二十餘年以後，國軍與共軍戰於東三省，共軍與遠東之蘇聯紅軍，適成兩把鉗，共軍之一鉗，機動地迎上去，而紅軍一鉗不動，一切均如原擬。而與二十餘年前之原擬不同的地方，就是所鉗掉的，不復為日本之關東軍，而為自己的國軍。大概東三省之戰，蘇聯與中共，是拿蘇聯二十餘年前其參謀部所製定的軍事原計劃，來實施了。國軍無關東軍之強韌，自然吃不住的。然其軍事原計劃，根據史達林的授意；而史達林的授意，出於某君的建議。」往事昭昭，殷鑑不遠。

毛以亨亦提到此次蘇聯援助西北軍的軍械武器，都是到海參威買的日本貨。目的在掩飾一時，使日本暫時找不到俄援的物證，當日本特務發現西北軍有大量日本三八式步槍與六五口徑的子彈時，總疑心日本浪人以軍械賣給我們。不料二、三十年後，蘇俄玩其同一手法，以大批美式軍械送給中國共產黨，因憑之以佔領了整個中國。而揚言這是共黨搶奪自國民黨的，實則就是第二次世界大戰對德作戰時，美國給予蘇俄的美援軍械，此次再以撥給中共。毛以亨說：「然而美國特務與二三十年前的日本特務，一樣的不成，皆被蘇俄玩弄了。無法找到蘇俄援助中共的物證，遂誤認為蘇俄真正守中立，而以國共戰事為中國人之國內戰。我是身歷其境的過來人，不得不嘆蘇俄人的奸詐，與美國人的天真，使蘇俄的魔術，老變著那一套，而仍未被戳穿。」

而這次俄蒙之行，對毛以亨的影響，他總結地說：「我對共產主義雖極懷疑，然而對西歐之社會主義，是至今仍存有幻想的。到蘇俄後始知其與社會主義背道而馳，與其冒充民主而自稱民主，如出一轍，我開始痛恨共產主義。組織中國共產黨之創始人為陳獨秀、李大釗等，最初與我們一起做民主運動，日後為求辦法而遷就共產黨。但自從知道中國共產黨，成為蘇俄第三國際之支部以後，我即拋棄對他們的幻想，和他們對我的友誼，而分道揚鑣了。反共之堅決意識，此時已經形成，二十餘年，迄未得足以使我改變之道。亦正賴有此，始得苟全性命於海隅，不至關進鐵幕。蓋痛定思痛，嗣後凡與蘇俄有關係的事，我碰也不敢再碰。不要說共產黨，連駐蘇俄的外交官也不敢再做，不要說外交官，連對蘇俄的經商也不願做。」

書中也歷述「天蒼蒼，野茫茫」的塞北雄渾氣象，風雪漫天的西伯利亞的荒涼，外蒙的風土人情，莫斯科的生活，及北伐前後那些叱吒風雲的人物，和當時中俄外交的秘辛；可以當遊記讀，也可以做歷史看。

而書中對馮玉祥也多有批評，可為研究馮玉祥的一手資料。例如他說《馮玉祥日記》是由陳天秩代記的，此事外人不知，可謂秘辛。他說：「傳令員陳天秩是中學生，為馮最喜歡的人，然其人緣並不好。馮氏的日記，是他代記的，不過把每天見些什麼人，做些什麼事記下來。但其日記毫無可取，並不是說他的文理不好，因為不是馮氏自己動筆，無法藉以把握到當時馮氏的情緒，與其行動的目的所在，及其動機又如何。陳天秩後來入莫斯科孫逸仙大學，為第二班學生。畢業後初任河南省黨部委員，後來做過幾任縣長，現在不知其留在大陸，抑去台灣？」

《馮玉祥日記》始於一九二〇年十一月二十五日，止於一九四八年五月，是馮玉祥夫人李德全女士一九六〇年代初期捐贈給中國第二歷史檔案館的。一九九二年一月，江蘇古籍出版社出版五卷本《馮玉祥日記》，時間截至一九四〇年十二月。日記是無法找人代記的，《胡適日記》和《顧頡剛日記》之所以好看，除了記事外，還真實呈現了他們的內心世界，以及其所處的風雲變幻的時代，而這些是別人無法代筆的。

《俄蒙回憶錄》是毛以亨俄蒙之行的親身實錄，但作者似乎並不以回憶錄為已足，甚至可以看做是本史論。他溯本窮源地追述整個事件的歷史，上下數十年，且萬里歸人，白頭話舊，蒿目時艱，自多針針見血的真知灼見，道前人之所未道，發前人之所未發，尤足為本書生色。

原書序

這本《俄蒙回憶錄》，係敘述我隨馮玉祥，經庫倫赴莫斯科，請求援助之經過。自民國十三年始入馮幕起，至十六年蔣馮徐州會議止，就我所知道的對俄蒙交涉，分為若干題目，作有系統的敘述與批評。其目的不在紀北行之艷異，談海客之瀛洲，乃是作俄蒙之研究，供國人之參考。惟既為研究性質，則僅述至民國十六年以前的事，未免貽明日黃花之譏，乃參考他書，而敘至今日始止。

昔日所以不願執筆寫這本回憶錄，實因乏味的回憶，提不起興趣來。我方患忘記不了的苦，那裡還有再來追想的勇氣？再則馮玉祥亦如一般人之有其優點與劣點，論其優點，則人們會笑我睠懷故主；舉其劣點，則舊遊將怨我刻薄寡恩。而且又不能不提到他，提到則我雖力求其持平，人們亦將疑我為偏見。覺得不易著筆，而我的筆端又常挾感情以俱至，而不能自已，所以還是藏拙的好。

現在為了應付共產黨，關於反共的理論、方法、與經驗，都有寫出來貢獻大眾的必要，不能為馮玉祥而因噎廢食了。共產黨是教條主義者，所根據的乃列寧史達林的聖經，是萬變而不離其宗的。他們總是那一套刻板的老文章，二十年前所說所做的事，與今日之所說所做的，沒有什麼兩樣。所以二十年前應付共產黨，而收效的方法，今日仍可發生效力，不隨時代的過去而過去。其二十年前不能收效而結果很壞的辦法，亦要視為借鏡，不能再犯同樣的錯誤。

但對共產黨的言論，決不可自作聰明，望文生義來解釋，必須依照列寧、史達林的話，與其歷屆黨大會，與中委會的決議為說明。譬如蘇聯的共產黨，不是馬克思所認為無產階級工人之黨，而須依列寧的意見，與工人無關，僅為少數職業革命家的黨。又如兩個世界可以和平相處之意，不是說資本主義與社會主義可以妥協，而是依列寧的意見，不是前者為後者奏哀樂，就是後者為前者敲喪鐘。和平相處，乃是指冷戰或局部戰爭時，資本主義國家暫時存在之事實而言。瞭解蘇聯，此等名詞之正確解釋，實為吾人應上之第一課。

尤足異者，蘇聯之所謂民主，乃指不可捉摸之精神而言，自以為根據於希臘，然希臘時代之暴君與民主，實無多大區別。依現代民主標準，須拿出制度來證明，則蘇聯殆為不民主之尤。然蘇聯雖厚顏自稱為最徹底的民主，大家皆知其偽，故其影響不大，顧毛澤東的新民主主義仍能騙了不少人。惟共產主義者而以社會主義者自稱，乃以社會主義之優點歸之，使無人敢直斥其非社會主義。然社會主義與馬克思主義，皆以各盡所能，各取所需為原則，而共產主義者祗知使人各盡所能，而不許其各取所需。所以我直斥其為反社會主義之新沙皇的力量主義。凡此皆為我所欲盡量介紹出來，以明共產黨之真意所在。

中共諸人，無論其為民族派與國際派，均不愧為列寧的信徒，他們均不借運用外國的力量，來奪取本國的政權。民國三十六年政協瀕於破裂時，董必武親來托我，求美國的干涉。我告以運動外國來干涉本國之事，我不願為，且美國人亦不肯幹。乃叩以萬一國共開戰，勝利究將誰屬？董答為中共方面，當然劣勢，因國軍之動員工具，為飛機、輪船、與汽車，而中共則只靠徒步。所以不得不另想辦法，以求補救，而將劣勢轉變為優勢。我想其另想之辦法，不特已經進行，且已安排就緒，引滿待發了。我於此更得一結論，即所謂國內派與國際派，其依賴蘇聯，是一致的。所以對於中共內部有狄托主義的幻想，亦可以休矣！

共產黨尚有兩套把戲，自以為獨步世界，無人能及：第一為矛盾，第二為重複。打開《列寧全集》看一看，曾無往而不矛盾，他們認為有矛盾始有綜合，否則即不能完成其體系。且自認為根據黑格爾馬克思的哲學，其實此類哲學，只是為預言家所必需，因為本來無決預言，只好出以兩面光之詞了。惟共產黨收效的地方，在不嫌重複，這是為強調某一問題所必需，我們要強調其駁覆，亦只有隨以重複。但不能如彼之多，因為他們不怕讀者討厭，而我們則深怕得罪讀者。例如關於蘇維埃聯邦問題，除見於蘇維埃一章外，又於布里雅特一章中，再一述及。又如蘇聯在遠東之對中日政策，亦於各章中，分別提到三四次。再則馮玉祥的見解有限，他說來說去只是那幾句話：譬如不願做兒皇帝一語，他說了不只數百遍，幾可安置於每章之中，但我只使在庫倫與史達林會見二章中，重見一次，其餘都省掉，以免讀者討厭。提到拉鐵摩的地方有四處，其實是可併為一處的，但我因為他影響美國輿論太大了，所以不能自已的繼續提出來。總之受了共產黨影響的重複壞習慣，是要請讀者原諒的。

本書關於主義與政制，自愧不如中外專家研究之精，又不如留俄學生之熟。其於外蒙情形，更不如內蒙同胞白雲梯等之親切了。是書之作，僅為拋磚引玉之用，俾於俄蒙認識，有進一步之研討，而有助於應變，則尤所願也，是為序。

民國四十三年毛以亨於九龍

目次

一、天蒼野茫話塞北

我少時最喜斛律光「天蒼蒼，野茫茫，風吹草低見牛羊」之句，大漠南北對我是特別具有吸引力的。友人中有王崇植者，將綏遠之王昭君墓，拍成一尺二寸的照片寄給我，他說明是與我開玩笑，譏我為毛延壽後人！到底毛延壽是否如優孟衣冠所指為「賣國的奸臣」，這段公案，我可以不管，不過塞外青塚，總是引人入勝的。於是不啻山川之神，向我招手，我好像預感到要過幾年塞外生活似的，蓋早已心嚮神往了。

馮玉祥氏既在張家口就西北邊防督辦之職，而張之江任察哈爾都統，李鳴鐘任綏遠都統，總算有了小小地盤。且其力量伸展至北京，鹿鍾麟任北京警備司令，薛篤弼任崇文門稅關監督，劉驥任京兆尹。惟東北軍止於天津，李景林任直隸督軍，張宗昌任山東督軍，山海之路已受包圍。至北京地盤則西北軍與號稱執政之段祺瑞共之。且清宮歸西北軍守衛，主持清宮者為李石曾與易培基，尤為古物寶器所聚，有人視之為利藪。凡所能把握到者，馮氏總算點滴不漏的拿到手了。顧以形勢論則陷於大包圍之內線中，需要有大辦法治能突破的。我時任西北邊防督辦公署秘書，待命南苑，得馮電報，遂前往張家口。

由西直門趁京綏路火車，七小時可達，我以欲覽長城八達嶺之勝，故趁日間火車行。上午九點開車，經清華、清河諸站，未二小時即到南口。居庸關屹立山巔，《讀史方輿紀要》以為井陘八隘之七，此為最險，所謂車不雙轍，馬不並蹄者是。沿邊建台一千二百，自遼冀以迄嘉峪關，均為明將戚繼光所築。從此北鄙無事，乃專力於東北，明史稱繼光集步兵三萬，浙兵三千守之，並謂「繼光在鎮十六年……繼之者踵其成法，數十年得無事。」龔自珍以居庸關為守者之言，然亦疑若可守而已。其言曰「居庸寘其間，如因兩山以為之門，……關凡四十重。南口者，下關也，為之城，城南門至北門一里。出北門十五里，曰中關，又為之城，城南門至北門一里。出北門又十五里曰上關，又為之城，城南門至北門一里。出北門又十五里曰八達嶺，又為之城，城南門至北門一里。」南口城有天竺字蒙古字，八達嶺北門書「北門鎖輪」四字，僅上關之北門書居庸關三字。顧山川形勢，絕不可恃，自古已然，於今為烈而已。建都北京者，咸認居庸之可守，於西蒙古之於以中衰證之。然李自成卒奪居庸之隘，狼奔豕突以陷北京。而守南口以防北京方面之來攻者，則為尤難。正面雖屬天險不易仰攻，然南口之後為宣化府，從冀南易水紫荊關之線以至宣化悉為平地，宣化失則南口亦不得不退。徐培根懸想黃帝與蚩尤戰於涿鹿之野，即依此地形而言。民國十四年張作霖吳佩孚合力以攻張家口，南口正面雖有鄒作華之炮隊，亦屢攻不下，特吳佩孚之田維勤部以偏師從冀南以進涿鹿，南口即不得不退了。

八達嶺為四十五度至六十度之斜坡，火車不能直上，由兩個火車頭前拉後推之，徐徐而升，較之香港上山電車，極為相似。需半小時強，始達山巔，鐵路工程之險，無過於是，此乃吾國著名工程師詹天佑所築，南口有其銅像，據路局工程師言，火車如繞道數十里本可不經由南口，而東行亦可較速，改道之議屢起，以無經費而罷。

京綏路本已入不敷出，平日且恃京漢京奉兩路之協款。迨軍人提軍餉賣車皮之惡習盛行以後乃益困。所謂賣車皮者，乃將貨車集中起來，而歸軍隊之運輸總司令部所控制，貨車即所謂皮。商人載貨，須求貨車於運輸總司令部，納其運費，率三數倍於路局之正規運價；蓋以正價歸路局，而以附加價歸諸軍隊。倘只付正價，則路局拿不出車皮，只好拒絕代運，亦有不得其門路，而始終賣不到車皮者。倘商人拒絕出價而無貨可運，則軍隊可以向路局要機車，掛上車皮運煤，來自己做生意，連正價亦不肯給路局。軍隊始終是有收入的，祇是路局商家兩受其困而已。惟軍人們固不善安排，且根本為扼死商運之自殺政策，顧貪其目前之小利，積習卒不能改。當時京綏路之局長為馮氏之前任副官長宋良仲，而運輸總司令聞為主任副官薛雲舉。馮氏以軍餉之困乏，亦不惜循賣車皮之惡習，實則稅局之收入無形中減少，得失相等，聞之至為不懌。

出長城後，下坡路即不如上坡路之多，蓋地勢已高。未三時即至宣化，又不到二時就到了張家口。而使我最感驚異與平日之想像不相同者，即出長城後本為逐水草而居之蒙古民族所居，平日都假定其為游牧生活，為另具一種風趣之居民。不料此數百里之內至張家口止，仍為農耕之地，阡陌相望，沃野平疇，與關內曾無稍異。此皆自明至清數百年間之移民與蒙古民族改營農業之成績。關外多為白茫茫一片的鹹地，只要引水將鹹質沖淡，就可耕種。天氣亦稍冷，其較關內相差一二月，常見關內林木蓊青之候，而關外仍是枯枝殘樹之時。然天氣並非耕種之主要障礙，吉林有稻田，庫倫之北恰克圖與西伯利亞一帶，均種小麥。居民除為關內移民外，漢蒙雜居，且互通婚媾，而蒙人成習漢文，並改為漢姓。我以為內蒙問題，倘無日俄故為挑起，恐亦不成其為少數民族問題了。我於是屯田開墾諸念，湧現腦海，且誤認為西北軍之足衣足食，亦不難解決了。

下午五時到張家口，此為農業區域之終點，而亦游牧區域之始點。過此以往，風沙偏郊野，真所謂天蒼蒼野茫茫。不過草短尚不盈尺，經數千年的游牧生活，地力已盡，風不能將草再吹低了。因張家口為游牧與農業兩區域交換有無之所，遂成市面。益以中俄陸路商約，風之為兩國互市之所，光緒二十八年且奏開為商埠，許各國通商，乃倍形熱鬧。所謂口者本為防邊患的堡壘，與之同時設立者尚有三堡，附近並沒有萬全縣治。後來諸堡皆廢，而萬全縣治亦移至張家口，政治與商業之中心遂集中於此。其市面較保定府尤大，大賈鉅商雲集，英美俄日皆設領事。俄蒙人雜居，有俄人所設之旅館二處，設備完全歐化，膳食殊佳。有中國戲院一所，及中外妓院多處，中國菜飯不特有北方館，而寧波館與廣東館皆有。大街長約五里，分為上堡下堡；上堡在城內，都統署及大商店在焉；下堡在城外，為外國商店，妓院，戲院及火車站之所在地。

時督辦署的秘書處暫設在下堡之華元旅館，各方來見馮氏的賓客亦寓該處。上尉參謀韓復達司招待，即二十年後其女在重慶與馮氏有戀愛之謠傳者。秘書長由魏書香代理，共人為司書出身，吸食鴉片，而好賭博。因其不與外界往還，故西北軍將領皆認為可靠，所以朱哲元與馮治安主河北時，均任之為祕書長。西北軍中，視行伍出身為上品，即所謂經三考之正途人士，次則為軍校或陸大畢業之參謀人員，然參謀永遠帶不到兵。若軍佐則絕無地位，其中以軍需地位為較高，軍法官次之，秘書最下。西北軍本為綠營所改造，而秘書則等於綠營中之書啟師爺，根本不被認為軍隊中人。任秘書甚至秘書長有年者，輒給以一在縣長，俾有數千金之盈餘，共人即可告老還鄉。然能如是者尚為最優之待遇，而求之不得者亦殊多。魏書香見我為留學生而能中文，頗為嫉妒，恐亦為爭縣長而來者！有一次我擬一稿用濫觴二字，他不知道可作開頭講，斥我為不通，並告馮氏謂我是「讀慣洋文，不識漢文之留學生」。共實我洋文之所以不好，就是沒有忘記漢字之故。後來他給另一位葉秘書勸告，翻了辭源，始知道濫觴可作起頭講，但知道我沒有錯，對我更老羞成怒了。我誤鑽進這個牛角尖之後，知道非退出不可，所以也不關心他對我之好惡。

我在秘書處所碰的已是第二個釘子了，現在先說第一釘子的如何碰法？我會見馮玉祥於天津日租界宋子楊家，係黃膺白秘書長袁良所介紹，馮氏一見之後，即要我做他的秘書。旋即電給北京西北之邊防督辦公署，文曰「聘王某為諮議，毛以亨為秘書，月薪二百元。」不久委任狀送來，但委任狀上，照例不書薪水的。秘書處那時的組織，秘書分一二三等，由二百元至一百四十元，一百元三種，而額外的秘書統稱為秘書，月薪自八十元至四十元不等。我搬到旃壇寺到差時，邵秘書長認為月薪二百之待過太高，必然電文有錯。因馮鬧辭職，乃呈請代拆代行之李鴻鐘再批，批得月薪八十元。那時我大學教授的薪水是二百四十元，留學生尚值幾個錢，馮處薪水打四折，八十元等於三十二元，真使我啼笑皆非。我本想不幹，因徵黃袁二氏同意，黃膺白叫袁良警告我說，不要因我故，把他們和馮氏的感情弄壞。於是為求不辜負黃袁計，我只有幹到暑假再說。因為政界位置是無人為我謀的，大家都怕得罪馮玉祥，尤其必然要得罪黃膺白之故。我向李守常訴苦，他勸我盡此半年內，在馮處竭力打開新局面。倘馮氏真為無希望者，暑假後他不特要請我到北大教書，而且將他目己所擔任的史學系主任讓給我。

到張家口後，馮氏不斷請我去吃飯談天，似我已是紅人的樣子，不過我終以為是對我的戲弄。我乃對他的善意，作一挑戰性的試探，遂草一河套開墾的計劃，並主張設立墾務委員會。假定我的墾務不行，則拂袖而去，振振有詞，可以對期望而責備我的師友有個交代。不料我災難未滿，馮氏見了我的條陳之後，不特大為讚許，且依議辦理。任命梁式堂為委員長，包世杰為副委員長，林烈敷和我，還有幾位為委員。委員會挑了馮氏對面一座房子辦公，副官處在外進，因認識其副官長張允榮，得到極好的招待。那時大家給墾務會一個外號，稱為招賢館。

但我的墾務計劃並不高明，不過就沿途所見的直覺，請教了一位察哈爾中學校長張勵生，（此人後任騎兵師長）根據許多開墾的經驗寫成的。梁式堂的墾務計劃更不成了，他是重中國經驗而仇視西洋科學的。他雖以曾國藩、吳摯甫為標榜，卻不效法兩人之醉心歐化。我想他的標榜，不過為干祿之具而已，所以官亦至道尹，而與執政段祺瑞有關係。他主張開河套的八大渠，乃請了一在河套開墾的八十老人王同春前來商量。據說王氏修復了八大渠之二渠，但他到了張家口之後，竟說河套之水位會回上流的，梁式堂遂相信了。我們當然亦相信，不過這是自來水的道理，不是整條渠都是如此。後來打聽到王同春就是土匪王英的父親，他不在墾地，而在那裡當土匪，一隻眼睛就是被人打瞎的。王同春與我們，對於開墾，固同是外行而冒充內行，但真正內行的水利科學家，對於河套的辦法，亦不高明，且結果更糟。後來我與綏遠實業廳長韓安及全國水利局長袁良商量，派了水利專家楊豹靈諸人去勘察。王鴻一又到山東省政府得到一批補助費，移民千戶到河套。從民國十五年直鬧到最近總共花了數百萬元而毫無所獲。據美國專家言，河套是無法整理的，所謂「黃河百害，惟利一套」之說，是書本上的話，真是盡信書，不如無書了。

梁式堂到後來並不真正辦墾務，而是藉墾務為名，向段祺瑞要來六十萬的開墾經費，馮玉祥拿到此款，就移作軍餉了。包世杰本來是辦報的，遂慫恿馮玉祥請陳友仁來辦《民報》。該報為中英文聯合版，也著實培養出來不少人才，以誤登張作霖死訊，而被勒令停版。包氏後來改任外交部駐察哈爾特派交涉員，以派赴孫傳芳處充西北軍代表，馮氏要我代理其職務，但我們是好朋友，豈能搶人位置？唐悅良任督辦公署外交處長，要我任副處長，為處員李光漢等所反對，而唐亦動搖起來，我因不願就。同房林烈敷亦去到甘肅做民政廳長，只我一人未有下文。在墾務會的釘子，算是第三個了，我的釘子接二連三的碰下去，人非木石何以堪此！

做了墾務委員，已降為客卿與外圍分子了，然行動較為自由，所以常到北京去走走。李守常拿出辦法來了，他要我報告馮氏，說蘇聯要接濟西北軍軍械。我立即回張家口報告，馮氏自然很高興，即派劉驥、唐悅良、包世杰與加拉罕直接交涉，內容我就不清楚了。不過所表現於外者為國民黨已派徐謙常住西北，而汪精衛、孫科、孔祥熙都聯袂前來，在軍中派發了數千份三民主義。而內蒙國民黨白雲梯等之內蒙政府地下組織，亦一併搬到張家口。最後鮑羅廷自廣州趕到，大批的蘇聯顧問都來了。對於這些變化，我僅是一個旁觀者，不過蘇聯方面派到西北軍來聯絡的人，李守常都叫他們先來找我，由我陪他們去見馮氏。第一批軍械到滂江時，就是我與蘇聯聯絡員同去報告馮氏，由張之江和我前往迎接的。這批俄援我疑心是越飛最初答應給吳佩孚的，後來因吳氏不肯反日，所以停撥。而原建議人李守常遂根據成案來移給西北軍了，然而這是我想像，並未問過李氏。

李氏對於我將此事辦成，頗為高興，因此他住在東交民巷蘇聯大使館的房間，我得以自由出入，無話不談了。他問我究竟願意加入國民黨抑共產黨？我告以國民黨之宣傳，業已成熟，社會人心對之都有好感，若共產黨則尚待二十年的努力。我的任務既是公開的，而不是地下的，則以加入國民黨為便。不過我是光復會分子，後來併於共和黨的，並非同盟會舊人，且我是受到梁任公、張君勱培植的，所好舊賬都不算了。不久我即由李石曾、徐謙二人介紹入國民黨，秘密黨在翠花胡同，由丁維汾主持，我即在那裡拿到黨證。後來國民黨中人如吳稚暉、鈕永建、易培基等都和我混得很熟。惟我最感痛苦的，就是他們誤以我為馮的紅人，把重大任務都交我轉達，實則我仍是月薪三十二元的秘書呀！長久下去，我不成為招搖者麼，退志遂益決了。

當我告訴李守常要他踐諾，給我先容於北大師友，俾暑假後可以往教書時，他感到詫異說：「現在我們對西北軍已下了大注，而你是經手人，你那能撒手不管？」我告以大家都加薪的加薪，升官的升官，獨我向隅，至少可以證明其並不重視我。且他根本不以俄援為我之功，這是靠他的實力得到的。守常至是亦氣憤了說：「煥章之不近人情，真是名不虛傳，難道他不要人辦事？他能不談其辦事人員吃飽麼？」他最後答應？一是為我想辦法，也許不至於退回北大去。

有一次蘇聯大使加拉罕與唐悅良、包世杰談話時曾特別提出我，說我懂數國文字，品行學問才能皆優；而且有反日、反英、反法之成績。現在《中蘇條約》增設特羅邑領事館，其地為俄援西北軍軍械所必經，不能由北京政府隨便派人去。馮氏如願向北京政府保薦人的話，他願向馮推薦我。唐既任外交處長，所以也有權主張，他即當面滿口答應下來。回後唐與包都向我道喜，說馮氏已首肯，即向外交部函薦了。經過六個月的波折，我出任領事之機會終於達到目的。事後才知道完全李守常對我諾言的兌現，當我向他稱謝時，他笑道：「你是大學教授，難道出任領事，算是高升，而出於人家的提拔，還要遞謝恩摺麼？」

加氏所說我有反日之成績，則根據於其駐張家口領事及其軍事顧問之報告。當俄援已到之後，日本顧問松室孝良欲破壞是項計劃，乃攜太倉喜八郎赴西北遊歷，允貸款西北軍八千萬，以作河套之開墾資本。並以梁式堂之保薦，任其日文翻譯林世則為西北銀行行長；而西北銀行是為接受日本貸款而設的。馮氏蓋欲周旋於日俄倆方之間，居奇以漁利，時田中內閣以有機可乘，派了眾議院議員德川前來做說客。我則獨持異議，並向馮氏進言，且警告松室，以為日本之借款是永不兌現的諾言，目的祇求破壞我們的俄援。結果則日本借款不來，而俄援嗣後又中斷，殊不出吾之所料。

至於反英，乃我代理特派交涉員時事。那時和記洋行在大同，存有八萬元的雞蛋，又以華人出面在察綏買地，投資數十萬於牧羊事業。我根據外人不能在內地置產的約章，懲辦了出面的華人，並向英領事抗議，且請示於馮，決定本案未了結以前，不許京綏路運和記洋行之羊與雞蛋。英使托外交總長沈瑞麟向我說情，我諉為此事乃由馮氏自己作主，我不過奉命照辦而已。和記洋行因為損失重大，且以在塞外沒有生意做，因而將天津的支店關門了。反法之事，為我初到張家口時，綏遠法比神父為河套土匪擄去勒贖。法國使館武官羅克Rock，（此人做東北軍械生意發財，回國後組類於納粹之火十字會）要求地方政府花錢來贖，否則倘神父們被殺，即非要求將綏遠都統李鳴鐘撤職，並索賠款不可。我的答覆很簡單：「此地是沙漠而不是海口，你如不信可把炮艦開來試試看！」彼此遂不歡而散，但後來亦安然無事。

這些事馮氏當時並不重視，他認為文人應有的那一套，而有沒有都不在乎，他的根本要圖在練兵，我們不過幫閒的啦啦隊而已。他所以作此想者，在他認為這是合於事實之當然。當鮑羅廷偕幾位蘇聯顧問來參觀軍隊時，有些自命為蘇聯的神槍手，試演實彈射擊，每人發三槍，百碼之內，均中紅圈。馮氏不甘示弱，命衛隊團長馮治安發三槍，則中紅心，他自己又發三槍亦中紅心，把鮑羅廷弄得樂不可支。馮氏為樹立其信用起見，乃繼續表演，命各高級將領作障礙競走，兩人高之牆，兩丈闊之溝，孫連仲、梁冠英等一躍而過，石友三演槓子，做了五六十個鷂子翻身。騎兵表演馬術，時而翻身於馬腹下，時而落在地上，耍刀發槍如故，而馬之奔馳不息亦如故。步兵的劈刺雖學自日本，動輒半點鐘，其耐久力且勝於日人，跑步與大刀隊更為西北軍之特長。蘇聯軍事顧問亦嘆觀止，認為除砲兵外，中國精兵在是，於是對西北軍之俄援，遂確定了。

西北軍之膳食甚好，營養充足，故兵士經得起鍛鍊。每飯時要先識兩個字，始許開動。其精神教育亦甚重要，除蔡松坡輯之《曾胡治兵語錄》外，則為《三國志演義》。北洋軍人之喜看《三國演義》且將其作為兵法讀，蓋沿年羹堯、岳鍾麒之遺風。但做這些精神講話者，須能坐言而起行，至少衛科體力須勝過士兵，非以身作則不可，祇有讓帶兵者自己胡亂來講。因為雖有講得較好者，然其動作若不如士兵，會被人認為吹牛與賣膏藥的。所以對其軍中之精神教育，不特我們，即起曾胡於地下，亦幫不上忙。

郭嵩齡倒戈，是馮太太與郭太太在貝滿女中同學的關係，事機極密，並未經過幕僚，郭嵩齡亦無代表派來。馮氏與郭協議後，故佈疑陣，做成怕東北軍攻擊的姿態，而撤至包頭。我那時領事一職正被外交部擱起，延不發表，馮氏命我回到秘書處。這真使我為難了，但又不敢不從。君子殆無入而不自得，作為遊名山大川，深入內蒙之旅行，亦為好事。我上次祗到過歸化城，包頭距歸化城西數百里，已在河套之頂，有黃河鯉魚可吃，並有羊皮筏可坐，又何樂而不為呢！

包頭當時在京綏終點，下車後即坐洋車載行李到督辦公署。至則見其五排的泥牆茅屋，每排有房二十間。秘書處在第三排，我與熊夢賓、柴春霖、任右民同房。床為破磚疊成，上覆稻草，比之張家口墾務會之設備差得遠了。馮氏旋即傳見，問北京情形，謂欲倒段；知我新參加國民黨，要我勸籍隸國民黨之新任司法總長楊庶堪，以金佛郎受賄嫌疑案，拘捕現任財政總長李思浩。他不知道楊庶堪是民治同志會分子，而不屬於翠花胡同黨部，且頗親段。並且李思浩亦擠不出錢來，徒然增加老段的憤慨，若以金錢為目的是根本無法達到的。所以我與楊庶堪函商的結果，覆函以「波濤已闊，無所用其推挽」，為言，乃告馮以楊氏不願幹而罷。

包頭不特有田地，且有溝渠與稻田，路旁楊柳依依，宛若江南重臨，幾忘其為置身北地了。特在臨黃河之清流，挹桃李之芬芳，魚鱉蝦蟹，不可勝食，此情此景，今日思之，皆歷歷在目。特在包頭數十里外，即風沙撲鼻，與察哈爾一樣了。有人以為此地交通不便，人口稀少，原始森林，未盡砍伐，故能保持其優美的風景，而實則一切悉如塞外之他處。綏遠城之明妃青塚，為對我具有特殊吸引力者，傳說謂四周皆黃土，而此塚獨青，其實非是，蓋青時四周皆青，而黃時則塚亦殊黃耳。

此間內蒙朋友極多，皆為張家口內蒙地下政府中人。奇子俊兄妹為奇王之子女，子俊自己有騎兵數百人，槍枝齊全，士馬精壯，每人皆攜二槍二馬，賴以保全身家。此處之人，有槍而不為匪者殊鮮，馬鴻遠與王英皆在河套做過土匪，否則即無以養活其軍隊。其父馬福祥請馮氏無條件收編，以免其子之流於盜匪，馮氏允之，鴻逵之編入西北軍自此時始。子俊所以不願擴充其家軍者，明知擴充之後，可期政府收編，而本身即一躍而為旅長師長司令等職。不過總要經過當土匪的階段，其時間之久暫，視政府之交涉情形，與當時之需要而異。以雅不願先自陷於盜匪，故寧願戴上世襲奇王之封建式尊號，而其軍亦只是家軍而止。他在與漢人同學的高中畢業，而且參加內蒙政府，當然不會有再有做王公的思想。其兄妹二人馬術槍法均精，在馬上疾馳時，均能翻身馬腹下放槍。其妹則殊美，綏遠多美人，自古已然。但奇家之財與軍，終為召禍之源，奇氏兄弟，經過歷次變亂，早已遭橫禍死了。

到包頭之來覗馮氏者殊多，因為他的退至此處，使大家感到詫異，所以都要來看看。甚至素無來往之張作霖，亦派代表郭瀛洲前來。段祺瑞尤不放心，川流不息的派代表至包頭。而北邊防會辦馬福祥，則常川在此，每日必到各處談話，問長問短，名為以其手書之對聯與虎字及其他禮物送人，大家多疑心他為老段活動。是時馮氏殆以反東北為其唯一之目標，因為吳佩孚尚未有兵，湖北之蕭耀南未死，素主保守。馮氏反東北之戰略，為與孫傳芳默契，由孫發難驅逐江蘇楊宇霆，西北軍派赴孫處之代表先為包世杰，後為與馮孫同事之段雨村。孫的說話很痛快，他說「楊宇霆之為人，頭大腳小，一付站不住的相貌。」孫氏且說：「奉軍不敢南下，從上海到徐州不到二師兵」，而蘇皖之交，白寶山陳調元等允助孫反楊。預約孫氏自浙出兵後，倘奉軍不退，則國民二軍岳維峻截其徐州之後路。而馮氏岳氏之軍則收取直魯之李景林、張宗昌地盤，郭松齡則出關討張，以東三省歸彼。不料此事一變於孫傳芳得到江蘇後即頓兵不再進，反而與山東之張宗昌聯盟，且臣事張作霖。二變於馮軍攻李景林於天津不下，而郭松齡又敗亡於瀋陽附近。三變於吳佩孚收蕭耀南之兵，進入豫省，而國民二軍全體潰降。所以本來有利之形勢完全逆轉，而不利於馮，他不得不硬起頭皮，再回至張家口督戰。嗣後以張吳節節進逼，遂宣佈下野，住平地泉，預備出國赴蒙轉俄了。這是民國十四年九月至十二月，北方政局的大變化。

是年七八月間，我們在包頭時，黃膺白氏外鑑於政局之變化，又揣知主動實在馮氏，乃趕來包頭，聽馮氏之主張。惟其時馮氏已決計與國共合作，而黃氏與北方之國共兩黨，並無接洽，遂無法深談。時包頭無旅館，而黃氏住在馮之客廳內幾三日，馮氏天天藉詞往外跑，避免與之談話。黃氏是何等聰明的人，察言觀色，知馮氏此次之政治運動，他已不再是幕中人，而將被擯門外了。他把我請去發牢騷，我因乘間進言曰，「曹營大事難辦，我亦打算退了。」他於氣憤之餘，遂同情我，且說「還是退的好，還是退的好。」他時已決計南返，找其知友蔣總司令介石，另幹一番新事業。因他不復對馮氏有合作之望所以才答應我退出西北軍。

我乃將黃氏之言告知屈文六先生，並托其向外長沈瑞麟，催其將我之領事官發表。屈氏殊費一番唇舌，沈氏終於答應，委任狀寄到時為九月三日。我以欣忭的心情，離開西北軍，乃來北京，籌備出國之遠行。

二、西伯利亞行腳

特羅邑為一九二四年根據《中俄協定》新設的領館，但我已是第二任。蓋馮玉祥向外交部保薦我時，已發表申作霖，他是第一任，兼負創辦領館之責的。他主張將領館移至沿鐵路線之上烏丁斯克，而外交部允之，故事實上已變為駐上烏丁斯克之領事。我先派戈、倪兩主事經由庫倫前往辦交代，而自己隨後才到。

我經鐵路輪船由大連而哈爾濱至滿洲里出國境，於民國十五年（一九二六年）二月三日到上烏丁斯克。至火車站下車時，始見軍樂隊奏樂與華僑數十人列隊歡迎我，發起人為劉鳳山與王公堂兩位皮貨商人。此間華僑多為山東人，係由東北轉徙而來。領事館之勾、戈、倪三主事皆在月台上，乃偕至車站餐室與華僑一同進茶點，客致數語始散。車站在郊外，離街市有八里之遙，出站見有馬車數輛，待載旅客，乃以二盧布（是時一盧布等於一銀元）雇馬車二輛，與三主事分乘到館。以冰雪載途，我所坐之馬車，下無四輪，而代以鐵條兩根，滑地面以行，即所謂爬犁者是。其行甚速，我顧而樂之，以首次嘗到冰天雪地的生活，不覺興奮逾恆。未及半句鐘即到領館，知前任申領事已於前一日走了。

領館地點在大街之橫街上，頗得鬧中取靜之旨，而為市中心區，離布里雅特政府、黨部均甚近，到銀行、電影院、飯館、旅館亦皆不遠。入門有廣大院落，為上隔木板橫行排列，而牆腳以洋灰築成之洋房，西伯利亞一帶之考究房屋，皆是如此，極少全部以磚築成者。磚牆與鐵筋洋灰之屋，在伊爾庫斯克及海參崴為常見，在上烏丁斯克則只軍營與電影院係如此建築。屋內有室十間，辦公室為一大間一小間，我乃占其內進一小間，我之臥房一大一小，頗感寬敞，均承前領事之舊。勾、戈、倪三主事亦各占一間，廚房則在正屋內，而不另闢下房，想係寒帶房屋便於取暖之故。突起於廚房之上者有小樓一角，空而不用，以備待客之需。後來客人紛至，多時至二十餘人，我之臥室書房，悉以待客，而我自已則睡在辦公室內。此屋之衖堂極大，可以對面擺兩張行軍床，而中間之行人道尚不覺擁擠，後來副官司機之來自庫倫者，咸住在弄堂內。前任領事之找此大房子想為面子與排場起見，不料我竟悉將其利用起來，尚嫌擁擠不堪，連我當時也想不到。這樣一來，的確省了西北軍每月數千元的開支。房租極廉，好像僅一百十五元。

領館預算，領事一人，薪水六百元，辦公費四百元。隨習領事一人，薪水三百六十元，主事一人，薪水二百元。我以增加人員之故，將原來之學習領事免職他調，而改為主事二人，即戈、倪兩主事，而留原任主事之勾君。戈定遠為我在法政學院之學生，後任馮之秘書長及長蘆鹽運使，此人小有才而未聞大道，漢奸與中共的局面，他均參加。當時在領館僅擔任中文方面之事，而此類人才北京是車載斗量的。他那時在法律編纂館任書記，月薪僅五十元而只發半薪，遂託了許多人向我說話，要跟我走。他雖是我的名義上學生，但我未教過他，因為他在法律系，而我則在政治系任教，生怕彼此不易獲得諒解，我最初是極猶豫的。我屬意於政治系畢業的吳春桐，他做學生時幫我們一個政治團體辦過《浙民日報》，似較有政治上的修養與對國家的抱負，不是僅以做官為目的者。可惜其人不在北平而在哈爾濱地方法院，彼此情形無法瞭解，所以通了一次信，就作罷論。我的叔父為我物色江山同鄉姜次烈，他那時任司法部主事，在北京黨政方面頗為活動，所以不肯去，而另薦王某，未為我所接受。使領館與外交部之公事往返，另有一套技術的，非得主管科室之點頭不可。有所請求，往往以手續不合而遭駁斥。總務司以下之典職、機要、會計、出納、人事五個科長，直接於總次長，號稱五大惡棍，稍一不慎，便會吃他們的虧。我先答應給戈定遠以月新一百三十元之辦事員，使其每日到外交部去學習，並請外部老職員教給他一切。經過一個月後，他對領護照，辦報銷請經費各種手續都學會了，我始保薦他任主事。主事除月薪二百元外，尚可領到出裝費一千四百餘元，我想那時的戈君大概對我可滿意了。

其另一新保薦之主事，為倪繼昌君，他是朱紹陽所薦，說他從小習俄文，堪以勝任，後來始知其俄文並不好。因為俄文人才頗為難得，稍有才力者，即非隨習領事不肯幹，我曾訪問過彭某陸某，皆說不妥。李守常薦顧某，但以其為共產黨員，外交部通不過，而西北同人亦反對。後來顧君做了許多對不起李守常與我之事，幸而未引為同事，不然麻煩必然會更多的。後來我離職時，倪主事卻未跟我走，而前任舊人勾主事，倒跟我走了。人事實太無常，勾主事不特對我甚出力，即對西北軍之與蘇聯交涉，亦殊頗其賣力。此外辦俄文者，領館中尚雇了一位白黨的俄國老頭子，俄文甚好，我們僅給以三十元月薪。

上烏丁斯克，俄文為B.rsin Oudinsk，華僑則稱之為烏金子，乃布里雅特蒙古共和國首都。其首都本來設在伊爾庫斯克Irkursk，以後該城改為貝加爾省會，遂移居於此。因為上烏丁斯克是俄語，後來改以蒙古語名其城，而稱為烏蘭烏特Ulun Ude。蘇聯這些地方是可使人們民族情緒得到滿足，而自我陶醉一番的。豈只名稱而已，它並給你以民族的自治權，而且憲法上載明，參加蘇聯是你們的自願，倘使不願即可自由退出的。然而事實上卻無法退出，它右手在光明地方所給你的一切，左手又藉黨的力量在黑暗中悉行收回去。而且不只全行收回去，連你原有的生命財產一齊的收了去，墮入其陷阱的民族，曾無一而得倖免。

該城與伊爾庫斯克，赤塔為自貝加爾湖至滿洲里鐵道線上三大城市之一，其間相距為一二晝夜之火車歷程，而以該城為最小。是地當色楞格河與鐵道之交叉點，為水陸碼頭，恰克圖庫倫在其正南。此三大城市所在地帶亙綿數千里，稱為貝加里亞區，蓋依湖而得名。湖之深度達五千英尺，沿岸之山多為懸崖，高至一俄里，就面積論為世界第八大湖，而以其容水量言，則為世界第一大湖。一八六一年曾發生地震，則其地層之不穩定而繼續深陷可知。色楞格河為其支流之一，湖水則流入安加拉河。其溫暖期間可延至八月，且陽曆一月尚不結冰。每年只有九十日在四度以下，夏季平均七十至一百天氣溫在五十度左右。湖以漁業著名，黃魚有大至百斤者。沿岸則為布里亞特蒙古人游牧之地，相傳有蘇武牧羊之古蹟。考之歷史當為無徵，如其有之，則為蒙古人將此一段史蹟搬了家，故事是常從此處搬至彼處，會移動的。

布里雅特，本為逃亡之意，布里雅特蒙古人，即為逃出蒙古境而經俄人收容之蒙古人。全數在二十二萬人左右，多在貝加爾湖沿岸，在帝俄時代為農奴，不許其入歐洲俄國境內的。現在各民族平等了，蘇聯予以自治，而給以一個劃定的區域，在此區域內，俄人尚較為多數而占有百分之五十四，然名義上則撥歸此少數之布里雅特蒙古人統治。即在上烏丁斯克市中，俄人三萬，中國三千，而布里雅特蒙古人則極少數。然而其總統與黨部書記長皆為布里雅特人，並有師範學校一所，專以訓練其族。亦間有內外蒙學生，我曾約他們來談過話。俄人對布里雅特人的重視，可以說做給外蒙與唐努烏梁海人看的，而且藉其語言的相同，欲重用之，以代俄人統治此二地。不過在布里雅特共和國內，其本國人是只有高高在上之虛名，總統與書記長之下，全為俄人秘書操其實權。黨政之外，軍隊、格別烏、貿易公司之首長亦皆為俄人。此僅為五十萬人之區域，俄人對統治權之絲毫不肯放鬆如是。而所謂布里雅特共和國或自治邦者，在行政系統上等於貝加爾省治下之一縣，而貝加爾省則為蘇維埃聯邦下蘇俄一邦之行省。故布里雅特共和國，非如高加索等邦之與蘇俄邦相平等，而低於蘇俄邦二級，乃其行省下之自治區。

自海參崴乘火車至列寧格勒最引人注意者，為在兩星期日夜不停的火車所經過之地，皆為松林。此即所謂俄國洋松之原始森林，惟俄國松質料不如美國松之堅韌，故市場價格相差甚鉅。就上烏丁斯克地方言，冬天上午十時天亮，下午三時即天黑了，計有五小時的白天，十九小時的黑夜。而夏天則適與相反，所以一到夏天樹木也長得快，不過因其長得太快，使木質之肌理亦不能堅密了。此森林地帶之南為草原，再南為沙漠，而森林與草原之地，其肥沃是可想而知的。牧畜自然繁盛，而小麥雜糧之種植亦殊相宜，其僅有之缺點為天氣寒冷，故溫度不夠。俄人嘗自誇成立國營農場後，將以飛機播種，此事迄未做到，然其大犁開墾力之大，亦為事實。此一耕牧相間的區域，布里雅特人，以擅牧牛稱，而俄人則喜養馬。以馬乳製成汽水一樣的飲料，確為當地之特產，其味甜而略帶適口之酸味。

上烏丁斯克市，全為森林所包，為寒帶地方之花園城市。雖天氣寒冷，然以森林之調節，頗適宜於人居。但稍不小心，如覺寒而不加衣，可以立成大病。西北軍同人蔡農三自庫倫乘汽車至此，不料因受寒，致兩腿麻木絲毫不能動彈，我們將他抬下，送至澡堂去洗澡，一經熱水浸潤，即霍然而癒了。我本以為此乃漠北不毛之地，不料得一花園城，乃不嫌其寒冷，而慰情勝無了。

不過寒帶的生活，其不慣之處，有出人意料以外的地方。冬天整日取煖，而將身靠在壁爐上，什麼都不想做，而懶洋洋地，提不起精神來。夏天則黑夜太短，睡眠不足，更沒有精神了。我們與俄蒙人不同之處，即為我們以振作不起來為痛苦，而俄蒙人則以懶惰為當然，蓋養成此等習慣，已變為其第二天性了。俄蒙人一早即進酒店，午晚飯亦在酒店，不離開了，即在夏天無須飲酒取煖之時，亦復如此。其在工廠與辦公室工作的人，偷懶的程度，亦與在酒店差不多。你如果走上去要求他們為你辦一件事，他們的答覆為立刻就來，而這個立刻起碼要在一點鐘之後。又如果嫌其事太麻煩，要把你推出大門外再說時，他們還有一句口頭禪，就是明天再來罷。我們為了一件事，到他們機關裡交涉，一共等了三十三個明天，才得解決。我們曾和他們鬧過幾次，他們倒怪我們何以如此性急？

除天氣之因素外，其地廣人稀，物產豐富，生活易於解決，亦為其懶惰之主要原因。昔準噶爾特強用兵，深入西伯和亞之境六百餘里，未遇一人而退，足以見其居民之少。西伯利亞之蒙古人，本有布里雅特、哈里雅特、哈木尼罕與奈瑪爾四種，現只存布里雅特一種。俄人移罪犯以實其地，而人口仍不繁盛。以故克勤克儉的山東華僑，乃得在西伯利亞立足，且優勝於俄蒙人了。

一九四〇年布里雅特採取合作農場制度，農民之加入者占有百分之九十五。農場之企業各有不同，有養雞者，有養蜂者，而最奇特之農場則為養狐狸，養灰鼠而取其皮。礦產以煤為大宗，現以該地之煤，煉外興安嶺之鐵。上烏丁斯克現已變為工業城，從不滿三萬人之市，一躍而為十二萬九千人。其中工廠工人占二萬五千人以煉鋼、製革、玻璃三個工業為最著名。

上烏丁斯克城，有布里雅特蒙古獨立紀念碑，四邊有俄蒙滿與西夏四國文字。滿蒙固有聯繫，漢文自非避免不可，而突如其來的插入西夏文，殊為不可思議。因疑布里雅特人有自西蒙古逃來之痕跡，或其中有西夏人後裔均不可知，但這是五百年前之事了。

此城實具有詩意，無論忙人與閒人都喜歡吃松子，與我們之吃瓜子脾氣相同，大抵用以消磨時間，而覺得津津有味。且有較瓜子更有意義的地方，松子一包之贈，即作為男女相悅之表示，如不笑而卻之，則雙雙偕至森林深處去了。警察最感頭痛的，即為森林深處之無窮，使取締有關風化之事，無法週密。尤其夏令期間，氣溫在七八十度左右，到處皆為情侶談心之地。蘇聯人有一最普遍之習慣，即為夏天遊客雙雙躺在草地上，乘風涼吃東西，此殊類於倫敦人之躺草地，而在歐洲大陸則不甚普遍。可惜我以中國領事身份而在此一小城市內，連電影院與飯館都不敢去，殊無緣欣賞此草地風光，故所說不過傳聞之詞而已。

三、庫倫風景線

我到上烏丁斯克方匝月，馮玉祥之長子洪國以赴德習陸軍，由西伯利亞上火車，直赴歐洲，因耽擱我處。偕其同來者，有曾任工兵團之團長王學智，我與他以在張家口時，一同接收俄援軍械而認識。我在張家口墾務會時，洪國方在北京滙文中學讀書，暑假期間回張，常到我處閒談，知我曾任大學教授，故對我殊為心服。惟渠缺乏天倫之愛，其父對之督責過嚴，嘗打之至斷粗棍數根，待其昏厥時始止，以是殊恨其父。傳聞其母劉氏，為馮氏一腳踢死，而繼母李德全，不善撫養彼等，故居恆皺眉蹙額，習為常態，而尤恨李氏。然洪國留德畢業後，在桂軍任團長，抗日之役，蔚為國殤，當為能知自立者。

他們來到之後，我始知馮玉祥已在庫倫。蓋國內局勢，對西北軍極為不利，張作霖與吳佩孚之兵，已逼近北京。馮氏之下野，乃避其鋒，而使張之江、鹿鍾麟出面求和，然而張吳不肯妥協。吳佩孚要西北軍全體先繳械再說，且告鹿氏的代表曰：「我已駐兵涿鹿，正想吃鹿肉，剝鹿皮呢！」閻錫山欲出兵大同，截斷察哈爾綏遠之聯絡，而甘肅之劉郁芬，又為王馬所圍。為挽救頹勢計非再請俄方軍械之援助不可；然到庫倫後，要求赴莫斯科，尚未獲得覆音。王氏問我怎樣看法，一面是要知道國內實力能否保存，一面則要知道馮氏赴莫斯科能否成行？我當然不是預言家，無法前知，故不作答。惟我暗想，此兩問題是有聯帶關係的，假使實力而不被消滅的話，蘇聯總想加以利用，因此莫斯科之行，總可達到目的。

我當時所以未立即答覆之故，實在對於政治的厭倦程度，到了極點，連談都不願談了。頗想終老於外交界，然此間領事一職，由於政治淵源而來，不免為政潮所波及。且我雖自以為脫離了西北軍，其實仍是藕斷絲連，不然王學智與馮洪國，何以住到我這裡來呢？我因想調駐歐洲，托駐比公使王景歧，保薦我任比國之昂扶斯Anuers領事。去國惟恐其不遠，不如此即無由擺脫國內之軍政關係。

再則我對於西北團體，在主觀方面，是一年多的苦頭，使我深印難忘之怨望，沒有勇氣再幹了。在客觀方面，西北軍這班老粗，有己無人，自私自利，即能再握政權，亦非國家之福。況且時代是不饒人的，西北軍為前清遺留下來的綠營，在民國時代，若非軍閥猖獗，即歸天演淘汰。今後是國民黨、共產黨的天下，他們如何能適應，以求倖存呢？

西去的火車，每星期祗有二次，而直接赴德之國際列車，每星期只有一次。洪國不懂俄文，而且要到柏林才有人接他，只得坐國際列車，所以在領館住了四五天。在此四五天中，閒談的機會自然多了，我是好發議論的。而王學智是個老營混子，他比我們讀書人為能說話，且尤其能猜中他人的心理。他想法打開我的話匣子，並試探我的態度，遂問：「那麼你看國民黨與國民革命軍前途如何？」

我以為人心對北政府失望，而寄其希望於國民黨者已十數年。祇要少許軍隊，有撥動民意的力量，即會成功的。革命軍雖賴俄援，亦為人民所原諒，但願不變成為共產黨之工具即得。西北軍而欲再起的話，惟有靠加入國民黨，取得民眾對國民黨之現有信用，以與革命軍並轡於中原。至目前之張家口，非退卻不可，退後則閻錫山必改變其攻擊的態度，而為我們的前方擋箭牌。

王學智回庫倫後，即將我這番閒談說給馮氏聽，馮氏竟完全贊成。不數日我即接到張允榮一電，文曰「請兄來庫一行，奉諭特達……等語。」是非都為多開口，我的職業外交家，大概做不成，而要重新踏上冒險家之路了。勾主事俄文較好，因約同行，並求當地政府，請示莫斯科，給我以赴庫倫的簽證。庫倫本不許一般外交官去的，我們竟被允許了，而且出於當地政府之外，竟指明給交簽證，且覆電來得特別快。辦完手續後，我們遂搭蘇聯外商部之貿易公司汽車南行。

在蘇聯境內，沿途風景甚佳，樹林草地，所在皆是，而水源甚足，頗宜農耕。惟春寒料峭，甚於隆冬，旅行時仍須穿老羊皮外套。而面部亦須以皮帽，將耳目口鼻全部遮沒，然呵氣成霜，口鼻四周常成凍冰。故車行二三小時，到有人家之處，須停下飲茶，亦以烤火取煖。而且汽車亦常需要水，上山時汽鍋易熱，蒸發亦快，非加冷水即不能行。停車之後，汽鍋易凍，非用開水沖化其冰，亦不能行。所用之汽車皆為道奇車，而俄製汽車，與法國特製爬山與走沙漠的錫脫隆式汽車，反無人用。大約不是因為價格太高，就是因為反不如道奇車的結實之故，道奇車在北方的外號為老牛呢！日間飲茶吃飯與晚間投宿之處，均為西伯利亞式的木頭鋪排的洋房，甚為清潔，且有簡單之衛生設備，絕非庫倫以南所投止之蒙古包可比。

車行一日餘，至特羅邑Droisky Sauisk，此為領事館應設之地，所以細心察看，走了一圈，並視其四周環境。其地為一小市鎮，僅有街道一條，平日並不熱鬧，只是墟日各處商民紛至。並憑臨時通過證逾越國界而來，甚至有時等於聽任自由來往！可惜那一天不是墟日，我們沒有看到其熱鬧情形。我想《中俄新約》，增設特羅邑領館之由，乃因其在俄蒙邊界上，又近唐努烏梁海，中國人殆不忘其故土，想放眼看君罷？可惜我們無力將領事館搬來，然搬來亦沒有用，這是國力問題，靠外交與情報，是不能解決的。

此處邊界，無山川之隔，植石碑作界址，其間隔為半里至一里，俄人屢將其盜移南侵，至已不能成為直線。現在俄蒙一家，邊界卡倫已不必要，然邊界俄兵，乃設瞭望台，而對面之蒙屬恰克圖，則未駐兵。何秋濤之俄羅斯互市始末，謂除北京外，祗黑龍江恰克圖二地許互市。又謂恰克圖亦作必齊科圖，東倚貝勒蘇圖山，西臨色楞格河。恰克圖名初不著，至雍正時以為常互市所，他處不得通貿易，故始大顯。距庫倫八百華里有十餘台站，何氏稱其「望之皆坦途，且有池塘溪港，大小舟航絡繹其間。芳草長隄，桃柳掩映，宛然中華風致，非復黃沙白草之地也。」以我觀之，此殊言過其實，至少我既未見到舟楫，亦未看過桃花。于右任氏〈詠西伯利亞雜詩〉，有「家住桃源數萬里，不知世上有桃花」之句，蓋紀實也。車行恰克圖未停，悉為泥牆茅屋，共百餘家，一目瞭然，殊不足觀。

再南行二日至庫倫，為漠北勝地，有居民八萬。松筠曰，「所謂庫倫者，蒙古語城圈也，該處有喇嘛木柵如城，故曰庫倫。」或謂「庫倫即崑崙之音轉，此地為大分水之脊，其東出之水流入東海，北出之水流入北海，猶西域之有崑崙也。」此說殊不足取，因為崑崙為神話上的地名，誰亦指不出其所在。庫倫在康熙時，本為中俄貿易所在，互市市場移至恰克圖後，庫倫辦事大臣仍司其稽核。以數百年來之政治與商業中心所在，故為外蒙第一都市。

庫倫且為宗教中心，蒙古皆崇黃教，以西藏之達賴喇嘛，及班禪額爾德尼為最高。其次則哲布尊丹巴呼圖克圖，外蒙四汗皆依歸之，其住處即庫倫。世稱哲布尊丹巴呼圖克圖，明哲善斷，為蒙眾所歸心，則有一段政治歷史在。康熙二十七年，喀爾咯為噶爾丹所襲，舉部潰走，眾議就近投入俄羅斯為便，請決於彼。彼曰，「俄羅斯素不尚佛，俗當不同，莫若擁全部內徒歸投大皇帝，可邀萬年之福。」眾欣然羅拜，乃同渡漠南，乞內附。康熙平定噶爾丹，遂使復國，滿蒙乃成一家。至清社既屋，民國時代，外蒙始獨立，此皆累世活佛羈縻之功。

庫倫市區，分為俄蒙漢三個區域，各不相混。俄國祠內，為歐洲各國人所住，而中日人士亦居其間。該區之房屋全為木板層疊起來的洋房。牆上有爐壁，地板光滑上蠟，且有地氈，極類鄉間的別墅。

蘇聯大使館內，常有舞會，為庫倫最豪華的所在。此外則為俄國旅館與餐室，亦為大家娛樂之所，自然以蘇聯人去者最多。庫倫俄區情景類於西伯利亞小城市，而比上烏丁斯克為差，甚至還不如特羅邑。惟庫倫而有此清靜設備的場所，確為沙中之金，這是統治階級的所在之神仙世界呢！雖則庫倫夏間亦熱至九十度，其他尚無冷氣，但開南窗以迎風，則不覺其熱。冬天室外空氣，常為零度下三十度，我們在辦事處烤著火爐都覺得冷。相俄人之室內並不冷，因為牆上都是火爐放出大量熱氣，又有兩層玻璃窗使外面冷氣不易侵入。人們都脫了大衣而穿西裝與夾衣，真令我想到古人出關避寒之說了。

最髒而最窮者為蒙古區，沿途都為尿糞，並有死狗死貓，甚至死人，讓其自生自滅無清道夫為之清除。我們只遠遠望見穿紅衣服黃背心的喇嘛，懶洋洋而笑嘻嘻的走來走去，或坐在門外與人談天甚至打盹。一陣風刮來，則臭氣會散播到我們這裡，豈祇掩鼻而過，簡直非逃至室內去避之不可。漢人是不敢到蒙古區去的，蒙古之狗為獒犬，比中國狗為大。人死之後曝尸於野，任老鴉鷹隼之取食，而其俗以鳥獸且不食其肉者，為惡人，結果死尸為獒犬的經常食糧。獒犬吃慣了死人肉之後，連生人也躍躍欲試，其襲擊有時且能成功。常聽說某某人為獒犬所噬以死，連屍首都撕得殘缺不全。所以人們不敢獨行，尤不敢經蒙古區，因為獒犬噬人，常成群來襲，其勢有如狼虎之難防。惟蒙古人對獒犬似能對之喊口令，犬不向彼等侵犯，彼等亦不畏犬。蒙古區的房屋為泥牆，牆內或為瓦屋或為蒙古包。其街道一如漢人區，為北京式之胡同，但辦事處中人除內蒙人外，都未進去過，真所謂咫尺天涯了。

蒙人區尚有一較獒犬吃人為更可怕之事實，即花柳病之流行是。據俄人代外蒙政府調查之報告，在庫倫之八萬蒙古市民中，殆無一而沒有梅毒的，只有病況輕重之不同而已。此外嬰兒之中，只有三百餘人驗不出其血液有反應，但其父母都有梅毒，難保其不遺傳下來，梅毒之遺傳可至七十餘代欲使其失傳是困難的。但蒙古人既有如此普泛之梅毒，俄人只為之調查而不為之醫治。庫倫之唯一醫生為日本人，據說生意大好，月入數千金，多由醫治梅毒而來，漢蒙人之往求療治者各半。他認為蒙古人的梅毒，用重量之六〇六可以治癒，因蒙人體質好，本身有抗毒之力量。然俄人則屢次許以醫治而終不理，且使其政府對六〇六針之進口，科以重稅。俄人又常慫恿蒙人去妨礙日醫業務，不惜用種種搗亂方法使此日本醫生至感頭痛，不久亦將回國。他雖賺到錢，不能匯回去，亦是徒然，故不願在庫倫再住下去。我等告以如他回國後，不特梅毒，即其他疾病，亦無人診療了。當然以後有俄國醫生來，不過俄國醫生在當時不特漢人不信任，即俄人自己，亦不信任，俄人常到日本醫生處就診的。

所謂漢人區者，係外蒙革命後新來中國商人聚集之地，那時尚有自由貿易。原來革命前中國大商人都在東庫倫的，現在則東庫倫幾十座空房子，已無人住而成為廢墟。大商人的財產在革命時已被沒收，這些空房子，大概已成為國有了。但小商人既許可經商，亦不似大商人之被清算而洩氣，不數年間庫倫之中國商人已經盈千，又成今日之漢人區了。自然有許多是從東庫倫搬出來的，不過沒有資本，只好作小本經營。雜貨店、理髮館、澡堂、妓館、飯館都應有盡有，但沒有一家能像樣的。我們的軍械存在東庫倫，我因去看軍械而憑吊過一番，在空房與街道上徘徊不忍去。我因想到帶三旅兵入蒙的徐樹錚，與殉難在庫倫的旅長陳毅，種種心事不覺湧上心頭。自然蒙古不毛之地，非我們所應爭，但俄人得之，則我失其屏藩，前途之可憂在此。

蒙古本來使用現大洋的，自俄人為之創立蒙古銀行於庫倫，而占其股分百分之五十後，改鑄新幣了。其幣名之土格立克乃一種銀幣形狀與重量比現大洋小一半，而匯兌率則值現大洋一元一角。惟中國商家仍用現大洋，而俄蒙人則用土格立克。我認為俄人百分之五十的資本，多從私運現大洋得來，我在張家口時，曾為請准運三十萬現洋軍庫倫，這就是蒙古銀行的全部資本了。聽說最初銀行資本僅十七萬零五千，現則增至三百萬，而且發行大量鈔票。庫倫之蒙古銀行行長為俄人，蒙人間亦有任職其間者，但僅是低級職員而已。

庫倫早已不叫庫倫，又不再叫英美人所稱之烏加Urga，而改稱烏蘭拔多了。烏蘭拔多為蒙古語，以其本國方言正其首都之名，自是對的。如果要問蒙古人與蘇聯結合之後有何收穫，此便是其唯一的了，我想蒙古人之民族情緒總可因以得到一部分的滿足罷！但是庫倫的一切，都為蘇聯所有，蒙古僅有其名義，到了最後，連民族主義，也要隸於共產主義之下。獨立最高的民族主義，是不許有的，而蒙人最初所想念的，就是獨立的民族主義，則已南轅北轍了。

四、「沙幕」幛外蒙

自徐樹錚失敗以後，外蒙不特重行獨立，而且燃起對漢人之仇恨情緒。滿清時代對蒙人之好意，為其一筆勾銷，政治上已經完全絕緣。數百年山西幫在外蒙之商業關係亦復中斷，債務宣佈取消，貨物被其沒收。此中概況，已略具前章。其不絕如縷者，只是無法回國之難民，開始經營其小商業。與張家口新往之商人，以牛車破汽車，載貨前往，現錢交易。蓋茶磚綢布，蒙人仍有需要，而蒙地所產之羊毛皮革，亦要找出路。然貿易量已大減，而限制殊嚴，非復往昔半專利之商業可比了。

西北軍到張家口後，見沿海全為奉系軍閥所盤據，業已被封鎖於沙漠上。不能坐困以待斃，必須有後方，以寬其氣勢，我欲以瀚海沙漠為海，而以張家口為其海口。乃與內蒙人商量，思通外蒙之路，又與汽車商人協議，以商人關係進入外蒙，均未有具體妥善的辦法。蓋外蒙之對中國人封鎖，並非外蒙政府之政策，而為蘇聯之主張，且持之甚堅。各國欲派使價事商業代表前往庫倫俱不可能，而對中日兩國，防範尤嚴。

會西北軍接受俄援，軍械第一批，是運至張家口交貨的。因為我們想通外蒙，謂可在庫倫交貨，蘇聯樂得省這一段路的運費遂答應了。我們因要求在庫倫設辦事處點收軍械，幾經折衝，終於應允。其困難在仍欲維持庫倫政府不與他國政府來往之原則，而為西北軍特設一例外。最後認西北軍之在庫倫，乃以代表黨者，而只許與外蒙之人民革命黨，發生聯繫，兩國政府，仍作為斷絕關係似的。

對於蘇聯這類掩耳盜鈴的辦法，我們真是不習慣。第一假使我們代表黨，至少要得國民黨中央黨部的同意。然而軍隊特別黨部，那能自設辦事處於外國，尤其中央黨部尚無法成立其海外特別黨部之外國？第二為接洽軍援，其對像是政府，而非黨部，事實上既不得不與政府接洽，那能認為與其政府仍然斷絕關係？第三中國國民黨、蒙古人民黨、蘇聯共產黨，性質互異，何來聯絡的必要？

但是蘇聯的見解，則與我們不同，他們不特認此三黨，為有聯絡之必要，而且其黨員間，竟互稱為同志了。這是視三黨如一黨，而認為將來必可合併，質言之就是共產黨必知要併吞的。但在當時，並不說穿，僅以糊裡糊塗的互稱同志為暗示，這是等於一種催眠術使你慢慢就範。其軍械之接濟，所以認為黨與黨之交涉者，就是說，軍械是接濟同志的，而非接濟他國政府的。你如只自認為國民黨，他亦可接濟你，橫直都是同志，過渡時代雖是國民黨，或是人民黨，最後必然會變成共產黨的。我們在國內的人不易明白，自稱左派者，亦不悟其為共產黨所利用。如果到了蒙古，看到共產黨之如何操縱而吸收蒙古人民黨與青年團，就可恍然了。他們在中國與在外蒙，所用是同一手法。

如口是心非胡亂互稱同志是無用的，它第二步就要促你覺悟，問你懂得主義否？對西北軍作懂得主義否之問時，軍械援助就停止下來，給你反省了。你不能亂說懂主義，要看你能否實踐，就是你解決問題時，是否能撇開一切見解，避免所有偏差，而一以黨的路線為依歸，一惟黨的指示之是從。就是你除記得黨外，須忘記一切，連你自己都要忘個乾淨。至是你已成為無靈魂的機器人，亦即是最好的共產黨員。這種試驗，難關重重，我們自知為過不去，而亦不願其過得去的。

首先到庫倫的為當時已跑張庫路的一百零五輛破爛汽車，本為商人所有，後西北軍以廉價一齊收買，從此張庫路上，就不許商車再走。西北軍為這批破車成立汽車修理廠，郭增愷薦其朋友曾响午任廠長。並成立專管汽東之運輸處，以包世杰任處長，項康原任科長，使汽車廠隸屬於該處。曾氏在法國雷諾汽車廠做過工，對修車確實內行，一晚間檢查好三十多輛，第二日即向庫倫出發。（郭與曾抗戰前後都任過西北公路局長。）不久即載軍械回張家口，而俄顧問亦到。當時中俄司機與我們及蘇聯顧問間，大家都不期然而然的，互以同志相稱，頗使我詫異。因為同志是同黨人之互稱，我們既不與共產黨為同黨，那裡來的同志稱號？蘇聯人解釋他們已將先生一辭取消，悉改稱同志，後來到莫斯科始知其不確，蘇聯人對非共產黨人決不互稱同志，也許根本不打招呼。但在當時大家莫明其妙的互稱同志，感情熱烈的交流了一番，頗為熱鬧與興奮。

西北軍派出庫倫的首任代表為張允榮，他是馮玉祥的副官長，甚得信任，用錢較為方便。他甚喜締交我們這些有新學識的人，大家正討厭一般西北軍人的關大門、忽逢這位開大門歡迎我們的人，自感到空谷足音了。他尤喜歡締交國共同志與俄蒙人士，這正合於西北軍當時需要，他亦以是而益見重於馮。其本性向上而開展，頗有勇氣，然他始終是初級師範學生而投身於行伍者，知識基礎不夠，所以態度不堅定。先是無條件的左傾，後來聽說又想與日本人發生關係，最後聞在胡宗南處做事，現久已默默無聞了。他的去庫倫放第一砲，事關外交與國權，而他的智慧似乎不夠。不過他為馮的紅人，以當時環境言，他是最相宜的人選。到庫倫後所必須首先應付的為外蒙古人，所以非請熟諳當地情形者前往協助不可，而我們已儲備了不少此類人才。張家口有地下的內蒙自治政府，容納了不少內蒙有志之士。我們當時所以重視與信任他們，則因為他們是熱河人。至熱河人所被重視之故：第一內蒙人之在熱河者程度最高，他們多是德王學生，在蒙人中殊有號召力。第二熱河在奉軍佔領下，他們對奉軍感情不會好，我們始欲借重他們的力量牽制奉軍。其作用與拉攏海拉爾之郭道甫相等，想不到竟在對外蒙關係上，派起他們的用場來了。

西北軍人和內蒙人一起到外蒙古來，亦彼此互稱同志，互相忘形的高興一番，單是為交際的立場是成功的。張允榮好像偕李丹山到庫倫去，（李後在南京蒙藏委員會任蒙事處長）。外蒙人知道張家口有內蒙之地下政府，對西北軍人已預有好感。李丹山是內蒙領袖之一，而且與外蒙領袖已開過全蒙古民族代表大會好幾次，他們早已是熟人。外蒙人對內蒙人是極端尊重而自愧勿如的：第一內蒙文化較高，在經濟上已從游牧變為耕稼生活；第二內蒙人口有四百萬，而外蒙則僅有八十萬。所以外蒙當局，不特歡迎他們，而且遇事給他們以利便。我常覺得對外蒙政府之交涉，不是交涉，而是隨便通知他們一下，他們即依所請，而代辦了。

其在感情上尤見融洽，張允榮、李丹山到庫倫之後，就成立辦事處。內蒙人之在外蒙政府辦事者，都來看他們，而爭來幫忙。外蒙政府中人，不特不加禁止，而且也隨內蒙人來觀光。最後其總理丹巴亦常來，其部長級之要人，都到過辦事處。為酬答其盛意起見，辦事處多設酒席便飯招待他們。飯後照例麻將八圈，而由辦事處墊款，贏的固然要拿錢走，輸的亦將未輸完之錢拿走，作為欠辦事處一筆賭賬。這筆欠賬，數目不算太大，但亦不能算小，一年後結算，計有六千餘元。西北軍的辦事處，無形中變為外蒙政府人員的俱樂部，故只許與黨部而不許與政府來往之限制，遂成具文。丹巴與張允榮同戀中國妓女，丹巴所眷者為蓮子，張允榮所眷者為香子。此漠北之花的香子與蓮子同隸一班，而號稱姊妹，亦幫了我們不少對外蒙交涉的忙。香子以姿色尚佳，且立了功，竟欲與張允榮論嫁娶，以為馮氏所阻而罷。

然內蒙、外蒙，與布里雅特蒙古，所合組的全蒙民族大同盟，內部主張亦不一致。布里雅特之併入俄國，已在三四百年前，且以對黃教信仰薄弱之故，而遷移至西伯利亞的。故對蘇聯殊效忠，而亦賴其力，以滲透而控制外蒙，並設法拉攏隸於中國之內蒙。外蒙則與內蒙以宗教上之信仰相同，而且歷史上之關係亦深，自然感情較為接近，但以政治現實論，則外蒙已與蘇聯為盟國，不得不與布里雅特一致。而內蒙對中國之關係，則並不打算獨立，祇求獲得自治政府為止。我們那時的辦法，與以後的滿洲國和日本相同，想藉內蒙人以結合外蒙，其最後目的，無非欲其脫離蘇聯，而內附於中國。此一五百萬之蒙古民族，他們本不一致，然欲勉強使之一致起來，乃有蒙古人大團結的口號。然蘇聯喊出此類口號，並不欲蒙古民族之真正獨立，使割其布里雅特之地。乃為獨立於蘇聯管制之下，使內蒙脫離中國。

同志間之感情聯絡，我們做得相當成功，然第二步即為既稱同志，就要考驗我們是否懂得主義了。然而考我們的典試官，在初試時，即為我們自己人。徐季龍與西北軍人的左派分子，天天向我們嚷著，「你們要懂主義呀！不然憑什麼人家來援助我們呢！」於是自以為懂主義而笑其餘之軍中同事為不懂主義者，遂一意親共，而發生離心作用。西北軍中先以分歧而分裂，終於瓦解，使其團結精神，全被拆散了。蘇聯對我們之考驗，尤為嚴酷，突然把軍援停止，以待我們反省。馮之派熊斌、何其鞏往催，則告以須懂主義。他們告以只奉命要軍械，不知有主義；乃斥以蘇聯不是我們的軍械處，外蒙亦不是我們的交通處。現以無軍援而失敗，為求援計，非力求懂主義不可。

馮玉祥的答覆，似曰：「我努力求懂」，乃請隨行的蘇聯軍事總顧問講列寧主義，自己筆記甚勤，而且隨行赴蘇的六、七位最高級人員，連徐季龍在內，都請去聽講，一到庫倫即已開始。

總顧問為騎兵中將，回國後升任列寧格勒軍區司令，確是一位懂戰略的好將領。但是要他講主義，實在難為他，他只好講《列寧傳》來搪塞，而所講的為事實多於理論，講歷次革命運動好像講歷次會戰似的。其實共產黨的主義，列寧已強調意志重於理性，只要立志做共產黨人，就算懂主義了；理論如何倒可緩議，即在蘇聯亦鮮人注意。所以懂得主義並不是捧了馬克思列寧的書就算數，要能對現實問題與黨採同一觀點始能站穩立場。馮之研究《列寧傳》，對懂主義的問題實未解答，不能作為已交了卷。

測驗我們究竟懂得主義與否之現實問題畢竟提出來了。外蒙自民國二年起獨立，迄今未為中國所承認，現在要我們承認其為獨立國家，不答應似在面子上已說不過去，況且我們還要經外蒙運械。此外內蒙獨立亦須我們公開承認，此皆為內蒙地下政府主席白雲梯在外蒙總理丹巴正式向馮提出以前先告訴我的。我即去報告馮氏，他突然獲得此種消息，知道馬虎不下去，亟須商一應付辦法。他告訴我在我未到庫倫時，國民黨的代表郃元沖來過，曾邀他與外蒙政府中人一起吃一餐飯，飯後郃元沖演說謂漢蒙譬如兄弟，但中間隔離了多年，有點生疏，希望以後重新親密起來合作無間。」這種不著邊際的演說，在任何場合都不會出毛病，而在庫倫幾乎成了大問題。座中忽有青年團的卓勃生（後來任外蒙總理）突然起立道：「郃同志，我們既是同志，你第一要明白外蒙是獨立國，再也不是在中華民國以內的五族共和了。」卓勃生雖年輕，卻為最親俄的分子，他這番話不只是罵郃，而且是試探我們，為今日提出承認問題的伏筆。

對外蒙承認問題，我的主張是口頭上隨便怎樣答應都可以，但只能出以希望與不確定之詞。我認為他們之要我們承認，與我們之或答應或反對，都是在那裡鬧笑話，而不是真正的辦外交。外交須先選擇對方，研究其有無此類全權，而無論如何，馮氏在當時，實無此類全權。即承認外蒙獨立，亦不發生效力，不過馮氏自己鬧一場笑話而已。

其理由：第一，我們與外蒙之關係，是黨與黨的關係。黨只可在幕後操縱，出面辦正式外交，還要政府主持。所以外蒙也沒有資格與我們議此一問題，而唯一有資格談的，只有內蒙白雲梯諸人，因為地下政府總是政府呀！外蒙雖有政府，但其政府是不擬和我們恢復關係的。即令他們都有資格，然而我們是絕無資格的，因為我們連黨也不能代表。

第二《奉俄協定》，種下惡例，使地方政府可以和外國簽訂條約。東北既可與俄人簽約，西北何獨不可照辦，他們大概如此想過。即西北邊防督辦現已為張之江而非馮玉祥，但馮氏苟給張氏以一紙電報，即可前來簽約的。可惜我們不願再做割據的軍閥，殊難以地方政府資格，與外國訂約。第三我們接受俄援，外間不察，以為我們必定接受了許多辱國喪權之交換條件。其實如果認為有條件的話，則只是反日之唯一條件。而反日是為日本軍人逼出來的，即不與蘇聯發生關係，亦非反日不可，否則便為甘心亡國。然而外間不會相信其內幕如此簡單，此時承認外蒙，國人將謂此乃所透露的辱國喪權條件之一，而其未透露者且不知凡幾？我們力量，比張吳閻都差，而其唯一本錢，只有人心。答應外蒙獨立，會失去人心之支持，因為十年以來，沒有任何政府，敢如此做！以此為我們懂否主義的考驗，我們寧願考不及格。

我們再進而研究提出承認外蒙獨立的，是那一方面發動，始可想辦法來應付。倒底是蘇聯人還是蒙古人呢？我想我們正要到莫斯科去，此時此地，蘇聯不會提出重大問題的，所以我一口斷定為蒙古人。而蒙古人中，白雲梯是心裡不會贊成的，不然事前不至通知我們使有準備。丹巴曾為正式提出之人，然亦不會完全贊成，他與白氏，是想在中國人諒解之下，建立其大蒙古主義，決不願拿難題目給我們做的。我想必是犯左傾幼稚病的卓勃生諸人，平常與我們既不接近，又想取悅於蘇聯，且不知丹巴與我們，有無其他計劃。動機與發動的方面，研究清楚了，我們乃進而應付。

我偕勾主事，奉馮氏之命，去看蘇聯大使康克格利，作非正式的試探和交涉。告以丹巴已回馮氏提出中國對外蒙承認之要求，這是與中蘇條約有關的問題。他聽了之後，表示詫異，好像事前不知道，所以有點摸不著頭腦似的。但是我不信他完全不知道，因為他是外蒙的真正迪克推多，外蒙事前也不敢不通知他。他裝不知道是外交官的姿態，不過他對本問題並未研究，且認即提出亦不過試探而已。他的無可無不可的態度，第一表示他還沒有非辦到不可的決心，第二證明建議者不出於他，而出於蒙人。

我告以中蘇之團結，為現階段的基本政策，而促成其團結者，為日本。因日本是我們共同的敵人，而且亦為蒙古民族與其他遠東弱小民族的共同敵人。不過這些國家與民族之間，尚存著歷史上所遺留下來的歧見，是無可諱言的。譬如外蒙獨立問題，是中蘇蒙三個民族十數年來尚未解決的問題，絕不能希望這些歧見，一旦將其完全解決。相反的，提出來之後，愈說愈多，則歧見會愈來愈大，這正是日本所希望，而我們所不希望的。將來日帝打倒之後，外蒙獨立問題亦隨以解決，而此時則不必提，因為我們若答應，會失去國內人心之支持，而且我們亦無權答應。

我這番話，打動了他，他已允勸蒙古人，只可商討不可堅持。我即報告馮氏，他很高興，獨馮夫人擺起面孔不悅的樣子。這位貝滿女中畢業，做過女青年會幹事的李德全，已開始攻擊基督教，而向其新信仰的宗教共產主義邁進。她學俄文，連英語也不肯說，馮玉祥基督將軍之招牌亦從此被她卸下了。李鳴鐘隨即對馮玉祥說：「只要我們有實力，誰不想利用我們？如果不要國家只有做漢奸。」馮當時就說「我決計在不喪失光榮的前提下為本軍奮鬥到底。」當日下午四時即再請丹巴、白雲梯二人單獨往談。事後，我問白談的什麼？白說主要的是為蒙古獨立問題，共餘都是東拉西湊海闊天空的話。「馮先生已答應承認內外蒙獨立了，不過要待我們革命成功之後。」後來聽說丹巴還問馮為何不立刻就承認，馮答得很妙，他說：「蘇聯的軍械接濟條件，為革命成功後，依其價格償還五分之二。蘇聯都放心我們，難道你們反而不放心，疑慮我們的革命永不會成功麼？」至此一幕緊張的局勢，在輕鬆氣氛中消散，馮氏的口才是可取的。

初出茅廬的我，對於國家自問已盡了責任，心中為之泰然。惟一般人認為我從此走紅，一帆風順，然則適與事實相反。我開始受到馮夫人的排斥，決不能再在西北軍幹下去了。不過人生的道路是很寬的，即使政治的豪興發了，我亦當另選別路，何必走西北軍這樣沒落的，反動的政治團體的門路？至我之繼讀為他們再幹二年，完全在異國之環境下，刺激起我的愛國情緒所致。自認為替國家而自動幹的成分多，而為馮氏私人幹的成分少。當馮夫人問我，「是否真正想擺脫帝國主義者壓迫，非做共產黨不可」時。我即答以，「做了共產黨，即不能做單純的中國人，這是不能兩全的，我則只願做中國人。」一弄得她面紅耳赤，恨我刺骨。假使我對西北軍而有留戀的話，只有想法敷衍她，不至毫無顧忌的逢彼之怒。

尚有一件幼稚而幽默的事，外蒙特務開始監視我了。他們問馮氏，謂我是北京政府白黨的官，如何能鑽進革命營壘中來？馮氏告以我早是革命營壘中人，即到現在亦沒有脫離，至領事一職是他保的。他們還將信將疑，再到蘇聯方面打聽我的來歷，直至知道我的領事是加拉罕向馮氏保薦時，始不敢再惹我。但是加拉罕只能保我做中國官，決不能勉強我做俄國官或其特務呀！

五、當年外蒙的黨政與人物

一九二六年的外蒙與現在中國大陸一樣號稱人民民主共和國，那時我們以局外人關係住在庫倫，還沒有懂得所謂人民民主是怎樣一回事。但感覺到無論如何決沒有現在中國的人民民主那麼厲害，至少沒有普遍而積極的殺人與清算，亦完全沒有廢止私產。因為是時蘇聯方用新經濟政策以恢復有限度的私產制。而藉集體農場以吸收民間財富，在外蒙則為一九三二年以後的事，至一九四五年俄兵進駐庫倫，始完全將外蒙共產化了。

我一到庫倫，與俄文翻譯勾增澍即下榻於辦事處，在客廳內搭兩張臨時舖。未到一點鐘馮玉祥即派人來請，他說算定汽車路程我今日必到，所以把請外蒙政府人員的宴會排在明午。並謂今日不談問題，以我沿途辛苦了，好好休息，預備明天應酬罷！回到辦事處正上床假寐，張允榮忽笑嘻嘻的來謂李督辦鳴鐘請我，李亦住在辦事處之內進。迨我應召前往，則見麻雀已擺在桌上，除李張外，尚有一人，經介紹始知即為現任之外蒙總理丹巴。八圈後即在辦事處晚餐，設一桌酒席，有幾位內外蒙人同席。是日勉強應酬，疲倦已極，只求其不失態，對任何事均未注意研究，不過中蒙一家的情緒，是湧現上來了。

翌日十一時即偕李鳴鐘，張允榮先到馮處，請勾增澍與馮氏的傳令員先排座位，計主客五共十餘位。雖則我們與外蒙表面上為黨與黨的關係，但此次所請，則為其政府全體人員。並請內蒙地下政府人員作陪，記得同席有白雲梯等，不到十二點，他們都到齊了。是日外蒙方面的重要客人，包含全體部長以上階級名單如下：

一　總統——車林多爾濟（Jseren Dorji）

二　副總統——亞奢多爾濟（Acha Dorji）

三　國務總理——丹巴（Damha或稱Danzen）

四　陸軍部長——加頓拔多（Khadon Bator）

五　財政部長——卓勃生（Jobchin）

六　教育部長——拔多汗（Batorkhon）

七　農商部長——遮丹巴（Jadamba）

八　外交部長——多爾濟曲勃（Dorjitobar）

九　司法部長——鄧駝勃（Dendob）

十　特警部長——海元希伯（Hayan Hiba）

十一　監察部長——魯宋（Luson）

十二　科學委員會委員長——占楊（Jamyang）

十三　最高法院院長——呼魯斯坦因（Hulustein）

十四　警察總監——土勃多魯濟（Tobut Dorji）

十五　軍事委員會委員長——阿克哈（Akha）

十六　經濟委員會委員長——阿穆加耶夫（Amagaiev）

十七　內政部長——阿穆爾（Amor）

其中最要的人士黨的領袖為丹巴，青年團的領袖為卓勃生，皆兼閣員。（惟我這張名單與馬鶴天之《蒙古遊記》不同，即馬氏謂當時外蒙政府的參謀總長為俄人康克拉里Kang-Ka-Lali而我敢斷言，這是馬氏的錯誤說，詳是篇之末。）散席時已下午三點半，共坐談三個半鐘頭。我覺得老一輩的蒙古人都肯隨便講話，而年輕的則已學會俄人的沉默了。

總統車林多爾濟，就是活佛獨立時帶兵抵抗中國兵的軍事領袖，民國初年是他的時代，實權在其手中，中國報紙上亦常有其名字。我記得《民權報》戴天仇的〈征蒙論〉上，常說他驕傲而兇悍，為最不妥協的分子。但現時在外蒙共和國政府中，他是以老英雄的資格被抬出來的傀儡，五六十歲的人，時代已不屬於他了。但這位老將軍雖與中國人打過仗，然情緒上與中國人較熟而與俄人生疏，所以對我們常露笑容。我適坐在他對面，見其英姿颯爽，個性單純堅決而有力量，如果說蒙古人都失去成吉斯汗時代騎士風度的話，則我要補充說，這位老先生是個例外，並沒有失去。他是個大胖子，個子特別的高，對我招呼而苦於不能彼此直接通話，因為他只能說幾句極單短的中國話，而我則一句蒙古話也不能說。我遂拉一位內蒙人來翻譯，談了許多不相干的話。俄國書上說外蒙不是階級革命僅為民族運動，所以王公方面也有代表，大概是指他而言。但我相信他那一套，俄人不會贊成，而俄人那一套他也不會懂得，烈士暮年，我殊為他悲傷。

第二為丹巴，他是一個瘦子，長面孔，中等身材，為標準的蒙古人。雖略懂俄文而並不好，常著一件長袍，但為布料藍色，不如王公之為寧綢杭緞質料，亦不如喇嘛之為赭紅色，惟經常腰間束一綢質黃色汗布，而這就是蒙古裝的特徵。此外則腰間掛一割肉長細的小刀，並在鞘旁插一雙筷子，腳登一雙皮靴而永不穿鞋，年方四十左右，為真正有心迴護外蒙人民利益的人，常反對集體農場，反對沒收私產而與俄人力爭。他說：「從前蒙古人在原始生活之下，一年四季都有得吃。現在生活提高，已缺糧食三個月。倘再施行集體農場，將管理費用加增三五倍，而產量依然不能提高，則缺糧情形將更嚴重。」因為他誠心誠意的為蒙古人打算，已開始懷疑俄人之統治方法，認為並非好辦法。以是他漸與內蒙人中國人接近，不特喜歡中國女人，對一般中國人，都有善意。商人們本來是被驅逐出境的，有些又回去了，有些則為新去者，亦能得到他的幫忙。有名李海城者，竟得其特許，運了一汽車的水晶到北京來賣，也發了一點小財。他雖懂中國話，然而不肯說，常裝做不懂，這是表示他的民族自尊心。老派門人既信任他，新派的人亦放心他，所以他是調和左右而走中間路線的人。

我嘗訝他何以天天到我們辦事處，難道他與我們特別要好，或者他特別不放心我們？兩者都不是，他的習慣每天要親自巡視庫倫市二次。遇到糾紛，他將出面親自調解，如有不守規則的蒙古人把馬路弄髒，甚至站崗的警察打起盹來，他要親自干涉訓斥一番的。此點極似印度之尼赫魯，尼氏常著印度騎士裝，跑來跑去罵人。而尤其相同之點是國務院之事，無須他二人勞心，英俄兩國顧問早已代他們辦了。據我們所知，那時外蒙國務院有蘇籍顧問六人，財政部四人，陸軍部八人，特警部六人，而顧问亦迄無定額，隨時加減，經費則由外蒙國庫負擔。不過其巡視庫倫卻較尼赫魯之巡視新德里為有效。因為庫倫有八萬人，占外蒙人口十分之一，把全國十分之一的人民弄好，不能說沒有影響。且當時外蒙政府有汽車多輛，但丹巴到我們辦事處來，不是騎馬就是步行，極少坐汽車。大約當時青年團之國際派是喜歡坐汽車的，而自稱為節省時間，並非享受物質文明。

這次請客是一九二六年三月間的事，等待我從蘇聯回庫倫，已本年十月，馮先生已回包頭轉五原了。丹巴突然到辦事處來看我，說他要到德國去。我知道外蒙有一批青年在德留學，他或者去看看，因為蘇聯要盡量表示外蒙不是共產黨，亦不依賴蘇聯，所以故意使外蒙與德國多多發生關係。我問他是否短時期內就要回來，總理職務是否已派人代理？他說已由中央委員會議決派遮丹巴代理，恐怕要在國外住一個時期。我看他面容慘白，發言聲音特別低，大概亦自知前途不好，行將被清掉。他的來意是否試探我們能否加以援手實不可知。但如在國家統一的時候，倒是收回外蒙一個好機會。丹巴是有潛勢力的，至少右派人與大部人民擁護他。不過我們正在依賴蘇聯，而外蒙為運輸站，亦不敢陷入糾紛。只好裝做不懂，談談德國情形，敷衍過去，才知道他以前會到過德國一次，住一短時期。從此以後，就沒有人再看見丹巴了。一年以後，始傳聞他在莫斯科一間旅館失蹤的。其罪狀為和中國人太接近，伯仁由我們而死，張允榮、陳繼淹和我都很難過。

遮丹巴代理總理不到一年，即由卓勃生升任，直至一九四六年始易他人，現在外蒙政府人員，沒有一個舊識了。那時遮丹巴才三十餘歲，面上有紅色的酒刺，常陪笑容，亦分辨不出他是傻笑還是奸笑。在對他的心理未弄清楚以前，當然以少發言為是，所以當日在座沒有怎樣的招呼他。卓勃生是青年團負責人，年紀才二十多歲，橄欖頭，小胖子，會講俄語。大概他的出任為財政部長，因為銀行稅局貿易公司已直接由俄人管理，財政部長這頂空帽子，由他帶起較為聯絡得上罷！他以後任了幾二十年的國務總理，仍是做俄人的傀儡，等於說外蒙已直接由俄人統治。而丹巴所反對的集體農場竟不久便實行，雖曾有一度被取消，然最後終於行通了。

不過在一九二六年我們在庫倫時，外蒙以獨立國家為標榜，蘇聯的統治還是採間接而不採直接方法。自然結果是一樣的，凡有實權所在的地方，仍是絲毫不肯放鬆，由俄人來負責。不過表面上卻為蒙古人自己的政府，俄人極少露面的。我是駐布里雅特蒙古的領事，馮玉祥在席上特別為我介紹兩位布里雅特蒙古人，而在外蒙政府任部長者，一為內政部長阿穆爾；一為經濟委員會委員長阿穆加耶夫。兩位都是胖子，年紀三十餘歲，自認為共產黨員，我們用俄語談過幾句話。內政部是與特警有聯絡，所以為一重要部門。經濟委員會負責計劃與推行共產主義經濟的，較內政部更為重要了。我所不懂的是布里雅特蒙古為蘇聯之下，屬於蘇俄之貝加爾省的一個自治區，外蒙既為獨立國，如何讓一個蘇聯公民做部長？自然理由是同為蒙古人，然而內蒙人只有在外蒙做小職員，沒有一個做部長的。不過尚有一種理由，即為革命同志，是以國際為標榜的，則又何必分國界呢？用蒙古人露面，而俄人在幕後操縱，為蘇聯統治外蒙的第一種間接方法。

第二種間接統治方法，即為藉黨來控制政，而將黨的控制經團的關係納入蘇聯人手中。外蒙古之人民黨或稱為人民革命黨，包括王公喇嘛，自左至右各階層。不特含有各階層的外蒙人，而內蒙與布里雅特人都參加，海拉爾之郭道甫與布里雅特之阿穆爾皆為黨員。其組黨之初以白黨占領庫倫，參加組黨者之目的，本是想逃至布里雅特而得到方便。阿穆爾告我最初只有十四位發起人，後增至六十餘人，至取得政權始擴大而無所不包。他認為蒙古的人民黨，即等於中國國民黨，以其僅負民族民主之革命而兼涵各階級故。

茲將外蒙政府、人民黨、青年革命團之組織，作成三個圖表於下：

1. 政府組織系統表

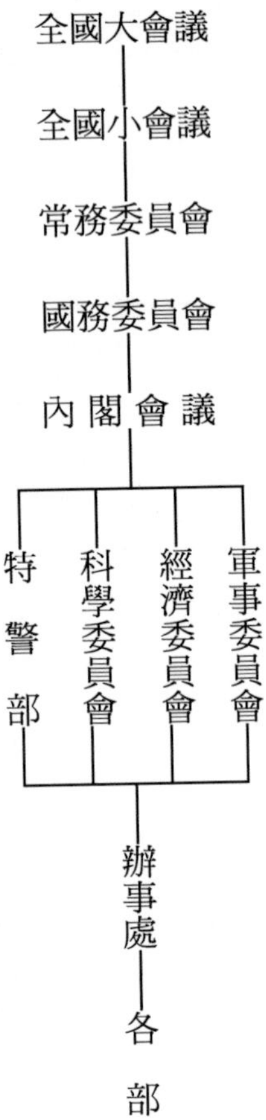

政府組織之特點是三委員會與特警部地位俱在各部之上。

2.人民黨組織系統表

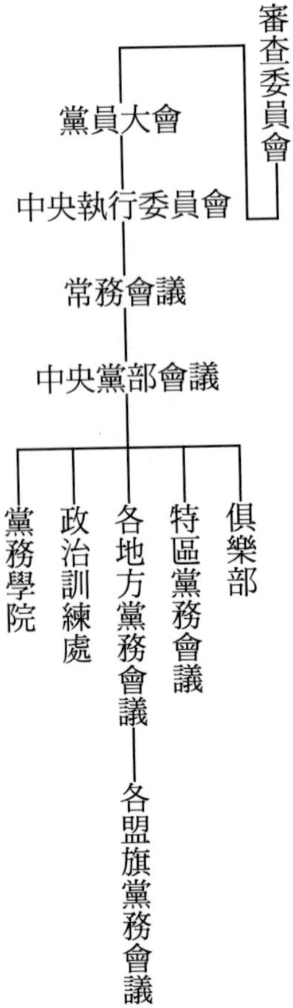

黨部較為空洞，革命青年團，名雖附屬於黨而實能控制黨，其組織較為嚴密，事權似集中於團。

3.青年團組織系統表

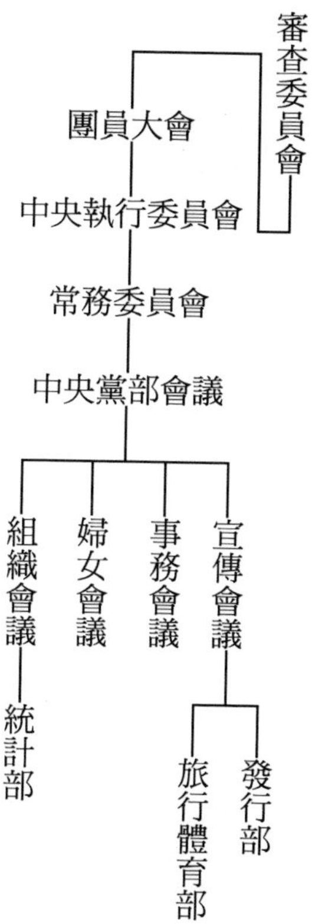

團之中央委員三十六人，黨之取中央委員四十四人，但國不附屬於黨，表面上為平行，骨子裡則以團控制黨。遇有重要事務，則黨與團之中央委員開聯席會議來解決。吾人切不可認團之中央委員少，表決起來會變成少數，事實上總是團的主張通過。因為黨不一致而團一致，黨內中委有若干團的分子與團中委聯合起來，自然是多數了。所謂黨內團的分子者，即左傾而接近共產黨之謂，而且團員可以加入黨為黨員，然而黨員卻不許加入團為團員，再則共產黨員可以加入團為團員，而團員則不能加入為共產黨員，此即為共黨以團來操縱人民黨秘訣。庫倫有無共產黨的組識，並不公開，但共產黨員是有的，有了黨員至少有組織細胞。我到庫倫，始悟到共產黨員可以加入為國民黨員流弊之大，而益明共產黨在國民黨中可以不斷施展陰謀的道理。共產黨殆視國民黨為外蒙之人民黨，而欲以其在外蒙運用純熟的方法來施之中國了。其實這亦不是什麼了不起的發明，幫會中之「由紅入青易，由青入紅難」，不是一樣的手法麼？

軍自然統於黨或團的，其首長多為忠實團員。惟政治部已經取銷而以軍隊之首長負責，這是仿照蘇聯最近新改的制度。傳說軍隊共五萬人，準確的調查為三旅，有騎兵砲兵交通兵，共一萬七千人，兵餉每人十六元。此外尚有民兵四萬人，亦為騎兵。軍械全由蘇聯供給，但武器甚為完備。除大砲外，是時已有鋼甲汽車，與坦克車。預計中國方面如帶十萬步兵去外蒙，亦要打敗仗，而且十萬兵的給養經過二三千里的運輸簡直不可能。然此僅為第一線的估計，外蒙尚有蘇聯為其大後方之縱深配備，根據《俄蒙協定》，它能正式出兵援助的。以此外蒙的收復，僅為中國人一種自我陶醉，事實上已無人擬得出此項計劃，外蒙已為萬劫不復的蘇聯殖民地了。中蒙之間並無邊界，全為高原，外蒙兵士愛守那裡就守那裡。其騎兵事實上至庫倫南幾一千里的烏特為止，而沿烏特劃一平行線，即為其邊界，亦從未與中國人談判過。入蒙必須由烏特進口，呈驗文件後放行，否則為不法侵越，即使偷至庫倫，然一旦被發現後，亦須拘捕，而被驅逐出境的。外蒙陸軍部之下，有八位俄籍顧問統轄兵權，成為外蒙非正式之參謀本部。

黨政軍大權集中於一個蘇聯人之手，其人常為駐在地的大使，在新疆則為總領事，而大使或總領事即為當地之迪克推多。蘇聯此種辦法，殆仿自十七八世紀英國之統治殖民地方法，一位迪克推多式的特使，有調動軍隊作戰之權。其報告與建議不過一種形式，本國政府是服例予以批准的。此外還有一個像東印度公司與亨特遜公司之獨占專利的貿易公司，把當地進出口的貿易都壟斷包辦過來。蘇聯之於外蒙及其他衛星國，其經濟上之經營，亦完全抄英國人十七世紀的老文章。持英國的本錢為海軍，蘇聯則為陸軍，英國多賺錢，蘇聯祇要通盤籌劃為有利，亦不怕臨時的虧本。不過今日英國人已逐漸變殖民地為自治領，而任其獨立，否則付出長期之佔領費太不上算。然蘇聯則陸軍過剩，方苦無用武之地，是以翻出英國十七八世紀老辦法來幹，而不怕違背時代精神，動輒以陸軍駐屯其地。

蘇聯駐外蒙大使為康克拉里Kon-Ka-Lali，其人懂英法文，儀表甚漂亮，美髯類於加拉罕。其夫人亦懂法語，尤稱機警，她口袋中懷一自來水筆式之手槍，見馮玉祥注意其口袋，即舉手槍以贈馮。馮含笑受之，蓋如此小之手槍？馮確未曾見過，吾輩之出以欣羨眼光更無怪了。他們夫婦二人即置於歐洲之柏林巴黎，亦當為社交中之漂亮人物。我們在大使館吃過飯，則生菓與香檳酒應有盡有。我想沙漠地帶，何必安頓此兩位漂亮人物，當然不是看得起蒙古人，而是看得起外蒙地方。馬鶴天《蒙古遊記》有兩處提到康克拉里一稱其任參謀部長，一稱為陸軍部所聘之首席顧問，均非事實。康氏與我們是很熟的，他為軍人出身，不特可以指揮外蒙軍隊，並可指揮蒙境蘇聯軍隊，前且還有統轄外蒙政治黨務財政之全權，他是外蒙的迪克推多。

馬氏《蒙古遊記》，曾經美國芝加哥大學翻成英文出版，名曰A Chiese Diplomatioc Agent in Cuter Mongolia，其實馬氏來蒙，並無使命，遊歷而已。書中曾有六七處提到我，而且以我們的擔保始能入庫倫，故願為之辯正。拉鐵摩為之作序言，謂其觀點不足取，可取者為翔實而已。我們當然只有中國人觀點，此外則只是代蒙古人作想在蘇聯統治下能否活得下去？拉氏觀點既與馬氏絕對相反，請他作序真沒有意思。他譏馬鶴天感嘆中國人在外蒙勢力之一去不復返，殆屬封建頭腦與愛國幻想所致。他又認為中國人剝削外蒙數百年，因此成了世仇。其原因則以在政治上，外蒙在昔為中國之藩屬，今日為獨立國家，在經濟上，中國商人要蒙古人十分利，而俄國人則以無利貸款與蒙人。拉氏這些話，我不過介紹出來，請大家看看。現在美國人亦知其不對，而疑他為共產黨，實無一駁之價值。他有四五本關於滿蒙新疆的著作，本來在美風行一時的，現在亦不吃香了。最好的辦法，莫如用以後在外蒙所發生的事實，來否定拉氏的觀點，其詳我當於〈今日之外蒙〉一章中，再伸論之。

所謂獨立之外蒙之政治，其領袖如丹巴、卓勃生等，其清閒殊出吾人意料之外。我總以為他們既然是獨裁又是專政的國家，必然會忙得不可開交，孰料其恰恰相反。我們始悟到其真正的大獨裁者，實不在庫倫而在莫斯科。遇有重大事故，必須打電報請示的，而在覆電未到以前，他們是不能有所動作的。我想現在的毛澤東亦與他們一樣，未得覆示以前，不能有所舉動。不過還像煞有介事，裝作好整以暇，垂拱而治的樣子，不如外蒙人的坦白。但是戳穿其西洋鏡以後，只見其格外醜態百出而已。

六、喇嘛和廟

在庫倫住上一個多月之後，我發現蒙古人許多弱點。他們是愚而詐，鄙而貪，怠惰不肯努力，捨遠圖而計近利。總之離英武二字愈去愈遠，絕不類於成吉斯汗之子孫，其式微是無可挽救的了。對於丹巴諸人，我本來是重視的，但自其提出外蒙獨立之承認的要求以後，我對之疏遠了許多。我認為八十萬人之民族，而欲真正獨立，是個笑話，然假的獨立，則又何苦居其名而忽其實？我以為這一般人所談的大蒙古主義，不是其真正的信仰，而是為自躋高位，以叩中俄日各國之門的敲門磚。我覺得這班人所缺少的是信仰，因想到蒙古喇嘛教之中衰。並聯想到康熙年間哲布尊丹呼圖克圖的明智，遣其族內附於清，因得延其民族三百年之壽命。假令依其族人就近歸附於俄之主張，則外蒙早已變為西伯利亞之行省。故於活佛，即我們對之，雖不信仰亦當頂禮膜拜的了。

開窗遐睇，見遠處半山之麓，林木特盛，有一大建築物。詢之蒙人，始知即為當地唯一之喇嘛廟，為活佛所居。全部藏經均在是處，乃為密宗的大本營。活佛在蒙古被視為聖人，即在吾人心目中，亦是保存古代文獻的學者。吾以近來心煩意亂，亟思找一清靜場所，作半日的休息，俾將思想澄清一下。乃決定往喇嘛廟一行，揚言為向密宗大師問休咎與革命前途。惟如請內外蒙人導遊，則容易發生誤會，而多出是非。乃約蘇聯對外通商部的駐蒙特派員奧泥迅科Orichincho偕往，渠亦欣然願瞻仰此一神秘之宮，遂由其約一懂蒙語之俄人，並坐其汽車同去。

車行幾半小時，時為一九二六年四月，塞外草長，間以野花。庫倫冬雖嚴寒，而春夏二季溫度，則與張家口相彷彿，頗有暮春江南之感。此誠吾到庫倫後最愉快之一日，胸中塵埃殆已掃除盡了！廟據半山之麓，見匾上有蒙古文，未以叩諸俄人翻譯，此匾之左，另有空間，可以再置一匾，我且疑本有中文區額，或為蒙政府移去。廟之大殿與廣場，均極類北京之雍和宮，而規模尤為過之，惟有無歡喜佛則不便問，亦未之見。活佛以未在宮，吾人乃被引往見大喇嘛，已佚其名，惟據奧君告我謂為深諳內典與藏文之人。大喇嘛據胡床，瞑目坐，司翻譯之俄人乃引吾人跪拜於其床下稱弟子。我見奧君跪拜則亦跪拜，此時忽然想起胡適之面宣統時未曾跪拜稱臣事，殊為啞然。大喇嘛口中念念有詞謂為我們祝福，並以手摸我們頭部，賜我們避邪之綾製香袋。問我們有話問否，我與奧君面面相覷，而奧君則先請我問話。

於是我問，「革命何時成功？」

「你說的是俄國革命抑為蒙古革命？」他反問。

「我是中國人，當問中國事，況蘇聯與外蒙的革命已經成功了，又何用問？」因怕他疑我為蒙古人，我所以如此說。

他說，「地氣一百八十年一轉，自北而南又自南而北。元人自北而南，明朝自南而北，清人又自北而南，現應為自南而北的時期了。所以革命發動於南方者必成，而自北方發動以南侵者必敗。」

我默念，如此馮玉祥之革命事業休矣！我雖不信氣運說，然其合於政治地理Geo-Politics及經濟條件者實不容我不信。繼念不能自北而南之說，或為蒙古人自信之意志表現，對俄人勢力之南侵，喇嘛在精神上抵抗最力。俄人之視喇嘛是唯一反動分子，惟其潛在力量，深入民間，故不願與較，亦只好容忍下來，慢慢的對付他們。

「然則革命那一年才能成功？」我問。

「革命也許明年就成功」，不過接上去中國尚有四十年劫數，四萬萬人至少要死掉一萬萬，惟做大羅天法事可免。」他說。

聽了他的預言，為之毛骨聳然，現在已應驗了。我是相信密宗之預言感，能以修到的。日本人打香港時，我與湯薌銘同住，他靜坐二小時後忽然自語道，二十九日可以完了。事後問之，彼亦不自知，然日人果於二十九日攻下香港，時同住而可證明其事者，尚有馮今白、盧毅安諸人。大喇嘛的佛法自較湯居士高多了，惟大羅天的佛事，我們無法安排，亦迄未加以研究。

奧君後亦有所問，但年代久已記不清，不過說他極不好而已。奧君為克刺辛Krasin的幹部，後此二年清黨，克氏被殺而奧君亦不免。大喇嘛後又談相，稱我為虎馬合璧之相，藏人論相祗分虎馬二形，虎形者貴，馬形者賤，我則為不貴不賤之勞碌命，其言亦驗了。我三人相約對外只言我們都是問革命何時成功的，雖可被斥，思想落伍，然苟為對革命有熱誠之落伍思想，則預期可不至受到檢討。我們不能久擾大喇嘛，乃興辭而出，而參觀該廟之藏書樓。密宗要籍悉具於是，除拉薩外，此實為最大之藏文典寶藏了。

管藏書之喇嘛，懂俄文，有近代思想，以下所述的關於喇嘛者多根據彼之所言，而雜以我之看書所得，與在庫倫直接觀察後所知的見解。

蒙古人之信喇嘛教，始於元代，當十三四世紀元人統治中國時，始學到佛法。觀其本意，蓋欲藉宗教以和平方法而統一各好戰部落，使免互相兼併。又不欲與中國之佛法相同，故獨樹一幟，而採喇嘛教。元人防為中國所同化，故又仿中國土耳其斯坦之回紇文，以製成蒙古文字，卻不肯採用中國文字。呼必烈以中國皇帝而兼任統治四大汗之大可汗，尚為蒙人所不滿，以為過於重視中國了。然蒙古人雖極力避免接近中國文化，然終不能逃避現實，使蒙古人不同化於中國人。萬里長城尚且不能阻中蒙文化之交流，何況其人為的阻隔。蓋游牧民族的自願同化於耕稼民族，這是為經濟條件所決定的。等到他們漸漸失其流動性之後，則與中國同化即達成熟階段了。元順帝自動和平退出北京，有人且以為他是漢種。當時元朝大臣都願留在北京不肯走，自動改為漢姓，因其生活習慣，已非游牧之蒙古人了。和以後滿洲人與內蒙人的失其游牧之流動習慣，而同化於漢人，如出一轍。我不以為此乃由於中國文化之高出他族，所以能同化他們。而認為同化是一種相互作用，中國既同化他們，他們亦同化中國。《永樂大典》〈氏族篇〉稱，漢人為美髯公，而蒙人則為八字鬚。現在中國人中，十之八九為八字鬍，而美髯公卻是少見。

大元帝國之完成，賴其物質條件之優越，為長軍器與快速部隊。在當時之弓箭與馬隊，收效不下於今日之大砲與飛機，而弓箭與戰馬則為蒙古高原之產物。史稱元人作戰時，箭如飛蝗，銳不可當，且在敵人退卻之時，早已用馬隊包圍其後方。（見多桑著之《蒙古史》。）西史亦載古代希的脫人Hittites，以埃及無馬，遂以戰馬曳鐵車亡其國。而安祿山盡收戰馬六、七十萬匹，幾移唐祚，幸賴回紇之馬隊以禦之。然元代之興其精神條件之重要性，亦不下於物質條件，兩者蓋互相配合的。此一精神條件為何，即是以宗教之共同信仰，代替狹隘之部落觀念。藉喇嘛教之力，可謀其團體，急速而無限制的發展，故能成為橫跨歐亞，空前絕後的大元帝國。今日而笑喇嘛教無用者，殊不識時代觀念，與其笑弓箭無用相同。

在理想上以游牧部落，發展為民族國家，乃順理成章之事，實則大謬不然。蓋民族國家之形成，須以民有定居國有定界為必要條件。然物產不豐，生齒不繁之蒙古部落，逐水草以居而遷徙靡定，大約自一百五十里至三百里之半徑流動著，永不能成為民族國家，以部落而跳過民族國家的階段，構成大帝國，則須賴宗教之力，不特蒙古人之大元帝國如此。即印度，與阿剌伯之由游牧部落，一躍而為大帝國，亦莫不賴宗教而將各部落團結起來。至今北非各處，民族主義之情緒，反不如回教信仰之被人重視。顧宗教之成立，曾賴創造之先知，而賴有產生宗教之環境，實為最要。產生宗教之地帶，多為沙漠，蓋天與地接，不雜他物，心影一致，則共相之觀念生，而上帝與神，亦出於其中了。

喇嘛教富於景教色彩，而其為混合的，非單純的宗教，至其顯然。忽必烈猶嫌其不完備，至欲請馬哥孛羅的父叔，延請大批天主教的神父東來，改造其宗教而未果。元人對宗教之努力，至為可驚，然亦足以窺見其帝國之基本精神所在。待其退出中國，盡失其他二大汗之地以後，恢復其游牧部落之舊，即不復需要宗教，而喇嘛教亦以中衰了。

喇嘛教之復興，賴於一五三八年之西蒙古俺答汗。他以歸化城為大本營，侵擾山、陝、北京諸地，銳不可當。明室以重兵禦之於長城，又誘之以互市之利，始稱臣於明，受封為順義王。然與中國接觸以後，恐為所同化，乃提倡喇嘛教，以有維其獨立精神。不過俺答汗與呼必烈之子孫，大部分多已失蹤，而同化於中國人。可見藉喇嘛以維持其獨立的辦法，業已失效了。

清人於一六四四年入北京，乃與內蒙各盟旗聯盟，藉其兵源，以占領全中國。迄咸同之際，拒英法聯軍，破太平天國，仍賴內蒙馬隊，而統將則為僧王諸人。羞於入關之後，分封各盟旗之首長為親王、郡王、國公諸尊號。內蒙諸王公對於清帝，有當差與服兵役之義務。而其權利，則為有盟旗土地之管理權，始以土地為公產，繼則變公產為私產。而開放於漢人，任其變為耕種之地，而收其領地之權，此等手續，往往歸中國官廳代辦。

喇嘛制之三度復興，始於康熙乾隆二朝之征服西北蒙古，其兵力祇能佔領各處之喇嘛廟，而不能遍及分散各處之盟旗。乃以政權，從各盟旗首長之手中，取以與喇嘛廟之廟主，以便控制。廟主稱為活佛，隆其待遇，而畀以實權，使蒙古人趨之若鶩。又規定王公子弟，不得充任活佛，於是活佛為由平民崛起之新興階級，使王公不能兼攝或取代。蒙古人之求為活佛而不可得者，爭為廟中之喇嘛。蓋活佛既等於地方政府之首長，而喇嘛即為地方之官吏。於是王公變為無實權之舊貴族，而活佛與喇嘛則為有實權之大小新貴族。其影響為政權在握之後，使其宗教亦隨以興隆，猶之共產黨當政，則對共產主義之信仰者亦日漸加多。再則活佛與喇嘛，既有固定之廟，廟又有固定之土地，為其廟產，則流動性之游牧民族，漸變為固定性了。

現在一般蒙古人都痛恨滿清用喇嘛制度以滅其種，並且痛恨蒙古人自甘墜落而去做喇嘛。這問題的多餘，等於問現在外蒙古政府中人，何以甘心做共產黨了。喇嘛占蒙古男性總人口百分之四十，在一九一一年有十二萬人，一九二六年我們在庫倫時，據估計亦有二十萬人，時外蒙人口依統計為八十萬人。外蒙人至七八歲即獻身於廟為小喇嘛，往往兄弟五人，四人必為喇嘛，而其餘一人之為喇嘛與否，仍聽其自便。喇嘛須自己負擔其伙食，故廟中輒來者不拒，而其在家之畜牧工作，並不需要男子，婦女類能任之，且忙時亦可放喇嘛回家操作。做喇嘛須誦藏經，且常總大喇嘛講道理，代替教育機關，亦無怪為人們所必趨了。

喇嘛之為害蒙古社會，與制度本身無關，而由於一種壞風俗所引起，即所謂接佛種者是。所謂接佛種者，即喇嘛被認為佛種，而任何女性凡能與喇嘛相接者，均欣然樂就而引以為榮。以此喇嘛之接佛種是假的，而接楊梅瘡則為真的。楊梅瘡既經接上，不特佛種接不上，連人種也接不上，數百年來蒙古人口之減退，已瀕於滅種的邊緣了。惟查接佛種之說，其由來與送子觀音之風相近，求子之女子往往為桀黠和尚所乘，然而並不普遍。我疑最初為有勢力之喇嘛強姦婦女之藉口，同在一帳幕中，使婦女無從規避，且想出一種藉詞以制其父兄之口，乃有接佛種之讕言。清人並未製定此等法規，與作此類宣傳，以引誘蒙人。故其責任，不在清人，而應由蒙人自負之。任何人亦根本沒有想到喇嘛制會演變為接佛種的風氣，使蒙古人滅種的。而且發明與保存喇嘛制者並不是清人，而是忽必烈與俺答汗。元人以喇嘛制而興，然經六百年之演變，興國之喇嘛不特足以亡國，且可滅種，真所謂五帝不襲禮，三王不復樂，欲求千古不變之法是不可能的。至清人之採嘛喇制，乃提拔平民使成新政權之革新運動，豈可厚非？

尚有清人以佛法教蒙古人，使好戰的強悍民族，變為愛和平而衰弱的民族之說法。皆為俄人宣傳，無非表明過去蒙人為漢人清人所害，幸而蘇聯人來救他，使漢蒙自相仇恨而已。真是欲加之罪，何患無辭！講到佛法，問題較喇嘛制為尤大，此不僅有關蒙古治術，而為與世界各國之治道皆有關係。我今提出佛法治道有關諸問題，而公諸同好之研究何如？

1. 中國人只知以內黃老而外儒術來治國，以佛法治國而代黃老者首為武則天，而以佛法之密宗治國者是否始於元人？

2. 清人固以佛法治國，開國之康熙與亡國之慈禧同被稱為老佛爺。但清人是否得自內蒙歸化城俺答汗之傳？

3. 宗教固為列寧所說等於鴉片，但蘇聯不禁人民往教堂做禮拜，是否自己對鴉片還未禁絕？

4. 共產主義是否就是新起的宗教，列寧、史達林被稱為既仁慈又英斷而有預見亦以活佛否？

5. 共產黨幹部是否即為新式的喇嘛？

七、外蒙今昔

關於最近外蒙情形的論著，即斷篇零簡亦極少，因為外蒙處鐵幕深處，到者殊少。英文書中，以一九五一年出版沸里脫著之《外蒙及其國際地位》為最有名。（G. M. Firters: Outer Mongolia and It's International Position.）。若拉鐵摩所著各書，等於蘇聯共產黨中人著作的翻版，茲篇所述之實際情形，其觀點皆與拉氏之書不同。

此一百五十三萬方里，人口八九十萬之外蒙領域，東以外興安嶺，西以阿爾泰山，北以西伯利亞，南以中國為界。其中心為戈壁，而戈壁則伸出外蒙邊界以至新疆，以此農墾幾不可能，而只有畜牧。它自十七世紀以來，即為中國藩屬，但一九一二年獨立，實為帝俄所煽動。一九一七年蘇聯革命後，已聲言放棄。一九二〇年白黨斯坦堡（Von Ungerk Sterndeg）以日本軍械援助，偕日本顧問率兵到庫倫，於一九二一年二月組外蒙傀儡政府。是年三月一日蒙古人民革命成立，三月十三日，組臨時政府。得蘇接濟，與白黨戰，遂敗而驅之出境。六月組正式政府，仍戴傳多汗為君，直至一九二四年於其死後，改為人民共和國。

在獨立之初，頗欲根據民族自決的原則，將內蒙、海拉爾、唐努烏梁海，與俄屬之布里雅特蒙古，合併成全蒙民族共和國。曾經開過幾次全蒙民族代表大會，以上各地蒙人皆派代表出席，通過決議，與憲法草案。並送至莫斯科，要求第三國際援助，結果該案卒被擱置。外蒙祇好維持其今日原有之領土，連革命以前，數百年來，本屬於它的唐努烏梁海，亦不獲併入。現在該地已歸入西伯利亞之一行省，直隸於蘇聯了。

外蒙獨立之後，欲與各國發生外交關係，為蘇聯所阻撓。最初只有蘇聯與唐努烏梁海承認其獨立，而祇蘇聯派大使駐在庫倫。博多汗生前希望與美日二國直接談判未果，其繼任丹巴希望中國承認其獨立亦未果，蓋均為蘇聯所不同意。一九二五年後，德國與外蒙，發生商業關係，但德國欲正式承認，派駐大使時，外蒙政府即拒不答覆了。其在國際上，除派出代表，作非正式之宣傳外，並未與任何國家，有任何協議，有之祇與蘇聯締結互助條約。一九三五年，滿洲國以與為近鄰，要求互締條約，互派使節，外蒙亦置之不覆。

第二次世界大戰，外蒙隨蘇聯而出兵於遠東。並因由於《雅爾達協定》，羅斯福慷他人之慨，代中國答應蘇聯恢復過去的權利，外蒙成為大禮物中一件小禮物。一九四五年的《中蘇條約》係宋子文、王世杰趕到莫斯科去簽字。關於外蒙的規定「如果外蒙人民舉行一次公民投票，證明他們獨立的願望，中國政府預備承認其獨立。」在四十九萬合格的投票人中，參加者百分之九十八強，而皆一致投票贊成脫離中國。中國政府派內政部次長雷法章前往庫倫監督，投票用記名式，所以無人敢投反對票。據說為傳遞投票，設立二千個驛站，用了戰馬二萬匹。一九四六年一月，中國承認外蒙獨立，二月十三日《中蒙友好協定》簽字。

一九四六年六月外蒙政府要求加入聯合國，電致前聯合國秘書長賴伊。十月又電外長會議要求加入遠東委員會，均未獲准，此不過助長蘇聯之聲勢而已，不特各國不會准，外蒙自己實亦不感需要。蘇聯於一九三六年對外蒙訂立蘇蒙互助議定書，一九四六年滿期，改訂為互助條約。據蘇聯人的解釋，在一九四五年中國未承認外蒙獨立以前，因為蘇聯曾經承認過中國外蒙主權的關係，所以只好用議定書。其實都是掩耳盜鈴之談，條約與協定，議定書，甚至口頭協議，都具相同效力的。蘇蒙之間，除互助條約外，尚有秘密條款，而且外蒙的黨與憲法，以及整個經濟命脈都操在蘇聯人手中，用不著拿條約來拘束了。所以蘇蒙條約如何，以及其秘密條款如何，倒為人所不甚經意的事。

一九二九年外蒙人民黨的第七屆大會，決定走向社會主義的路，乃有集體農場與工業化計劃出現。從此王公喇嘛的財產本占全蒙財產總和百分之二十的，改為集體農場之後，只剩百分之一了，總共沒收六百個王公財產；惟其大部財產，多為牛羊，為避免沒收，乃集體逃亡至東三省與內蒙。逃亡成功之後，使已加入七百餘集體農場者，亦要脫離而逃亡了，行之二年，集體農場之議遂罷。於是一九三二年人民革命黨自責了，認為這是左傾幼稚病，為阻住人民繼續逃亡之故，遂放棄集體農場制而改採合作社辦法。就是承認畜牧者之私有財產，然貿易時則須歸合作社辦理。外蒙之五年計劃失敗得更慘，全部外蒙工業只安頓了三千工人，所有企業都是折本的。經過一次改革與一次放棄，這兩次的失敗，都要諉過於當時負責的人而將其犧牲。或斥為反動，或譏為左傾，以為其清黨的藉口。

人民黨黨員在一九二四年有六千三百人，這是包括各階級的黨，王公喇嘛都在內的。一九二五年清黨後減為三千人，至一九三三年黨員增至四萬二千人，但同年十二月清黨後減到一萬二千人，至一九二四年據說只有七千人，至此則王公喇嘛早已被清光了。至素被認為有革命性的青年團，在一九三二年有二萬二千人，至一九三四年清黨後，只剩五千人。總之，使黨與團完全為蘇聯利益而服務，清黨是殘酷的，連對蘇聯人也無例外，一九三二年的總理阿穆爾為布里雅特人，且以私通日本的罪名被殺了。

一九四〇年外蒙的憲法，完全抄自蘇聯。我們在蒙時聽見游牧民族欲成社會主義國家為不可能的論調，在當時確是外蒙有力人士一致的主張，蘇聯亦遷就而承認其說。惟現在這班人都被清算了，則圖窮而匕首現，社會主義終於拿出來了。這部憲法是被認為社會主義或非資本主義的傑作。以往被認為左傾幼稚病的集體農場，與工業化的五年計劃也繼續憲法之後而一一實施了。並非因為現在蒙古環境改變，以前不能做而現在能做，而是因為就是環境不變，蘇聯必然要達其目的，因為社會主義其名，而蘇聯的搜刮是實。反對者都死光了，蘇聯可以順利完成其搜刮而放棄做去了。

憲誠全文見於弗里脫之書，主權在大呼拉爾，此等於蘇聯之蘇維埃。凡男女年在十八歲以上者均有選舉與被選舉之權。大呼拉爾每年至少集會一次，有修改憲法之權，並選出三十人為小呼拉爾，即等於中央執行委員會，又由小呼拉爾再選出五人為中央常務委員。憲法上規定給舊日之剝削階級以選舉權，而以寬大為藉口，亦摹仿蘇聯，其實選舉在獨裁國家不是權利，而是前往捧場的義務。而事實上，大小呼拉爾與全國蘇維埃及中央委員會一樣，都不常開會，連常務委員會亦虛有其名。本來委員制是名，而獨裁制是實，惟外蒙之獨裁者，其權力並不絕對，而惟俄人之馬首是瞻。一九四九年俄兵入戍庫倫後，自一九三二年後秉政起的卓勃生，其國務總理一職亦易為澤登巴爾，卓氏已不知去向。於是最初參加外蒙革命的人都完了。

一九四七年宣佈一九四八至一九五二年的五年計劃，期在恢復集體農場制，發展工業與交通，包括製罐公司與庫倫的工業化。並擬開墾五六百萬英畝的農田，且附有水利的灌溉計劃，將農田變為集體與國營農場。且開採庫倫附近的煤礦、金屬礦與黃金礦。交通方面則五年計劃擬在庫倫築五條鐵路，有三條通往東三省，全長二千八百英里，飛機已在庫倫與上烏丁斯克間通航，並在庫倫設無線電台，至有線電報亦已通報，色楞格河亦有輪船航行。庫倫已變為近代式的城市，有洋房電燈，並有一個國立戲院，且有電話廣播，自來水水汀以及衛生設備都應有盡有。假令再到庫倫，我將不復認識此舊日之蒙古式市鎮了。一九五〇年庫倫有大學一所，計學生六百人，教員六十人。小學四百十二所，中學十四所，師範學校三所。一九二六年時只有師範學校一所為最高學府，有內蒙人在那裡教書，我與馬鶴天都去參觀過。現在之軍事教育有一所陸軍大學，一所軍官學校，一所航室學校。不特裝備與供應皆由蘇聯供給，即軍官亦多為蘇聯國籍之布里雅特蒙古人。

蘇聯對外蒙的投資是巨大的，有人疑為浪費，而資本不易收回來。然苟能繼續控制此一百多萬方里的土地與奴役幾一百萬的人民，這是一本萬利的好買賣，投資雖多，亦何患收不回來？這亦是十六七世紀以來西、葡、荷、英、法諸國在國外殖民地發財的老辦法。不過十九世紀以後就不許以人為奴隸來牟利了，而蘇聯獨自悍然這樣幹。其在附庸國內，一切的人都是蘇聯的奴隸，有時連飯都不許他吃飽，讓他勞苦以死，而生產成果，則名為國有，實歸蘇聯所有。只要把其國之政治領袖豢養得好，他們自會為蘇聯而驅策其人民的，稍有不是則舊領袖即被排除，扶植更較順從之新領袖以達其目的。據估計蘇聯在外蒙的投資最多不會超過五億美元，自集體農場至三千英里的鐵路都包括在內了。然這樣大的資本並非一時全數投下，而是初投少數資本，獲利之後再投資，其獲利亦是藉政治力量剝削外蒙人民的積累而成的。如蒙古銀行最初資本只有十七萬，不到二年就變為三百萬了。我們都還記得宋子文以三千元開辦中央銀行的故事，只要是獨占營業，而忍心於殘民以逞，資本之積累極快的。所以此五億至十億之蘇聯在外蒙投資，原來之基金決不會太多是可斷言的。茲估計蘇聯在外蒙之所得如下，蘇聯固猛如虎貪如狼，既要錢又要命的暴徒呀！

1.據世界政治家年鑑所述，一九四一年外蒙之牲畜總數為馬二百六十萬匹，駱駝七十萬頭，牛二百八十萬頭，羊一千五百萬頭，這些私有財產當然被沒收為國有，實即歸蘇聯所有。而作此類畜牧之人，即為合作社與集體農場分子，餓著肚子亦要為國家生產。丹巴早對我說過，一九二六年外蒙人已缺糧三個月，現在的外蒙人可能缺糧在半年以上。而且以麵湯代羊肉，騎在馬背的旅客，亦無整隻羊腿掛在腰間之事了。德蘇戰爭時，外蒙供給蘇聯以戰馬六十萬匹，並有大批肉類，蘇聯因在庫倫設一肉類製罐廠。依照蘇聯對農民的徵收辦法，正稅須為產量之百分之五十而附加稅特捐在外。則馬匹之二百六十萬匹中，蘇聯與外蒙政府合取其半，六十萬匹適為蘇聯應得之數。依此類推，則蘇聯可得駱駝十八萬頭，牛六十萬頭，羊四百萬頭只有依比例多取，不至於少取的，無怪其罐頭廠規模相當龐大了。外蒙人平均財產要較中國人多十倍，中國人統治了外蒙二百餘年，至少對於外蒙人之剝削較對中國人自己為輕，不然外蒙國民財富，不至較中國人為高。此安撫四夷不貪近利之傳統寬大政策，並非門面語，而實為中國人真正如此做以免叛變的辦法。拉鐵摩謂蒙人以中國商人之剝削而窮，殊為無的放矢，蘇聯以政治力量為後盾之專利剝削，始使外蒙人真窮了。

2.世界年鑑又謂五年計劃中擬開墾而為之安排水利的土地有五六百萬英畝，為一九四五年庫倫附近新開墾的土地有了七萬四千英畝。我因想到蘇聯原子能鑿山開渠，變更地形的宣傳，在其原子彈未爆發以前，居然先美國而有以原子能移作和平用途的神話。我乃判斷移山改河變更地形是真的，可是所運用的不是原子能，而是最原始的人力。蘇聯與中共屢以把握到人力為其取之不盡用之不竭的資本自豪。他們不要成本，亦無須工資，等到勞動效能減低之後，即委之溝壑亦不足惜了。如此的開墾與農耕，真是難倒了經濟學家之里加圖（Davis Ricardo），使其勞動價值和差別地租之說，在事實上不存在於某一地域，無法成為通則了。無論農民耕種成本的高低，而國家應收其獲量至少要百分之五十，亦為蘇聯社會主義的原則。如此依蘇聯的如意算盤，外蒙的小麥，不久即有大量出口。然而事實上並不如此，人民既不願幹，農業上之成功是大有折扣的，不過蘇聯對饑餓之人民，亦不之恤，而盡量搾取的。

3. 一九二一年有俄人著《蒙古與中國西北》一書，英文有譯本，列舉各種礦產，凡世界上所有之礦產，彼處幾無不備，而金屬礦尤富。惟以礦層微薄，礦質不佳，而交通不便，在資本主義之經濟下絕對無開採的價值，然在社會主義經濟下，則所有的礦都可以開採了。蒙古之礦業與工業皆在奴工之條件下而始有可能的，惟收益則歸蘇聯，而蒙古之工人俱受其困。所謂外蒙之進步與工業化者，何莫非蒙人之血汗累積為成。俄人自誇為好辦法，但此種法子，中國自古即有之，不過早已放棄了。秦始皇的萬里長城，隋煬帝的運河，與明神宗的派中官赴各省採礦，實在和蘇聯現在的辦法差不多。但結果只是引起叛變而已。

以上三端不過蘇聯對外蒙有形的經濟收獲，尚有其一定限度的。惟借外蒙的力量侵入中國，將中國併吞了，再得到四萬萬的奴工，不能不歸功於外蒙的一部分助力。我在庫倫時，僅斷言外蒙不易克服，其力量已足以自守，不料二三十年後，俄人竟將外蒙組成侵略中國的幫兇力量了。茲據達林Dallin《蘇聯與遠東》書中所載，錄其一段如下：以證我說之不誣。

莫斯科參加對日戰爭兩天之後，蒙古人民共和國也跟著於一九四五年八月十一日宣戰。蒙古的騎兵在蘇聯指揮之下，由外蒙進入日軍控制的內蒙，然後經張家口進入滿洲，同時蘇軍也自北方和東方進佔滿洲。……搞蒙古政府報告，其在戰爭中的傷亡人數為二〇三九人，其戰爭費用為三億二千二百萬土格力克。

據此我們知道在東三省突然增加的中共軍隊，並非純為東北偽軍之參加，中共曾宣佈彭德懷一野主力是從張家口調入東北的，其中實有外蒙軍隊在內。重要事實在外蒙騎兵十萬人，與北韓軍步兵十萬人，到東北後，均加入為中國的共軍。把偽軍、一野、外蒙、北韓合起來，人數在五十萬以上，又有蘇聯軍隊為其後盾，把天時地利的優越條件都占了去，自然打勝仗了。中國主力既被消滅於東北，關內戰爭不過拖時間而已。共產黨好把事實藏起來，而誇其戰勝為奇蹟，我們倒不能不埋沒此十萬外蒙騎兵之功。而尤要者，他們藉對日宣戰為名，佔領張家口，把日人的軍械庫打開，裝備了彭德懷之一野十餘萬人。中央本命令傅作義到張家口受降的，但閻錫山知有大批軍械要爭去接牧，中央只好答應傅亦讓步了。但閻氏在太原接收未辦妥，一時不能分兵到張家口，致外蒙兵先到而佔領之，以交與中共，認為係中共所佔領。此著之錯誤，實為國防部與閻錫山負責者，倘使國軍先佔張家口，則軍械不至落入彭德懷之手，而中共亦無可以進入東北之路，誠所謂一子既錯，滿盤皆輸了。

現在外蒙騎兵聽說到過武漢，業已抗美援朝了，我真不知外蒙人究以為光榮抑悲哀。然蘇聯對附庸國之作風固不特剝削其金錢，竭盡其人力，且欲他人為之效死，而自己則作壁上觀者。吾人方自悲之不暇，尚有多餘心情為外蒙著想嗎？

八、赴蘇聯途中

在庫倫時，有一次馮玉祥與李鳴鐘、張允榮談到我，馮李都稱讚我對外交上有見解。此行既然對俄交涉，而隨行連說外國話的人都沒有，故擬請張允榮邀我同往。但馮氏自知平日既以常人而不以國士待我，而且我現在已經踏上外交官的正途，這是一種終身的職業，所以怕我不肯就。大家正研究間，我忽然撞了進去，因即對我開起玩笑來。馮說，「我們正在罵你，真是說到曹操，曹操就到！」我問，「罵我什麼？」張允榮代答道，「說你樣樣都好，就是做起事來，有點毛手毛腳，大概是姓毛姓壞了。」我笑道，「此即曾文公之所謂鄉氣，這是恭維我的有作為，豈是罵我？」談了半天空話，大家即一同回辦事處。

回後張允榮告訴我，馮先生要我和他一同赴莫斯科，而且要俄文翻譯之勾主事增澍同行。李鳴鐘亦以復與西北之大義相責，謂馮先生既具誠意，而他本人且討厭徐季龍之為共黨張目，我如不幹，即為讓徐季龍幹，真是不夠朋友了。我當時在惶惑中，因為在平日跑跑龍套，湊湊熱鬧，追隨一番，固無所謂。若對我期望太殷，而以西北軍數十萬人之生死關鍵的重責，加諸我身，則我要慎重考慮的。至少要與馮氏仔細談過，把各項問題，重新反覆研究一遍。假定彼此見解完全符合，而大家對於成敗利鈍在所不計，我才可考慮幹不幹的問題。

那時我的不怕徐季龍與我爭權，他是客卿而我是幹部，將領們之不滿意他，或即代表馮氏本人之對他不放心。我所顧忌的是馮夫人李德全，她不特親共，而且說不定已經加入共產黨，她寸步不離馮氏，我的計劃會受到她之妨礙的。因為我無法曲就她，或與之調和，她是抱住共產黨粗腿死不肯放的。張允榮知道我的隱衷，私告我謂李德全已懷孕數月，此次並不同行，將留在庫倫，待產畢以後，始赴莫斯科。大概馮氏亦怕她礙手礙腳，故以生產為藉詞而留她在庫倫，障礙既除，我遂決心一試了。

為決定此去的政策，我與馮氏有下列談話。

「你看蘇聯情形如何？」他問。

「好得很，比中國強，中國要趕上蘇聯，至少還要一百年。」我說。

「你看外蒙地方何如，有一百年能否趕上中國？」他問，問時含有開玩笑的態度。

「不需要，外蒙人民黨改為共產黨後，即可比中國強。」我說。

「我看這世界是個左傾世界，越左越好，我們絕不能右傾。」他說。

「誠然。」我說。

「你看我們加入共產黨何如？」他問。至此真謂國窮匕首現，我精神上為之震動，好像對我當頭一棒似的。

「好極！好極！那麼我們連莫斯科也用不著去了。」我勉強冷靜的回答。

「為什麼？」他問。

「因為共產黨是要服從講紀律的，我們聽莫斯科的命令好了。用不著交涉；交涉乃對等問之事，是黨的紀律所不許可的。」我說。

「我此次赴蘇聯是效申包胥秦庭之哭呀！不過欲哭無淚而已。」他說。

「連哭都為紀律所不許可的，這叫做鬧情緒。」我說。

「哭的自由都沒有，那麼我不成了蘇聯的奴才麼？」他問。

「倒不是奴才而是同志，不過自由一樣是沒有的。」我答。

「那麼我們不加入共產黨，蘇聯會援助我們麼？」他問。

「我看能得到援助的機會倒很多，黃埔軍校與我們都非共產黨，因為合於援助的條件故，而真正共產黨員均未得到援助。」我說。

至此我覺得馮氏已決定不加入共產黨。他原是極鎮定的人，此時態度則十分不安，他兩眼發直的瞧著我，那種樣子有點可怕，倘使在軍中，我決不敢如此的侃侃而談。惟彼此都在客中，而且我現在已不是他的部下，話不投機儘可分手，他又何必難為我，自鬧笑話呢？我亦雅不願攀龍附鳳，非主張相同，決不會幹，想到此處不覺氣壯神旺，遂具破釜沉舟的心情，大聲說道：

「所謂合於俄人援助之條件者，要看我們有否相當力量，擴充起來並不困難，而尤視我們能否供其利用。俄人所需要於我們者，為能否助其牽制日本，俄國在遠東最怕日本，日俄戰爭之教訓猶在。俄人所反對的是北京政府，因為任何北京政府把日本人敷衍好了，就可高枕無憂，所以非親日不可。其所贊助者為廣東政府，因為它總是與北京政府對立的，因之與日本人亦攪不好。此外北方勢力張作霖是生存於日本善意之下的，當為俄人最反對，卻怕其求援於日本，故表面上不敢開罪。蘇聯之援助對象後來始輪到你，因為發現你的環境是受親目派壓迫的。你只要主力不消滅，反日口號仍舊高喊著，蘇聯在北方不找你還找誰？」

「我在共產黨人中，聽見一句與主義有關的話，說蔣介石先生可以代表工人無產階級，而你則為農民破落戶之代表。所以你們都毋須懂得主義，且使懂主義者都非來接近你不可。」

「你有了以上兩副本錢就夠了，加入共產黨不特多餘而且有害。將來我們到了北京統一中國，總是自己的事業。我們決不為共產黨來打中國，因為如此即等於為蘇聯滅亡自己的國家了。」

至此他起立，走到我面前，把我的肩膀用他巨大之掌拍了一下說：「我寧願光榮的失敗，決不作無恥的成功。我決不做劉豫與石敬塘之類的兒皇帝，請你們放心好了。」

我們二人是單獨在屋外走廊下談的，我發現他在那裡流淚，我當時卻被感動極了，並續勸慰他道：「這是為國家，有什麼法子？只好把自己之成敗利鈍，置諸度外，始可不至為人所要挾。其有所不為者，成功起來，亦比任何人為大，因為不受任何條件之限制故。而且既是為了國家，我亦是中國人，自然無條件的為你幹到底，我看任何人，都有意無意的，會幫你成功的。」

他最後低聲對我說：「今日之談，說過就算，一切還要到莫斯科後，看情形再決定。此間環境複雜，務要加倍小心，切不可把我們所談漏了出去，尤其對自己人更須注意。」我點頭稱是，興辭而出。李鳴鐘、張允榮問我談些什麼？我只說，還不是馮氏勸我幹，說了半天，我已願幹了，他們就如此的被瞞過去。但馮氏的本質，是個陽分人，他口中雖可熬住不說，然而從其態度上，可以猜到幾分。從此以後，他對徐季龍，就冷淡下來，有時還要譏諷他幾句。對李德全贊揚共產黨的時候，已不幫腔，大家都疑心到他又要變了。他本來是反覆多變之人，這次的變，能以國家為前提，而不再以成功為目的，在他們看起來，他是變好了。但他以失去蘇聯的助力，而終於失敗，他自然會懊悔不該聽我之話的。到了晚年，他非常埋怨我，而欲再變為親共，以冀東山再起，抗戰時我在重慶巴縣中學勸過他，他不肯聽。

馮氏對小動作，特別注意，我們皆匆匆整理行裝，安排赴俄之時，他更忙得不可開交，忽然想到邀白海峰前往談話。結果邀其隨行，並允保送其入蘇聯陸軍大學念書，這是免費的學校，無異慷他人之慨。白海峰為內蒙青年，畢業黃埔軍校第一期，係隨白雲梯前來庫倫，擬在外蒙找位置的。馮氏此舉，可以表示其對蒙古人的關心，真所謂臨去秋波了。出發時蘇聯人林顧問等先二日行，藉以佈置沿途食宿交通事宜，因我們一行幾二十人，即乘火車亦次無如此眾多之座位可得，非掛一節臥車不可。而且到莫斯科後，旅館亦須先為佈置的。似乎記得李鳴鐘、張允榮、韓安亦偕俄顧問同行，為我們打前站，至莫斯科再會齊。這一切亦是他親自佈置的我們反而幫不上忙，他自命為只配做小事，而好以諸葛亮自命。

我們一共六輛汽車預備出發，只馮氏所坐為張家口開來之派克牌轎車，外蒙政要都來送行。馮氏的行李有五十多件，大約重要的東西都隨身帶著了。他穿頂漂亮的西裝和擦得很亮的皮鞋，行李中光是西裝就二十多套，尚有一件白毛貂皮大衣，有人說他這件名貴衣服值三四萬元，是曹錕那裡搶來的。他對我們說，這些好衣服在軍中從沒有穿過，現在要漂亮一下。在軍中是漂亮不來的，因為下級要學樣，而足以影響其經濟，所以大家生活非與大兵看齊不可。就是軍中不許吸煙，亦是怕大兵看樣，他們吃伙食是非吃好不可的，然而下等兵每月僅六元，伙食一項即非四元不可，每月以一元寄回家，以一元添補鞋襪就用完了。倘使許他們吸煙的話，則吸煙的錢，就非找外花打秋風不可，兵士的心，就無法安頓下來。所以由主帥起以身作則，一律不准吸煙，如此則懲罰兵士之吸煙者，兵心可服，而亦能嚴格執行。不准聽戲的原因，亦是為士兵經濟打算，而且在戲院中最容易打架，致發生紀律問題。說到此地，他正好穿好皮鞋，預備出發，吸上一枝煙，並唱了幾句老生戲，他這種隨便的樣子，在軍中是看不到聽不到的。我深詫異其何以能狠而且能忍，又能善變至此！其平日之嬌揉造作與反常，至少是違反人情，而且亦自苦過甚了。

六輛車出發魚貫而行，以前車揚起之塵土，適為後車之人所呼吸到，乃改每車隔三百碼以行。蘇聯大使康克拉里夫婦送我們到俄蒙邊界之特羅邑始行折回。入俄境時適為五月一日晨，邊界軍隊列隊吹號以歡迎我們。俄人告我說，此乃李鴻章以來未有之盛典。我心裡想著，可惜我們沒有第二東三省來出賣，且俄人現在已將東三省失掉了，還是不談李鴻章罷！車行二日到上烏了斯克，我們的汽車直駛火車站，見有一輛二等臥車已在，待明日火車到站時再行掛上啟行。

馮氏命我分派臥車座位，此為四位一間房之蘇聯車廂，乃是免費的，蓋頭等臥車的國際車，不能免費，故吾人不坐。在排座位時，徐季龍告我謂可把他排在馮氏房內，沿途便於談天，我以為他已與馮氏說好，所以照排。後來馮叫傳令員陳天秩告我說他睡時有鼾聲，怕徐氏睡不著，彼此不方便，故不如名義上把陳與馮排在一房，而事實上則馮氏獨自一房為便，因陳可以擠在他人房中的。我即將馮氏排在我與勾主事房內，而將順車之上下兩個舖位給與他。

此外同行者，均為馮氏之傳令人員，傳令長為魏鳳樓，時任團長，以善舞大刀著稱。對李景林作戰時，他雙手用大刀斫了六十多人，以是知名軍中。馮回國後，魏由師長而軍長，帶過三萬多兵，與桂系作戰時，他與張允榮兩軍之先頭部隊直撲至孝感。大陸淪陷前劉茂恩任豫主席，給以行政專員，他遂得裹脅十萬人從劉伯誠，破開封為其首功。聽說現在祗掛軍事委員會委員的頭銜，早已解除兵柄，到北京辦農場去了。其時他帶他的兄弟赴蘇讀書，他與共產黨之關係即於此時發生的。

傳令員陳天秩是中學生，為馮最喜歡的人，然其人緣並不好。馮氏的日記，是他代記的，不過把每天見些什麼人，做些什麼事記下來。但其日記毫無可取，並不是說他的文理不好，因為不是馮氏自己動筆，無法藉以把握到當時馮氏的情緒，與其行動的目的所在，及其動機又如何。陳天秩後來入莫斯科孫逸仙大學，為第二班學生。畢業後初任河南省黨部委員，後來做過幾任縣長，現在不知其留在大陸，抑去台灣？此十數位傳令員中，就記憶所及者，尚有彭秉鈞、彭秉信、季振同、尹心田、胡運泰等。其中之季振同，曾運動孫連仲部十一團人，投向共產黨，而使江西之紅軍不易消滅。當時季氏曾任中共之第五集團軍總司令，後以其實力消耗殆盡，遂在中共無地位，其人亦不知去向了。這批人做共產黨，皆於此次赴俄時，摸到門路而加入的。

在上烏丁斯克時，我循例發動一般華僑，開會歡迎馮氏。但大部華僑都要來往東三省經商的，怕張作霖知道他們與馮玉祥有來往，要問他們的罪，多不敢來。因此到者甚少，即到亦是呆若木雞，一言不發，所以場面並不熱鬧。馮氏雖循例演說一番，但亦不感興趣，未一點鐘即散場，散後即在領館休息。

到後第三天就開車西行，此為普通列車，故無飯車。而臥車為軟墊的床，闊度實在不夠，馮氏睡不下，素性把舖蓋攤下打地鋪，此或為馮拒與徐季龍同房之故。我們到一小站即提一鐵茶壺下去買開水，到一大站，即買灌腸牛排火腿魚子之類充午晚餐。到有些有食堂的大站，即往食堂用膳，若停車在半小時以上，則時間實有餘裕。馮氏一到上烏丁斯克火車站時，即叫我發錢，每人一百金盧布，以為沿途零用。車行五天，如不購用品，絕對有敷裕的。因為俄國生活極廉，食堂西餐，每客不過二元，若買食物到車上來吃不過一元，開水一大洋壺不過一毛。麵包一份現在香港買五毛者祗有二毛，黑麵包與白麵包同價，我們以好新奇故都喜歡吃黑麵包。魚子雖俄人視為珍品，但我們吃不來，故鮮問津者。

從烏丁斯克羅莫斯科須五日夜，而上車第二日馮氏即患頭暈。我們很情急，都去看他，我以為如果支持不住，可以到新西伯利亞（原名新尼哥拉）下車遊覽一番，這是進人新疆之路故亦有我們應當注意的地方。休息一天再乘國際列車到莫斯科，請兩三位陪他就是。因為我知道，心臟病是隨時都可有不測的，我實負不起這類重大責任，徐季龍亦主張他休息一天再走。他最後在黑海俄船上，據蘇俄官方宣佈亦是心臟病猝發而死。雖不盡確，但他的患心臟病是真的，所以俄人可以用以作為藉詞。不過他是諱言有心臟病的，亦極少人知道，我總疑心於他之死，李德全極有干係。

馮氏當時不肯下車，掙扎了六天，始至莫斯科。經烏拉嶺時，火車停了一點鐘，我們在車站附近散步。吃完東西後，買了假的魯濱石，木製的香煙盒，及其他手工製成品回來。烏拉嶺名為歐亞二洲之界，然出如土墩，四周皆為培樓，我實看不出其天然之分水嶺所在，問之俄人，亦瞠目莫能答。其人為的分界，與界石之類，亦不會有，因為同在蘇聯境內，又何分歐亞呢？這真是地理學上，彼此沿襲而不知改的最大錯誤了。

駐防此地之軍區司令上車訪馮氏，來意只是問候而已。這是我們第一次見到的駐軍首長，大約歐洲境內之蘇聯軍官，格外講禮貌之故。此人曾任沙皇軍官，共產黨人解釋為共黨之寬大，其實革命時代，紅軍缺乏軍事人才，不得不用他們。而且蘇聯不至於重鬧復辟，所以不足為患。若仍為民眾所支持之社會民主黨人，及孟什維克，則蘇聯就不敢用了。

車上閒談的機會殊多，我常把諸如此類的道理，說給馮氏聽，他的見解亦與我相同。惟徐季龍總是嚷著我們無主義之信仰，我只好緘口不言，以免阿附諂諛與開罪客人之嫌。但我反覆想過，主義總非宗教，而為一種理性，而信仰總是意志。主義與信仰之不應使之發生關係，亦猶理性與意志之應使之截然分為兩橛。且意志之與力量，猶相傳之摩罕默德之書與劍，書劍本為二物，而合併以使用之者則為人。使主義發在信仰，又使信仰發生力量者，只是古代之宗教，與現代之共產主義；而共產主義本身，亦即是一種新的宗教。想到此處，不禁望著睡在對面臥舖為馮玉祥介紹受洗的徐季龍發怔。感到此去的前途黑漆一團，殊屬提不起精神來，不覺昏昏地睡去。待勾君叫我醒來，說將到莫斯科，始沒精打采的檢查一下自己的東西，呆呆地等著目的地之到達。

九、蘇維埃名存實亡

蘇維埃為俄語，其義為工人代表會議，不特波希維克，即孟希維克與社會民主黨，亦咸贊成此制。一九〇五年與一九一七年之聖彼得堡蘇維埃主席，均為孟希維克。革命成功以後，制定憲法，波希維克、孟希維克，與社會革命黨俱參加，定國號為蘇維埃社會主義共和國聯盟，吾人則簡稱之為蘇聯。此後蘇聯於其立法行政機關統稱為蘇維埃，一以表示其一權政府之特點，二以用為政府的代名詞，俾有區別於黨部。然蘇維埃是否為名符其實之工人民主政府，在共產黨，則與其自稱為民主皆另有一套的解釋，實則為對民主與蘇維埃原意之強姦。特一般人只知非笑蘇聯之自稱民主，而不非笑其自稱為蘇維埃，則無啻不知二五之為一十。至中文蘇維埃之譯名，顯然為江浙人的口音，張君勱先生有對外國人賜漢姓的習慣，連非人名亦賜漢姓了。蘇維埃第五屆憲法，是一九一九年一月，同客倫敦時，他口述我筆記寫成的，中文之蘇維埃一詞，始於是時出世。如果張先生以要求版稅的話，我願分得一杯羹，以紀念當日書寫之勞。

共產黨人，只注意黨的組織，列寧此時文章，關於憲法者殊少，亦未參加憲法起草。他們認此部憲法為暫時性的，然我們只知憲法的剛性柔性之別，且較憲法為易於變更之法律，亦被認為經久性而非暫時性，暫時性的憲法，則是盜憲法之虛名，而無憲法之實質了。共產黨人對於暫時性之解譯，不過說環境如隨時突變，即須另有新憲法的。他們那時是希望德國社會革命完成，而加入蘇聯。如果成功，則這部憲法，就不要了，將有包含德國與德人思想在內之新憲法出現。

他們初亦並不急於制定憲法，遷都莫斯科後，內政部與司法部始準備起草。一九一八年四月一日中委會決議，組織憲法起草委員會，以斯佛羅夫Sverolov任委員長。委員為史達林、布哈林、普克羅夫斯基，與內政、司法、經濟、民族各部代表。提交中委會於七月三日通過後，由第五屆全國蘇維埃於七月十日公佈。

其首四章為第三屆蘇維埃公佈被壓迫者的權利宣言。第五章係抄自歐美的民主原則，加上其自已的新原則：如聯邦制，政教分離，教育與教會分立，工人之言論、意見、集會、結社的自由，不勞動者即不得食，工人當兵之義務，人人平等，不以民族與宗教之不同，而有歧異待遇。第六至八章為選舉與政府。最高權力名義上在全國蘇維埃，其代表之選出，在城市每二萬五千人選舉一人，而在鄉村則須十二萬五千人選舉一人。中央執行委員會之名額，最多不得超過二百人，在全國蘇維埃休會時，代行其職權。人民委員會委員（即行政院各部部長），得由中央執行委員產生，而由全國蘇維埃追認。人民委員會，不特有行政權，且有立法權。第九章規定全國蘇維埃與中央執行委員會之職權，除條約須經全國蘇維埃通過外，其餘職權，大概相同，對兩機關之權限並未劃清。第十至第十二章規定各邦及地方政府之權限。第十三章為選舉權之限制，其有選舉權者，須為社會上有用之人，或從事生產事業之人，或為退伍軍人及殘廢者。而雇主，靠利息為生者，小商人，教士與僧侶，沙皇時代之官吏與警吏，皆無選舉權。餘為關於憲法上手續之規定。

憲法所以採聯邦制，係由社會革命黨左派之堅持。而所以有憲法，則為社會革命黨，與孟希維克的要求。列寧、托洛斯基諸人，只研究如何貫徹一黨專政，而其他兩個政黨，則打算以憲法牽制其專政。結果白紙黑字的憲法，不能阻礙專政之發展，等到此二黨被驅逐後，已無人需要憲法。故憲法已名存實亡，不過未將其公開取消，而此一憲法為暫時的意義，乃合於事實了。其對於國家，馬克思學說均以為社會主義實行之後，國家會凋謝，巴黎公社即依凋謝之趨勢，而組織其政府。然列寧以為過渡時代，國家此一工具，為摧毀資產階級所必要，反要加強其力量，至少在現階段不能任其凋謝。對於階級，共產主義者以為是惟一有真實性的，至個人則為抽象觀念。蘇維埃即為職業的而非區域的代表，類於工團主義者以司法部所擬的憲法草案，認為應由農民、工人、店員、公務員、雇工五種人選出代表。惟史達林反對，他認為蘇聯須與其他資本主義國家一樣，以領土為本位。

聯邦制為針對當時各地獨立的現實，而謀和平統一之一種方法。最初一切權力屬於蘇維埃的意思，即是擴大地方政權，至使其得以自行徵稅。馬克思是主張中央集權的，列寧、史達林亦是反對聯邦制的。但列寧以為在特別情形下，尤其在民族自決之情形下，而可設立聯邦制，而史達林則為民族問題專家。我的看法，他們表面上雖贊成聯邦制，而骨子裡則通過黨的機構，實行高度中央集權制。

總之對於蘇聯憲法，不能站在西方憲法理論的基礎上來批評。第一西方國家之主權，名義上為最高無限，而事實上則人權對抗國權，晚近且有主權自限與取消之說。惟蘇聯之革命所取得的權力，無法限制，其首四章被榨取者的權利宣言，不過一種社會經濟政策之宣佈，並不等於人權宣言。馬克思即反對過人權宣言，以為這是形式的、無效的、欺人的。列寧亦敷陳其說，而認真正自由，不賴憲法上之消極限制，必須出以積權行動始能取得。而亦必須階級，始能有行動以取得自由，而個人自由為幻想。其於平等，以為至少須階級取消後，始能實現。不特在資產階級社會，無平等之可言，即在蘇聯，正在消滅資產階級時期，亦無平等。蘇聯之公民權，如當兵、選舉等等，亦只有工農有此權利，其他階級之人民，是不能與之平等的，所以其憲法上雖有自由與平等之規定，然其人民並未獲得，與西方國家相類的，自由與平等之權利。

一人一票之民主原則，在第五屆憲法亦不遵守。都市二萬五千人選一代表，農村十二萬五千人選一代表，其比例為一比五，可以說農民僅有工人五分之一的政權。列寧認為表面上雖不平等，而實是公平的，因社會主義之國家，所欲建立的是工人政府，而非農民政府，其他更不論了。直至一九三六年十二月五日，第八屆全國蘇維埃，始修改舊憲法，而通過新憲法，此即所號稱之史達林憲法。其特點之一即為實行一人權之原則，認為階級業已消滅，而已經達到真正民主的社會。此外又有另一特點，為改變間接選舉制，採用直接選舉制。但這亦是抄襲西方民主國家外貌，而變更其內容的老手法，這一套作風，我們已見慣了。無論其如何鼓吹，強認為比西方民主更進步與更實在，在共產黨未取消其把持以前，我們是不會相信的。

無論從其國防上，外交上，與經濟上看，蘇聯總是一個國家，非為國家已萎謝，而為另設一種超國家的怪組織。換言之它是領土四倍於美國，人民多於美國，而生產僅合美國四分之一的國家。號稱聯邦之情形如下表：

邦名	面積（方里）	人口
蘇俄R. S. F. S. R.	一六，九二二，〇〇〇	一〇九，二七九，〇〇〇
烏克蘭Ukraimian S. S. R.	五七六，六〇〇	三八，五〇〇，〇〇〇
白俄羅斯Byelorussian S. S. R.	二〇七，六〇〇	一〇，四〇〇，〇〇〇
亞塞爾拜然Azerbaijan S. S. R.	八五，七〇〇	三，二〇九，七二七
喬治亞Georgian S. S. R.	七六，二〇〇	三，五四二，二八九
亞美尼亞Armenian S. S. R.	二九，八〇〇	一，二八一，五九九
土克明Turkman S. S. R.	四八四，八〇〇	一，二五三，九八五
厄斯倍克Uzb k S. S. R.	四〇七，五〇〇	六，二八二，四四六
太特西克Tadzhik S. S. R.	一四二，六〇〇	一，四八五，〇九一

邦名	面積（方里）	人口
加斯加Kazakh S. S. R.	二，七五三，八〇〇	六，一四五，九三七
吉喜斯Kirghiz S. S. R.	一九六，九〇〇	一，四五九，三〇一
加雷霹芬蘭Karelo-Finnish S. S. R.	一七八，五〇〇	六〇六，三三三
摩爾特維Moldavia S. S. R.	三三，八〇〇	二，七〇七，〇〇〇
愛司脱尼亞Estonia S. S. R.	四五，一〇〇	一，一二〇，〇〇〇
拉脱維亞latvia S. S. R.	六四，五〇〇	一，九五〇，〇〇〇
立陶苑Lituania S. S. R.	六五，二〇〇	二，七八九，〇〇〇

依上表可知蘇維埃聯邦，極似乎德意志聯邦，而蘇俄即等於普魯士。各小邦是無法與京，亦不得不俯首帖耳，服從其統治的。

國家之最高權力，名義上在全國蘇維埃，類於國會。亦分為聯邦、民族兩院，聯邦院等於眾議院，而民族院則等於參議院。依據一九三六年憲法，聯邦院須每三十萬人，選出議員一人，共有議員六八二人。民族院共有議員六五七人，然為代表各邦，且由各邦選出。其比例為各邦各選議員二十五人，自治領各十一人，自治區各五人，每一少數民族亦各一人。其特點為兩院聯合開會，合選出蘇維埃主席一人，即等於各國之總統。副主席十六人，蓋每部各有一人，議員雖任期四年，然不常開會，故無權力。

張君勱先生錄一九二八年蘇聯統計，表明黨員與非黨員在地方各級蘇維埃與地方執行委員會之百分比如下：

	議員		執行委員	
	非黨員	黨員	非黨員	黨員
縣	32%	68%	27%	73%
省	34%	66%	31%	69%
邦	28%	72%	32%	68%
國	27%	73%	16%	98%

這是幾三十年前的統計數字，不是近年的選舉統計找不到如此的完備者，只好仍採此表來說明。所可得而知者，當時之黨員僅有六十萬人，現在黨員之數，已十倍於以前，而各級蘇維埃議員，與執行委員之名額，增加得有限，所以幾於全體都是由黨員來擔任了。在蘇聯當局之解釋，均歸功於黨員之熱心政治，與人民之歸心於黨所致。其實黨員有特權，至少是名義上的統治階

級，人民是樂於做黨員與議員的。只是平常不開放，使人民不得其門而入，等到危急時，始以黨員之權利，為其效忠之交換條件，於是一鬨而入，以爭取黨員與議員的地位了。

根據上表，以說明當時之情形，可見愈到高級則黨部之控制愈嚴，而黨員所占席次之比例亦愈高。我常參觀其選舉，由黨部提出人選，人民舉手通過，即為選舉的完成。選民亦無法不聽黨部的指麾，否則不特得不到回家的火車票與當晚的宿處，而且橫禍亦會飛來的。即一九三六年史達林憲法已改為非舉手的秘密投票制，然候選人僅有黨部所提的一位，等於無競爭的選舉區。又如一九二〇年莫斯科蘇維埃選出市代表共一五〇〇席，其他黨派用盡全力僅得四十席。但僅此四十代表欲與其他一四六〇席競選莫斯科區之四十位執行委員，豈非夢想？況且代表須被每月報告其工作於人民，兩星期一次，如人民認為不能勝任，可以將其罷免，而每月代表之罷免者有三十人，實則皆仰承黨部之鼻息為之。然此猶在初期各黨之情形下，若以後則孟希維克與新社會革命黨照例無選舉權，應被驅逐的。

全國蘇維埃主席雖可等於總統，然尚不如不統不治的法國總統。因為法國總統尚有蓋印頒佈命令之權，而在蘇維埃之主席連這類完成手續之權，都歸政務院（即人民委員會）。主席每天會客與往見者握手，亦很忙碌，這可以說是個無官守無印信而僅有其名號的總統。一九二六年我們在蘇聯時，蘇維埃主席為加里寧Kalinin我們亦去致敬過，其形式絕無見外國元首的尊嚴，要嘆為平民式之尤了。我們進去時正遇到一群農民婦女抱了孩子去瞻仰他，談些農民本身的困難，而他則根據黨的立場來解釋。我以為這是廟宇裡供人瞻仰的活菩薩，而不是元首。真正蘇聯的元首是所謂人民委員會主席，凡外國大使覲見遞國書都只經過人民委員會主席即得。現在之蘇維埃主席為伏羅希洛夫，乃由黨部提名，經全國蘇維埃開會通過追認的。然其在黨之地位均不高，伏氏占第四名，加氏則尚不如伏氏，連政治會議委員都不是。

一九二六年的人民委員會主席為李可夫Bykov，列寧死後，李氏主政，而史氏主黨。李氏穩健而審慎，才華不露，又能與史達林合作，史氏常以黨的指令贊美他。且曾得其助力，以肅清反對派，故任職至六年半之久。我們回國後，聽到李氏亦不免於被整肅，不禁為之駭然。細思其故，李氏無論如何願與史達林合作，但始終是有個性有主張的，不如莫洛托夫與伏羅希洛夫之甘願為史達林傀儡。而人民委員會主席，等於行政院長，其地位亦太重要了，終是直接發命令的施政機關。列寧是自兼人民委員會主席的，李氏被免職後，由莫托夫繼任，一九四一年後，即由史達林自兼。馬連可夫則寧願放棄黨部書記長，而專任人民委員會主席，可見此直接發號施令之地位，較黨部書記長之間接以暗中操縱者為尤要。然無論平分春色與大權旁落，都是史氏所不願幹的，故李可夫即以整肅聞了。至其下之財政外交之人民委員會，等於各部，共有四十餘，只有行政權而無政策決定權，且只對主席負責。

但若不提蘇聯之特務組織，則至少對其政制沒有說完全。恐怖政治實以當時內亂外患之蔓延而有必要，而負此責任者先為彼得格勒蘇維埃之軍事革命委員會，革命成功後，於中央委員會之下，附設一特務委員會，以軍官狄仁斯基Dzerzhinsky主持其事。後來軍事革命委員會解散，併入特務委員會，依其縮寫改稱切卡，有委員八人，仍歸狄仁斯基主持。在外省則設分委員會，並設特別法庭，以審判反革命案件。其第一次行動為拘捕了無政府黨六百人，旨在取締與無政府黨有關係的社會革命黨。切卡且於平外省之死，鎮壓富農破獲走私均甚賣力。狄仁斯基說：「切卡不是法庭而是軍隊，……於鎮壓反革命時不免傷及無辜的。」

但切卡始終遭黨內理想派與司法行政當局的反對，大家總想將其其權力加以限制。一九二二年二月八日中央委員會命令逕行將其取消，而在內政部之下，另設一政治保衛局，然仍以狄仁斯基主持，即所稱為格別烏者是G. P. U.，在各省不特有分局，且有專屬的軍隊。法律規定，凡為政治保衛局所拘捕者，若不釋放而認為有罪，則須在兩個月內，移交司法機關。除非得中央執行委員會之特許，始得繼續拘禁。在他國二十四小時內，釋放或移送法院之人身保障法的規定，蘇聯則將其延至兩個月。而兩個月之期限，亦不遵守，且無請求中委會主席特許之事例，亦無其必要來實行移送法院之麻煩手續。保衛局自已有特設法院來審判，不釋放即秘密處決，統由保衛局自己來決定，直接對黨領袖負責而不受任何方面的干涉。保衛局與切卡，毫無兩樣，即較之沙皇特務，亦不會兩樣，蓋任何蘇聯之統治者，都少不了特務。而其名稱屢改，亦不過欺騙一般唱高調的人們，實則改來改去，就改不了特務之本質。蘇聯人稱格別烏與國家，同為鎮壓反革命的工具，然則指格別烏即是國家了。

我們參觀過政治保衛局，並見到狄仁斯基其人，但他於一九二七年亦被整肅了。他是波蘭人，方面而高額，性格甚開展，為列寧所信任，想不到竟能擔任如此陰險而殘酷的工作。我們見了三百多種的刑具，超過了巴黎與維也納之警察局。馮氏亦派人在彼實習，而設內防處，旋即廢除，因為中國人講互信，不許互相監視的。至製造酷刑，更使人們慄慄自危，漢之酷吏，明之中軍，皆懸為殷鑑，總想竭力避免的。蘇聯之特工制度，乃沿沙皇之舊例而來，為與其專制政治之本質，結不解緣之物。然無舊沙皇與今日新沙皇之專制，俄國人認為政制之當然，而非忍受不可者，在他國人尤其中國人是萬萬受不了的。

共產黨之所謂無產階級專政者，決不如馬克思的解釋，為工人階級對非工人階級的專政。因為苟如此解釋，則工人集團以內可有自由，固然英國工黨，德國社會黨，與俄國的孟希維克，仍作工人專政講。至共產黨就不然，一九〇三年為黨章問題，列寧就解釋為具有無產階級意識之職業革命家的專政了。列寧已將工人專政的範圍縮小為共產黨一黨的專政，換言之即為工人所組織的其他各黨，不能容其存在，而只讓共產黨專政。又再進一步，將屬於共產黨之政權交與少數職業革命家。而行使專政者，不為共產黨全體黨員，而為少數職業革命家。最後則使此職業革命家，服從一個領袖，至是則不特工人黨員無自由，即少數職業革命家亦失了自由。這是列寧所創立的制度，但其本身未能貫徹，至史達林乃完全做到。胡佛謂共產黨等於一枝軍隊，我則以為是最龐大之特務機關，因為黨部所做的事，全是特務範圍的事，本來，特務機關是附於中委會之下的。

關於黨的組織本定為民主集權制，曾見於一九三四年的黨章，其意義為1.黨的各基層之產生，應適用選舉的原則；2.嚴格的紀律，使少數服從多數；3.上級的決議，對下級及黨員的拘束力。黨的意志從細胞反映至最上級，而黨的紀律則從最上級以至最下級，兩者殆為血管之動靜脈。革命成功之初，黨代表大會幾於每年舉行，而中央委員會則每二月舉行一次，代負黨之一切責任。以後的發展則更為集權而不民主，趨於領袖制之樹立。代表大會不常開，重要決議，遂以經中央委員會為已足。但一九一九年第八屆黨代表大會已有人攻擊，謂一切重要之事，皆由列寧與斯佛羅夫Suerdlov在私人談話中解決，而不經中央委員會公開討論。後來規定中央委員會須兩星期開會一次，亦未實行。則集權而不民主之弊，在列寧時代已是如此，至史達林不過變本加厲而已。

三個機關分了中央委員會的職權，第一為政治局（現有委員九人）本為決議緊急問題而設，但政策久已決於政治局而不經由中委會了；第二為組織局，每星期開會三次，第三為中委會秘書處，有秘書長一人，助理秘書一人，其職權殊廣泛，迄無規定。此三機關之政權是有衝突的，乃以政治委員兼組織委員，等於將其合併。一九二〇年決議，擴大秘書處職權，又將組織部之事大部併入秘書處，而設常務秘書三人。一九二〇年成立與中央執行委員會並行之中央監察委員會，受理黨員對組織不滿之訴願，期以保存黨內之民主精神。其時黨內有派，而且公開的發表宣言，遂更注意於紀律，於是民主成分日少，而集權作風益形發達了。

其組織各農場工廠有三人以上之黨員即為黨細胞，由此而鄉而縣而省而邦而全國。最高機關為共產黨全國代表大會，一九三〇年出席者二千人，而有表決權者一一三三人。選出審計委員會委員七人，中央委員會委員七一人，監察委員會委員一九五人。此三委員會委員合議選出政治委員九人，組織委員十三人，秘書長一人，秘書六人。大權落於政治局，而終歸入秘書長。其黨員以工人出身者，須占黨員總數百分之五十以上為必要條件。然後來並未嚴格執行，茲將歷年黨員之增加列表如下：

一九〇五年	八，〇〇〇人
一九一七年三月	四〇，〇〇〇人
一九一七年八月	二〇〇，〇〇〇人
一九一九年	三一三，〇〇〇人
一九二〇年	六一七，〇〇〇人
一九二一年	七三〇，〇〇〇人
一九二三年	四八五，〇〇〇人
一九二四年	七三二，〇〇〇人
一九二八年	一，四〇〇，〇〇〇人

黨員人數之突降，乃清黨之結果，列寧就主張，將許多意見不一致的分子，排出黨外，否則黨即不會有力量的。一九二一年十月，中委會組織五人審查委員會，為因清黨發生糾紛之上訴機關。格別烏亦負清黨之責任，凡被清而為格別烏所拘捕者，中央監察委員會即畀格別烏以代表本黨之全權，政府亦賦以檢察官的權力。然列寧時代的清黨，雖嫌嚴格，尚是為清黨而清黨，而且對老同志總予以優容的。史達林與加滿諾夫，曾以贊成臨時政府，與孟希維克妥洽，而違反列寧主張。依原則言，是應被清掉的，然列寧並未主張將彼等除名。遇到列寧本人主張不為同志所贊成時，除說服外，最多亦只有以本人辭職相威脅，強其通過而已。

史達林的清黨手段就不同了。第一他是為樹立其獨裁政權而清黨，故以老同志為其開刀對象。第二列寧之主張，黨人可以反對，而史達林之主張，並無人敢反對，他用無言的說服，對於表示反對者，即是被清的對象。第三史達林時代，被清掉者多犯賣國通敵之罪，有的且為其自己口供，不是史達林故入人罪，則共產黨內部之腐化程度，真是駭人聽聞了。第一次反對派的被清，包括托洛斯基、加滿諾夫、齊諾維夫諸人，第二次右派的被清，包括李可夫、布哈林諸人，而皆以通敵叛國為其罪狀，真是莫須有之冤獄。實則連叛變想推翻史達林的企圖都說不上，因為六十萬人之黨，屬於托派者僅一萬人，即在黨內投票亦會失敗的。何況軍政大權，久在史氏之手，在列寧時代，即已動搖他不得了。我們於托派活動最烈時，正在莫斯科，真是閭閻不驚，我們亦安渡其逆旅生活，絲毫不感變亂將至之恐慌。不過老同志們，仍欲維持列寧時代，黨內言論自由之原則，甚至無形中成一反對派，則為事實。他們不向史達林挑戰，史達林尚且要找到他們，今竟找史達林要黨內自由，只有請其追隨列寧於地下去找了。

史達林之清黨計劃完成以後，遂成為蘇聯人之上帝，黨政國家，皆由其一人來代表。因為已無人能與之並肩，而皆願處其下，今日之共產黨，只是其領袖與其一般嘍囉而已。嘍囉亦有其用處，不是做拉拉隊，就是做特務，而這恰恰為獨裁政府所需要。而其安置嘍囉於相當地位，使其能夠發生作用，則尤為注意。中共黨部成立人事處，把黨員集體的介紹於各部門，到處皆布置其爪牙，俾以穩固其政權。史達林認為黨與勞苦大眾之聯繫，靠七種傳導機關，而皆賴黨員之合作與參加，始能完成其任務。此七種機關為工會、合作社、青年團、婦女協會、各學校、各報館，以及全國軍隊。如此嘍囉們不特掌握到政府機關，而且滲透進所有社會事業，真如水銀瀉地，無孔不入了。

現在之共產黨中，最可憐者，莫如仍舊相信共產主義之老黨員，其人數不到四千人。而且年老力衰，其時代亦已過去，對社會已失其號召力，所以能以幸存，不至為史達林清黨之對象。但依舊相信共產天國之存在，仍然相信共產主義可以救世，不借犧牲自己，以維持共產教堂於不墜。這班人到天國之路日近，當然可以在其教堂中做祈禱，而且還可以組織救世軍。不過在人間，除他們少數人外，已無人相信共產主義。即在革命初期，農民不過要地，軍人不過要和平和麵包而已。

若謂史達林與其嘍囉，相信他們所信仰的共產主義，這真是撒天下之大謊。果史達林為老同志的真正同志，他們亦不至倒霉至此，故事實已證明其不然。史達林至少已將其共產主義變了質，而成為新沙皇之力量主義。其嘍囉之優秀者，多為工程家，而效法美國之工業建設，以完成史達林所需要之國力。再則為官僚與特務，其幸福皆寄托於他人之不幸上。羅素說得好，「人民非犯法，即無以為生。而這般人則靠檢舉他人之犯法以為生。」以如此的新幹部，而能與老同志集結於一黨之下，誠為不可思議。

蘇聯好以委員制向人誇耀，以為其新發明之最民主的制度，而馬倫可夫今日亦以集團統治為標榜。但以委員制實施於行政方面，至少不能迅速與秘密，其效率是很差的。故十八世紀法國大革命以來，委員制屢經試驗而終於放棄。美國行政權，最初在參議院，即本委員制之精神，現在已經放棄，而以行政權歸於總統及州長。惟一實行委員制者，只有英國之地方政府，其主持人即為議會之委員會中各委員。然其下仍設各行政局，藉以管理，而補救委員制之鬆懈。且委員制之唯一精神條件，為各委員間之絕對平等，以是知蘇聯雖為掛名之委員制，實則為獨裁制。因為沒有人可與史達林平等，其第二號領袖莫洛托夫，亦只是史達林的臣僕，其他諸人，更無論了。

馬倫可夫之所謂「集體領導」者，大約指九人之政治局委員，且兼任人民委員會之副主席而言。然此九人中，其地位亦不平等，蓋已定其次序，故亦不合委員制之精神。馬倫可夫且用史達林的老辦法，將聲望高於彼，甚至相埒者，悉加剷除，而造成惟我獨尊的局面。所以其第二號領袖貝里亞立被整肅，而將輪到其第三號之莫洛托夫，與第四號之伏羅希羅夫。根據此類事實，可以證明其並非真正想集團統治，而實欲建立其個人之獨裁統治。充其量不過暫以集團統治，為其達到獨裁統治之過渡階段而已。

最後若窮究蘇聯之最高權力何在？先必曰在全國蘇維埃。若進一步研究，則知全國蘇維埃已委托中央執行委員會代行其職權。又進一步研究，則知中央執行委員會人數太多，不宜於行政，為便利起見，已由政治局之九人委員代行。到了最後，始發現九人委員中，餘八人皆為傴傀，只有領袖一人，大權在握。若不願為傀儡者，而不將其送至天國，即被驅或逃亡至外國，故以得做傀儡為幸。至是為其以最高權力在蘇維埃之概念，便拋諸九霄雲外，恍然若失了。蘇維埃本為工人政府之義，但大家都知道蘇聯為共產黨一黨專政之政府。惟以我實地考察而體會的結果，只看見史達林與其嘍囉，連真正的共產黨也看不到，何況實至名歸的蘇維埃呢？

十、莫斯科生活

我們到莫斯科，先寓於指定給外國人住之歐洲飯店，開了七個房間。馮玉祥住在有客廳之大房，李鳴鐘與韓安同房，我與勾增澍同房，各傳令員四個人擠在一房，共有兩個房間，其餘擠不下的，都於晚間在馮氏客廳內打地舖。林顧問與其副官文生，翻譯克拉夫並不住在旅館內，而每天上午都來談二三個鐘頭。此外格別烏派兩位軍官經常在此做馮氏的侍衛，其人較馮氏還要高大，大約是負責報告我們之動態的。不過當時各房間尚未裝有收音機，所以我們在室內的談話尚得自由，可以把所看見不順眼之事，大家拿出來隨便談談，有時批評得相當深刻。

我們到旅館後，遇到其男女工人，總要宣傳一番，說其政府如何好法。他們說，現在其工資每月至少有四五十元，以帝俄時代只有十數元，現在每日八小時的工作，而帝俄時代，以每日工作十小時以上。這雖是在西歐早已做到之事，然落後的俄國，能如此已不易了。工業民主制，或可在蘇聯實現亦未可知。但是從火車站到旅館這段路上，我們卻沒有看出其興旺的景象。我們是政府派人到車站歡迎到旅館來的，但因坐的是馬車而不是汽車，所以對兩旁的商店與經過的街市，都看得很清楚。商店櫥窗上沒有什麼貨，沿路行人衣服襤褸。而尤使我詫異的，乃馬路竟沿中世紀之舊，為大麻石所鋪成，並此而尚未改良，則餘事可知。既非柏油又非木塊鋪成之路，車行其上，顛簸得可怕，但亦可能引起我們對古典式舊路的欣賞！此大麻石鋪成的馬路，頗類長江以南舊日的大路，然鋪得較闊，而且特別的平！

旅館中一切物價之貴，殊引起我們不安。我們懷著無產階級心情來的，反而作資產階級的享受了。可惜我們口袋裡並沒有資產階級那樣充足，一共只帶了七萬餘元，而二十餘人的共同生活均須仰給於是。倘使沒有接濟的話，這樣用下去，幾個月後就可用完的。旅館的房間，小者八元，大者二十餘元，一天房錢就要二百餘元，而膳食之費尚不在內。早午晚餐每餐二元，若不吃全餐，叫一盤牛排或一客蛋炒飯，每件亦為二元，對傳令員不能連蛋炒飯也不給他們吃，而且在他們一盤還不能吃飽，兩盤則吃不起，只好挨點餓。咖啡紅茶每份各五毛，同行不慣以冷水為飲料，多叫一大壺開水來，亦索價二元。然而決不能禁止他們喝開水，尤其對於這些北方老鄉。總結每天帳單都是四百元上下，馮氏覺得太貴，遂以身作則，自己與傳令員們外邊買火腿麵包來吃，只許用冷水吞，而不許叫開水。這些傳令員們以未有喝冷的習慣，有點吃不消，到我這裡來訴苦。我只有請他們吃一壺紅茶消消氣，但亦不敢再叫西餐來吃，而自己買火腿夾麵包了。這是莫斯科第一流旅館，不歡迎你自己買來吃，尤不許你把麵包屑和火腿油弄髒他的地氈和窗簾。而傳令員們往往不免，於是引起干涉與賠償的麻煩了。

我們在想像上，以為在無產階級國家中，沒有錢因而節省不會為人看不起，也許會被視為美德。不過以我那時的感覺，蘇聯人與歐洲人一樣，不會因此而同情你的，一樣的看不起沒有錢的人。蘇聯不是認馮氏為農民成份麼？我們異想天開的打算搬到農民招待所去住，每人住宿費只二角五分，連伙食在內，祗有八角，而且吃得很好。但是林顧問交涉的結果說：「這是蘇聯的農民招待所，中國人不許去住。」其實那裡只有一幢洋房，不過做做廣告，偶然有幾個在農村工作的黨部人員去住，真正農民，亦是住不進去的。而所謂二角五分與八角錢一天亦等於免費，然蘇聯政府還不打算免費招待我們，所以遭到閉門羹了。

一九二六年之莫斯科，在吾人視之為古老城市，比維也納尚比不上，遑論巴黎與柏林。蘇聯境內唯一以歐洲城市者，只有列寧格勒一城，惟自俄人眼光視之，莫斯科魔力之大，其足以吸引人之處，殊不一而足。諺云「除克里姆林宮外未有勝於莫斯科者，除天堂外亦未有勝於克里姆林宮者。」蓋俄國歷史的中心，與文化的主流，不在莫斯科全城，乃在莫斯科市中心的紅場與克里姆林宮。

一一四七年始有莫斯科之名，一四六二年伊凡大帝建都於是。一七一一年彼得大帝遷都於聖彼斯堡，即今之列寧格勒。但莫斯科城既為歐洲俄國中心，故亦不因遷都以衰落。一九一七年蘇聯革命後，以波羅的海沿岸三小國之地既失，列寧格勒過近於邊界，且其水兵與工人非幹部派所能控制。該城先為孟希維克派，後為反幹部托派的大本營，故列寧史達林非定都於其中心勢力所在的莫斯科不可。證以日後克魯隆特水兵的叛變與齊諾維夫之以列寧格勒為中心以打擊幹部派之事，則政府之遷都，蓋有先見之明。現在列寧之墓在紅場，史達林之辦公地點在克里姆林宮，莫斯科的最好地點，全為他二人所佔，而遷都以後，莫斯科益見其繫榮了。

莫斯科在一九二六年人口不到二百萬，革命時代降至八十萬人，唯一九三九的人口統計，則已增至四百餘萬。其面積有一百十四方里，以其為工商業中心，故為十一條鐵道的交叉點。該市位於伏爾加河頓河上游之廣大平原上長八十里的河通至伏爾加河下游，以是被稱為五海碼頭，即波羅的海、黑海、裡海、白海、亞速海是。莫斯科在淤淺的莫斯科河的上游，沙灘甚廣，盡處始為堤岸。最高的城在一百三十尺之高堤上，伊凡大帝建為磚壘及碉堡，即是克里姆林宮及金頂教堂所在地。東門外為紅場，再外為商業城，此一外城建於一五二四年，即被稱為中國城者是。後來又建第三第四兩道外城，最外之城克里姆林宮為一英里半之直徑，現已拆而改建環城馬路。公路四通八達，無遠弗屆，以交通言已合於現代國家的首都標準了。

其工業生產占全國七分之一，有汽車廠、農具製造廠、皮革廠、麵粉廠、棉麻毛紡織廠、電器製造廠、機器零件廠應有盡有，環繞工業區者為住宅區。現在新建區域儼然新式城市了，然屋荒仍未能減除，兩家合居一室者，比比皆是。一九二六年之莫斯科則為兩層的建築物，往往華麗的建築與破舊的屋宇在同一的街道上而且比鄰。劇院共有四十個，足趾舞的啞劇，為俄國傳統藝術，最馳名於世界。電影院有五十餘處，但其影片連歐洲片子都比不上，差得美國更遠。

該市在北緯五十六度，冬天氣溫至零下四十四度，地下積雪有百五十天，夏天溫度可高至九十七度。夏日頗長，通常下午八點天黑，十二時即天亮，黑夜只四點鐘，反之冬天的白天亦只四點鐘。我們夏天在莫斯科的口頭禪為「天亮了，還不睡覺麼？」於不注意時驟然聽起來會疑心話說錯了似的。我在歐洲時沒有參觀過瑞典的不夜城，據俄人告我，北冰洋亦復如是，夏天最好的避暑勝地，莫如到北冰洋去坐輪船。但日夜不分的季候，我實在有點受不了，因為太刺激，使神經太緊張了。大概就是白天黑夜之分際不明，所以人們起息定時之習慣不易養成，而夜生活遂變為俄人一般的愛好。

我們正欲嘗試莫斯科的魔力時，即被人請去晚餐而如願以償了。主人是駐中國蘇聯大使館武官華西洛夫夫婦，被請的中國人，有馮玉祥、李鳴鐘、劉驥、徐季龍和我。俄人之陪客中，除林顧問外，有軍委會副委員長翁歇立克特（Ounehelint）夫婦，他是配給西北軍以俄援的負責人。華西洛夫是一條腿的將軍，在內戰時受傷，亦為當時軍界的紅人。在娛樂宴會場所，依西方之例，雖絕對不許再談公事，但彼此感情融洽熟悉了之後，將來談起公事來，自然順利得多。

不料這一場宴會竟被馮玉祥弄糟了。他與華夫人握手時，發現其指上帶著一顆近十克粒的鑽石戒指，竟問起價錢來。我以目示翻譯，翻譯亦會意因未譯，然華氏夫婦在北京四年以上，中國話是全懂的，面上立即現出不豫之色。雖勉強敷衍終局，但我們要回請他們時，即推說已返北京了。

當晚回時，我已覺得這場應酬是失敗了。但馮李二人反而揚揚得意，以為看出俄人破綻，拆穿其西洋景了。馮氏說，「他們月薪最高額為二百二十五元，要買這隻戒指，至少要省二十年不吃飯，才能做到。我看他們的社會主義是假的。」李氏接上去說，「我看見街上有叫化子，人人有飯吃的話，亦是假的。」我笑謂之曰，「俄國的事，與我們何干？二位難道想做俄羅斯總督或莫斯科警備司令麼？」我恨不得說，「即是清宮來偷的，你們亦管不著。」西北軍人，以知識淺陋，故好說假話，且工於責人而昧於責己，不能善與人處，而敗事於不知不覺之中，此特其一例而已。

我常到歌劇院去看足趾舞的啞劇。這真是蘇聯的國粹，其工力超過了德法的悲劇，不是粗糙的蘇聯電影可比。但藝術成熟時，人亦老了，蓋需要多年的鍛鍊，始能嫻熟而神化的。有一位女演員已六十餘歲，然化妝起來，似十七八少女，不過仍以遠看為宜而已。此外亦常到夜總會，以在地下室為多，跳舞之外，常有表演與歌唱。但其價殊昂，每餐每人須一百元，其闊綽不下於巴黎。置身其間，幾忘其為社會主義的國家，且不只可吸收外客的遊覽，蘇聯公務員亦樂此不倦。

夜總會多為政府主辦，並非一定有利可圖，因為民間無此財力，其設備亦豪華備至。且多虧本，由於蘇聯高級官吏常蒞止，往往不付款而記賬，以是多為呆帳。我覺得政府人員既喜夜總會，所以常在那裡請客，希望能於交涉有益。民主國家的外交，決予民意，故須以文字與演說，爭取其輿論，交結其議員。惟專政國家，與君主專制國家，大權既在少數人之手，則與昔日之宮庭外交無異。將其負責主管人員敷衍好即得，此則賴交際。而我則不懂交際只懂用錢，未及一月，馮氏給我五千元已用光，而我自己帶來的二千元亦墊用進去，但不過七八次的東道而已。

徐季龍同馮氏報告我，說我差不多每天上午四五點鐘才回來，生活太浪漫，恐為此間中外人士所攻擊。兩位格別烏派來的軍官，亦以我常去夜總會報告馮。馮氏以耳朵軟好聽閒話與不肯花錢出名的，但是我的交際是奉他命令而行，所以不能發作，只能勸我停止活動。其實長此交際下去，不特金錢接濟不上，就是身體也吃不消。不過一同玩的俄國朋友，都是軍政要人，他們是終年樂此不倦的。在第一天散場時，把第二天玩的節目都安排約會好了，其無法抽身之苦，類於上海的吃花酒。我因打算趕緊到鄉下去找房子，一則盼望早日搬出高價的旅館，二則可以有藉詞來停止交際。

第二天早晨我偕勾君去鄉下找房子，在中途他忽然要到中國大使館去，和他老弟增啟講幾句話，我們遂一同去。在增啟處坐定以後，鄭代辦延禧突然進來相見，並約我們今晚晚餐。不過我們所要看的鄉下房屋，須二點鐘的火車行程，來回要四點鐘，下火車後究竟還要走多少路還不知道。乃老老實實的告訴鄭氏，恐怕回時太晚，不如改天。但是馮氏處，天天都是忙著，亦不能約定日期。鄭氏鑑於此種情形，乃說就是今天罷，遲點不要緊，我們就勉強答應了。不料下火車後，還要兩個鐘頭的馬車，始達目的地。房屋甚好，係被沒收的貴族別墅，現為屬於政府的財產。不過太遠了，我們尚要辦事，不是為作長期寓公而來，乃決定不要。往返費去八九小時，所以到大使館已是晚間十點半。鄭夫人是俄國舊貴族，立刻表出其不滿意的樣子，說她已預備睡覺，實在太遲了。她亦不諒解我們與鄭代辦原有遲點不要緊的口頭協定。

鄭氏復即向北京報告，說我擅離職守，隨馮氏來莫斯科活動，外交部後即據以免我的職。但我想與我之赴會遲到無關，因為在吃飯以前，他早已知道我來莫斯科了。且我亦不能因以怪他，這是他的職守，倘使他不報告，也許會連累到他的。但深夜到中國大使館去，格別烏已疑心我將秘密賣給中國大使館了。馮氏對我，尚不至此，不過怪我事前何不報告他，倘來不及報告又何必進去？總之我的兩面耳光，是吃定的了。

尚有一位丹麥羅代辦，赴任時經過莫斯科，同住在歐洲旅館內。彼此熟人，他要見我，我不能不見，他要求引見馮氏，我亦為之轉達。馮氏拒見他，這為免除麻煩，省得蘇聯特務多心，原是好的。我以麻煩由於勾君看其乃弟而起，因戒之曰，「我們是有重大職務的人，此後不要隨便亂跑了。」職務當然是指西北軍對蘇聯之交涉而言，說此話時李鳴鐘、徐季龍都在座。不料徐氏竟報告馮，說我以為有領事職務，不願替他亂跑。馮氏叫我去譏笑我說，「你們是有職務的人，而我們是亡命之徒，彼此相處果方便麼？」我當場否認，後來李鳴鐘亦為我證明，馮始釋然。但李氏又跑到我房中大罵，故意使隔壁房的徐氏聽見，因為中間不完全是牆，尚有一道板門。李氏說「誰都靠不住，就是他姓徐的最靠得住，我們走開讓姓徐的幹好了。」我曾感激李氏之仗義執言，但認為不必要，只要向馮氏說清楚，得其諒解就夠了，因加以阻止。不過徐氏終以此而恨李鳴鐘，並且遷怒於我，我們以後在武漢政府時代，吃他不少虧。

李鳴鐘後來闖了一個禍，他同幾位傳令員到街上散步，於走過莫斯科橋時，看見數十男女在橋一絲不掛的洗浴，就拍手大嚷起來。這是中國人的常態，然而在西方絕不可以，甚至會因以吃到手槍的。其穿不起泳衣，是蘇聯特殊情形，而對之拍手叫好，與指手畫腳，都犯了違警律。李氏身材高大類於馮玉祥，警察誤以為馮氏，故不干涉，然而報告已經上去，不到半日就轉到馮玉祥那裡了。馮氏把他們叫去大罵一陣說「這是外國，且我們正在求人，言語行動格外要小心。一切皆視為中國人爭面子，而你們竟替中國人出醜。你們這般人活像豬八戒渡子母河，不淹死在那裡，至少亦非吃大虧不可。」罵得太厲害了，弄得大家一言不發的面面相覷，至為難堪，李鳴鐘更覺受不了。我以為不知不怪，只須把中西風俗之不同，解釋給他們聽就是，大家明白之後，自然就不會再犯了。

我們同行之中，沒有人以徐季龍為然的，恐怕連馮玉祥氏本人亦包括在內。因為徐氏常對馮氏批評其部下，甚至冤枉好人，其信口雌黃不負責任的態度，真正使人可怕。大概他的背後說人短，已成了第二天性，不然行將六十的老頭子，亦不至為人輕視，一至於此。我們總希望徐季龍亦闖一個禍，使大家引為快意，果然希望達到，他所闖的禍，比任何人為大。

歐洲旅館住了一位史達林的第二位夫人，名娜達斯哈達。在飯廳裡認識了徐季龍，屢次談話之後，漸漸熟識了。第二位夫人之名，較第一位夫人為更吸引人，至少是情婦的代名詞。而且她是革命同志，曾任史達林秘書，又常去克里姆宮，這些都非謠言，而是可以證明的事實。徐氏以為這是通到克里姆宮的捷徑，遂與馮氏約好，引其前來見面。不知史氏第一位夫人早死，現在是第三位夫人，她本為歌劇院的戲子，然有其政治背景，她是重工業部長卡岡諾維區的妹子，乃莫洛托夫所介紹。這第二位夫人，是動搖不了第三位夫人之地位的，史達林雖欲重拾墜歡，亦要顧慮一下。她已是定命的棄婦了，其常到克里姆宮，不一定會得到史達林，乃是去看其兒子華西列，與女兒維蓮娜的。華西列後來雖任空軍總司令，但當時並不為史達林所喜。史達林所最愛的是維蓮娜，結婚時嫁妝在歐洲辦，花了二十萬美金。史達林家中，代行女主人職權的，是維蓮娜，而不是真正女主人之第三位夫人。然而這些事，皆與過去女主人之維蓮娜的母親無關。

據她告訴我們，史達林和她在一九一八年結婚，時史氏已三十九歲，而她只有十七歲。她四歲時，就遇到史達林，因其父革命黨，而其母則諳喬其亞語，故史氏常到其家中閒談，史氏白日睡在其廚房內之硬板凳上，以便警察來捕時，即從後門逃跑。惟警察捕人常在深夜，所以夜間，史氏連其廚房亦不敢睡，而去散步於樹林深處。以此而養成史氏之晝伏夜動習慣，而她稍長以後，以夜間掩護陪同史氏，為其經常生活，以是彼此發生愛情，終於嫁給他。惟以後即破裂了，因為史氏有虐待狂，殺了不少共患難的同志，使她寒心。史氏不聽其勸告，且說「對敵人仁慈，即是對自己殘酷。」

她並說，她終於與史氏離了婚，即現在的第三位夫人，亦不會有幸福的，她勸我們不可與史氏為友。她長身玉立，有細軟的頭髮，瘦削的面孔，但憔悴得很，顯見是犯了高度的歇斯脫里，不然亦不至衝動至跑到我們這裡來說史達林的壞話。這位不幸的婦人，不久即與另一共黨同志結婚。一九三二年清黨時，其後夫以反對派之罪狀被逮。她鬧到史達林那裡，拿起電話，要史氏打電話給政治保衛局，把其後夫釋放。史達林依其要求，將電話接在手中，但其命令並非釋放，而是立即槍斃。她神經受到過度的刺激，一度的歌哭無端，現出狂態。最後黯然垂首，獨自走入鄰室，槍聲起處，即結束其一生，而以身殉其後夫了。

當時馮氏對她的答覆很得體，說他是到德國去，路過莫斯科，慕其勝景，所以耽擱下來，打算遊玩幾天。他是下野的軍人，現已不問政治，所以在俄並無任何交涉。而且聽說史達林很忙，既然沒有什麼事，也不打算去打攪他。於是在平淡輕鬆之語氣下送了客，她走了之後，大家知道已經闖了禍，遂立即告知林顧問。林氏聽了之後，當時面孔亦變了色，問何人帶她來的，我們只好實說是徐季龍了。第二天林氏到我們這裡來時，鎮定了許多，說是沒有關係。不過又說這位婦人，有神經病，而且已不是史夫人，下次來時，不見她就是了。但那兩位格別烏派來的隨從副官，竟因以撤職，其罪狀為既不阻止於先，又不報告於後。

我們在莫斯科，僅一二個月，已出了不少頭痛而難以應付的事。假使住到一年以上，我真不知對續發的事件，將如何應付得了。我們所犯的錯誤，如果為共產黨人或俄國人民的話，其後果是極嚴重的。而我們竟安然無事，等於以治外法權優待我們了。莫斯科是個漂亮的城市，其保留中世紀之優美，不減於維也納，且可以享受到中世紀之恬靜與舒適的生活。然而我們的生活，竟遭遇到如許的風波，大有不可一日居之概。是否因為莫斯科有魔鬼而使我們不得安居，抑是我們是魔鬼而吵得莫斯科不能安寧？但無論如何，莫斯科和我們，總是「緣盡於此」了。

馮氏遂請李鳴鐘、劉驥充任他的代表，前往廣東，由徐季龍偕往，而韓安亦隨行。距會見史達林第二位夫人時，只隔三天，就決定下來，而不到一星期就動身了。我們留在蘇聯的一行人員，遂遷到距莫斯科附近之小村中避囂。但小村雖恬靜，然我們精神上仍如波濤起伏，而安頓不下來，因為仍在莫斯科，仍在蘇聯統治之下呢！我們都想到故園，而生懷鄉病了。

十一、蘇聯農業之考察與研究

史達林之《列寧主義》一書，稱列寧主義就是馬克思主義加上蘇聯之農民問題，可見其對農業是如何注重了。農民於革命後占其人口總數百分之八十，列寧曾說，「百分之八十的人民所反對的政權，是維持不下去的。」為了使農民不反對，而取消軍事共產頒佈新經濟政策。這是推行共產主義行不通之後，不得不改變，而諉過於軍事，並以戰事結束為改變政策之藉口。但其實行新經濟政策，並非真正為欲給與農民以利益，而是為了農民得到利益之後，其政權可以暫時安定。等到日長月久其政權穩固之後，仍是要剝削農民的：一則使其無法成為富農以躋於資產階級；再則國家的用度，如此的日趨龐大，不以百分之八十為徵收的對象，更向何處收稅？於是一九二七年遂取消新經濟政策，而代以集體農場與國營農場了。所以其最後目標，仍是共產主義，對農民是要盡量剝削，不肯絲毫放鬆，非使之淪為新農奴是不止的。

新經濟政策的實行，是政府對農民的暫時讓步，而政府的根本政策仍是共產主義，亦未變更。不過在軍事共產，沒收徵收，陷農民於飢饉之後，使其得以鬆了一口氣，農村就得復蘇。我們那時就住在莫斯科附近的一個農村中，眼見農民生活之改善，與其樂觀而擁護政府的態度，不特是空前，而且是絕後的了。

居停主人是一位工程師，月薪千餘元，這是特殊的待遇，因為當時正謀恢復工廠，所以工程師走運。當時蘇聯之生活程度不高，一家人有三百元即已夠用，故其人頗有積蓄。據言法律規定，人民之私有財產，以不超過一百萬為限。住宅地以不超過一英畝為限，如此以住宅地之餘基，來種植菜蔬糧食，一家人即可勉強獲得溫飽。且如為農民的話，有時可分得十英畝，小家庭無論如何，自己種不完，非雇工或租給人種不可。此亦為法律所許可，但雇工之條件，為須與業主平分其利益，而租給人種之條件，為租期不得超過六年。因為原則上，土地是國有，而配給農民之期限為六年，故轉租亦不得超過配給之期限。

軍事共產主義之特點，一為生產集中，二為採配給制而非市場制，三為徵用制而非租稅制。改為新經濟政策以後，關於生產集中一點，仍未放棄，列寧以為須向資本家學習。國家資本主義為新經濟政策之特徵，亦被認為社會主義之前奏曲。惟新經濟政策已改為市場制與租稅制，則與軍事共產主義根本不同。糧食既可自由賣買，首須恢復貨幣，其影響於社會者，亦顯然不同。至改為新經濟政策之原因，為農民不願政府徵用其糧食，列寧與托洛茨基均主張取消軍事共產制，以遷就農民。

惟布哈林等反對，認軍事共產主義，為走到社會主義最短的路程，而以新經濟政策，為不應有的退卻。列寧的駁覆，以新經濟政策為必經的曲折，若欲在三數年內，將蘇聯變成共產主義社會，簡直是夢想。列寧亦不諱言，其對農民的讓步，他以為政府不願驅逐農民，而沒收其農產，所需要的為與農民合作。共產主義之成功條件，在國外為德國社會革命的勝利，而在國內則為獲得農民之擁護。

新經濟政策一詞，最先見於一九二二年五月二十一日的黨代表大會決議案。列寧之正式提出此一名詞，始於十月二十一日，在《真理報》上，發表了一篇文章，為紀念革命四週年而作。新經濟政策所提議的第一項改革，乃改徵用制為租稅制。托洛茨基於一九二〇年二月第九屆黨代表大會以前，在政治局會議席上，即提出依生產量徵稅，而許農民自己可單獨以交易的辦法。然其時列寧反對，該案卒以四票對十五票被否決。不料列寧於一九二一年二月竟提出與托氏相同的農民政策了，計其要點如下：

①以農業稅制代替徵用制，藉使非共黨的農民滿意。

②減低農業稅至使少於上年徵用之數。

③對努力之農民，用減稅來鼓勵。

④農民完稅後，剩餘糧食許其自由交換。

農業稅條例即於二月二十四日依此原則起草，三月七日修正後，於中央委員會通過，二十日即交政府頒行了。

有人為農業稅率，造一新名詞，謂之累退稅率，對於中貧農與工人的種植，其稅率是遞減的。依其能力與需要為徵稅之標準的原則，迄未變更，但列寧原案之獎勵辦法，若產量增加，稅率可以遞減一點，則為政治局會議所刪除。完稅不復為農村集體而為農民個人，國家對窮人的補助，均已停止。農民出售其剩餘糧食之方法，無論經合作社與商店均可。政府不久即公佈自由買賣預合法，而鐵路公路水道對運糧之限制亦取消。於是國家對農民之關係，只是其租稅徵收人而已。政府預計可以收到二億四千萬蒲特耳（俄國斗觔之稱）之農業稅，而不敷之數，則擬在自由市場收購來補足。政府以上年之徵用為標準，預算為四億二千萬蒲特耳，實收則僅三億蒲特耳，稅收總是不能足額的。

但一切俱成泡影，伏爾加河流域大水災，一九二一年四月底已經告警了，至七月底災象已成。乃組織全俄非黨人的救災委員會，有委員六十人；以加滿諾夫為會長，李可夫、高爾基，甚至憲政民主黨之智識份子亦被邀請在內，委員會除接受國家津貼外，並可向國內外募捐。英國代表團先到，俄國政府於八月二十日與美總統胡佛締結救濟協定，中國亦由熊希齡等發起送了若干車的麵粉到莫斯科去，而護送麵粉的楊問鐘，得俄國當局特許，而在莫斯科大學讀書。後來因為外國人願與非共產黨人接洽，引起政府的疑忌，而禁止派人赴國外募捐。委員會亦於八月二十七日結束，非共黨的委員多數被補。是年預算二億四千萬蒲特耳的農業稅，僅收到一億五千萬蒲特耳，較之上年徵用時的收入，只有半數。總結國內賑糧共募得二百四十萬，國外賑糧，則為為二百三十萬蕭特耳，據加滿諾夫報告，以美國賑災會最為出力。此次災民最初估計為一千萬人，而加滿諾夫最後估計則為二千七百萬人。

蘇聯朝野，既有新經濟政策的鼓勵，又受到大水災的刺激，遂一心一德的以增加農業生產為要圖。全國蘇維埃議決，動員各級幹部，展開一九二二年增產運動。對於有增產成績之勞動模範英雄，除許給以種子與借款外，且獎以勞動榮譽旗。並決定於一九二三年秋，在莫斯科開農產品展覽會，暗寓競賽之意，故在會場頒發增產者以獎品。又將農業稅減至百分之十，其軍事共產時代，不准出租土地與雇用勞工之限制，一併取消。即有拖欠農業稅者，祇許官廳向其索欠，不許牽走其牛羊，以償稅逋。在此種種獎勵之下，民間之反應殊佳！據農業部報告，一九二一年冬季，大家都瘋狂地去租地以為耕種，農業之增產，殆可預卜了。

農業部製定土地法三十七條，於一九二二年五月頒佈。規定土地的經營，無論為各種方式之集體農場制（Artel, Commune, Mir），為各種農莊制（Otrub Khutur），抑為兩者之混合制度，均無不可。於是革命時代，平均地權的觀念，全被取消，只是國營農場，集體農場之名義，仍然保存，土地國有之原則尚未放棄而已。國營農場，在各省者可以組成托拉斯（Trust）其為全國性者，可以合組為辛迪卡Syndicate，皆以隸屬於農業部。集體農場，則本為列寧所提倡，藉以團結中農與貧農。他認為使無利可圖以小耕種者，團結起來，從事聯營，始為社會主義者所盼望的事。但在新經濟政策之下，既以生利為前提，而互相競爭於自由市場。則國營農場之不能生利者，只有租給私人經營，而集體農場，亦因無法與私營農莊競爭，所以組識不起來。

共產黨內部，對新經濟政策，依其本質言，是反對的。以工人階級為基礎的黨，而採不利工人，以其利益給與農民的政策，未免矛盾。一九二三年即有人認為，如此可使小資產階級在農村中，死灰復燃起來。富農獲利愈多，則貧農之受其壓迫亦愈甚，補救之道，惟有亟行恢復集體農場制。顧列寧先則堅持實行新經濟政策，至以辭職為威脅，始得通過。繼則認為在新經濟政策之下，不可給富農以打擊。我以為雖則貧農不如富農，城市不如鄉村，然農產品可以大量供應，為六年來所未有，總為皆大歡喜之事。

一九二六年我們在蘇聯時，農村確是家給戶足，而金盧布在國際市場上亦未貶值。西伯利亞有雇用勞工的大農場出現，中國人偷越邊界，先去做工，繼則租地自行耕種。有一華僑以種菜發財，以西伯利亞人不甚懂種菜之法，乃將菜價提至較牛羊肉為高。華僑得錢則租地置房，以金錢放高利貸，有積資至數百萬者。我曾勸之收拾回國，不聽，終至盡被沒收其所有，空手回國而後已。他們固然貪心不足，未能忘情於金錢，故不知適可而止，但為足證新經濟政策，對外國人之吸引，業已獲得相當成功。其土地法規定，不論性別宗教與民族之歧異，凡取得蘇聯公民之資格者，均有申請領地以自己耕種之權。而取得蘇聯公民資格之手續，並不甚難，只要住居其地，有了合於其所規定之年限，即可要求歸化。如非為資產階級，即易邀核准。以此西伯利亞之華僑，當時多入蘇聯籍。後來新經濟政策取消，實行五年計劃，而又逃回國內了。

新經濟政策，在共產黨是一時權宜之計，至一九二七年，遂打算取銷。而第一步以打擊富農開始，因為富農之儲蓄，已形成資本之累積，而運用於小工廠之投資。且有將小廠變為大廠之趨勢，倘不加以阻止，以富農將變為新興資產階級，又要回到資本主義舊路上去了。當初因農民團結起來為反對政府，為拆散團結計，乃啗富農以厚利。現在則仍要拆散農民之團結，而同時又要抑制富農之變為資本家，乃聯絡中農貧農，以打擊富農。其道為中農貧農生產量之微薄，乃使聯成集體農場，並予以機器耕種之便利。

一九二七年十二月，在第十五屆黨代表大會會議席上史達林提出下列的報告：

「在國民經濟的一切部門，不論是在城市或在農村，都要擴大和鞏固我們的社會主義的經濟命脈，抱定消滅國民經濟中資本主義成分的方針。」

「出路就在於用公共耕種基礎，來把另散的小農莊，聯合為大農莊，……來實行集體耕種制。……」

大會採取集體耕種制的決議，又指令「繼續對富農展開進攻，並採取種種新方法，來限制農村資本主義成份的發展。……」政府並運用刑法一〇七條關於投機的規定，假定富農不以規定的價格賣給政府，就犯了投機罪，可以沒收其剩餘糧食，而以所沒收之百分廿五分給中農貧農。

但史達林又乘此機會，於事後指摘托洛斯基、加滿諾夫、齊諾維夫、李可夫、布哈林為幫助富農。自然對於農民，他們都有過主張，不過互相反對，並不一致的。托洛斯基為首先提出新經濟政策之人，可入以此罪，不過忘了與托洛斯基同犯之人，是即列寧。史達林又冤枉了當時與其一鼻孔出氣的李可夫，而忘了自已之在袒護富農之列。

第一個五年計劃於一九二七年為全國設計委員會起草，以一九二八年至一九三三年為實行時期。一九三二農民之參加集體農場者，計為全體百分之六十一；而農地之加入集體農場者計為可耕地面積百分之七十六。至第二次五年計劃告終時，依一九三七年底統計，全國共有二十四萬四千個集體農場Kolkhozy，參加的農民共為一千四百五十萬人。而集體農場與國營農場Soukhezy共佔耕地總面積百分之九十九，蓋已無單獨經營之農民了。自非出一強迫而使私營農村無法生存者，決不至有如是高的記錄。共有五六一七火犁站，所犁之地為耕地總面積百分之九十。蘇聯可耕之地在一九三三年為一二九，七〇〇，〇〇〇英畝，至一九五〇年開闢至共有一五八，四二六，〇〇〇英畝。一九四一年統計，集體農場有二十四萬三千，私人耕種有一百三十萬，國營農場有三千九百起。但生產雖增，而農民日困，大都靠其住宅四周之園地耕種為活，且遭重稅。

張君勱先生，曾親自參觀農場，與上述稍有出入，茲節錄其詞如下：

「集合農場之總名曰哥爾霍士，Kollolz，實行分類：第一類曰同耕組合式，俄名為Lorvarisheh Clo，耕作一項為各農家所共，餘若馬牛雞豕與其他用具仍為私人所有。……第二類曰耕地耕器同有式，名曰阿旦爾Artel，除同耕地外，田地與耕田所需牛馬皆歸於公有，惟耕作者每日給以工資，此工資自分配獲得之月扣去之。第三類曰公米納Commune，除同耕同有之外，更進而同衣食住。……」

他所參觀的為米羅米那（莫斯科附近）之公米納型。據云「有一年約四十許之老者，導觀一切，其地面積一千數百畝，農人十餘家，有機犁四具。適為傍晚，不及目擊其實地工作情形。此十餘家共住木屋一所，每家夫婦與小孩一二人，約佔一室或二室。入其室內觀之，乃知俄人生活遠在德人之下，臥具極簡陋，除床板櫈與牆相片外，他無所有：亦有被褥至污穢不堪入目與吾國之窮困者等矣。有幼稚園一所，各家孩童群聚於此，女教師一人管理之。繼導至公共飯堂，正為午後茶點之頃。每人紅茶一杯，黑麵包數塊，無牛油與糖。……」臨去時農場主詢此制可行於中國否？他笑而未答。

張先生以在俄國時聞見與德國書上所載謂集合農場之要點如下：

「1.哥爾霍士之成立，由於各農民之自願，其歸於公有者以耕地機器與耕種所需之牛馬為限。第二式之阿旦爾，即代表此類。」

「2.各農民既加入阿旦爾後，各田畝合併為一，故昔日田間之界悉行消去。各人住宅附近之花園，不必合併。」

「3.各人之工作，由幹事分配，派定後，不得推辭。」

「4.一年收獲之分配方法A.債務；B.本農場之經費；C.種子費；D.各家老幼之衣食；E.教育；F.公積金百分之十至三十；其他儲金百分之五至十，除去以上六項之外，以每年收成按工作等級分配於各會員。

「5.每一哥爾霍士以每年收成百分之二十五歸於國家。」

「6.會員中有願脫離阿且爾者，但能按其原有田畝由國家之有餘曠地中償還之。」

「工作分為五等：擔糞牽牛之工作為一（單位），除草芋頭之工作為一、二五；駕馬播種之工作為一、五〇；木匠鐵匠為一、七五；機犁駕駛員，管簿記員與阿且爾主席之工作為二。」

張先生末後引史達林論集合農場之全文，以過長，茲節其大意為二點：第一，集體農場之成功由於農民之自願，而政府則因地制宜以改變其制，絕不刻板而強其相同；第二，集體農場之基本環為阿爾且制，因其為解決糧食問題的最好方式，而糧食問題又為農業生產之基本環。

張先生亦在克羅米那參觀一國營農場，以近黃昏未得多看。其實國營農場與集體農場，俱歸於共產政府的掌握，兩者方法異而結果同。史達林以自願為集體農場之必要條件，而以強迫為反動派所造謠。然共產主義下之所謂自願與坦白，殆較他國之脅迫為更壞。俄國國境以內，何一不托於自願之美名，其實則一切皆出於強迫，毫無自願自發之精神。就張先生一九三二年所見之集體農場中人之生活觀之，其非現代化之農奴而何？新經濟政策時代，一九二六年我住在莫斯科富農之家有兩層兩開間的住宅，有沙發有地毯與鴨絨被服，較之法德之自耕農，曾無多讓，而貧農靠工資收入，衣服亦常新，決不至如集體農場分子之窮苦。相差六年，農民生活降低之速如此，誠足驚人。國家控制農民之道無他，即不許在自由市場賣出其剩餘糧食，而在規定價格下歸國家收購就夠了。否則須根據刑法一〇七條作投機論要沒收其餘糧的。而自動脫離農場，則僅有其理論而無其事實，因為農民不能束緊褲帶找農場之故，實已不能將其原有耕地帶走了。

這些國家規定的廉價糧食，由俄國傾銷於歐洲，尤其是德國，換回機器，有時麥價只合歐洲市價四分之一，當時稱之為傾銷政策DUMPING SYSTEM，使歐洲農民俱受其困。而其小麥運到遠東來，以攘奪美國與加拿大澳洲麵粉的市場，引起資本主義國家的困擾。俄人自以為得計，然最吃虧的，還是其本國農民。我們只要看到現在中共自己鬧飢荒而仍有大量糧食出口，則於蘇聯農民當日情形即已思過半了。蓋所出口者，當然為政府手中的糧食，向農民徵購得來，政府自命曾以此合法手續取得的。然在農民立場視之，則悉為自彼剝奪而得的。

蘇聯之工業建設資本，完全由農民負擔，因為其時並無外資貸入，而只有機器與技術人員之進口，皆須現金或實物償付而並無記帳之規定，雖美國之建設工業，亦無外資，然多由於小工業之擴大，而非出於農民之積蓄。然這是資本主義的途徑為蘇聯所不取，蘇聯之工業為國營，多虧本而無盈餘，故亦不能賴以再發展工業。蘇聯工業始終賴農業來支持，類初期日本工業之發展。殆視其本國人民，如其殖民地人民，而以為榨取之唯一對象。然日本之發展工業以漸，由數代的農民來分擔，故不覺其苦，而蘇聯之發展，似驟而且大量，故五年計劃後的負擔，農民實在負不了，遂墮落為新農奴。

蘇聯共產黨，真是懂得剩餘價值的，其所取於農民與工人之剩餘價值，較資本家為多。換言之，即在資本主義之國家，農工之所得，較在蘇聯多得多，這是公認的事實。共產黨又根據馬克思主義，認為把握到勞力原料與糧食，就可發展生產，除機器外，是不需要資本的。其意殆以機器為國家資本，而原料為流動資本。而糧食即等於工資者，殆以工人除吃飯以維其生存外，即一無所得，此即剩餘價值說之引伸的意義。

我們用馬克思經濟原理來思想，有點不習慣。若用我們所熟悉的經濟學原理來衡量，而分為生產、交換、分配、消費四部分，則知生產固由農民負擔，即市場上之分配與交換，所發生之損失，亦由農民負擔，只是消費，輪不到農民。即退一步承認馬克思之注重生產，而以交換、分配、消費為不重要。僅就生產一項立論，則分析之結果，生產之要素，為土地資本與勞力三項，其資本與勞力，固由農民負擔。即土地一項，依李加圖Ricardo與馬克思的解釋，亦為以前的勞力。不過為蘇聯政府所獨佔，反靳而不予農民，且又從土地上，去剝削農民。所以全部生產重擔，皆高壓在農民身上。至不認工人亦分擔其最後責任者，因蘇聯之工業製成品，即動用奴工，亦虧本至不能維持其工業之本身的，其詳當於工業章研究之。

最後關於蘇聯農業之情形，我擬提出兩點國人之誤解來辨正，以作本篇的結論。

第一，大家常以托洛斯基為工業主義者，是反對政府之農業政策的，此實大誤。須知最先提出新經濟政策者，為托洛斯基而非列寧。列寧則先反對而終贊成，即提出其計劃。加滿諾夫、齊諾維夫亦是贊成的，故對此兩人亦不可稱為反對農業主義者。布哈林之主張最左，他是始終反對新經濟政策的。而李可夫與史達林為同調，比較右傾，不過史達林稍為灰色而已。乃第二次清黨，布哈林與李可夫，同以反對五年許劃，庇護富農罪狀而被清，且認為同屬右派，亦為大誤。布哈林與李可夫，同屬一派之理由，殊不可解，有之即如同時同在一批被清而已。布哈林在革命前，為同志所賣被捕，疑史達林為特務，訴於列寧未得直，故在史氏當政後即不得志，其被整肅完全為私怨。

原國人之所以有上列錯誤者，完全根據史達林欽定之《聯共黨史》。而此書乃是專為打擊反史氏者之宣傳品，絕不根據於事實。茲依歷屆共產黨代表大會，各人之發言記錄，以及議決案，與私家之記錄，而為之改正如上。其實這班共產黨人，在列寧時代，黨內是可以自由發言，忽贊忽否，所以未形成為派，亦未有各派固定之意見。直正講起來，左派右派之習用名詞，是史達林強調起來，作為故入人罪之用的。

第二大家都誤認為集體農場，是自願的、漸進的，與必然使生產增加的最好辦法。張君勱先生以反共反蘇著稱於世，然亦贊成其集體農場。蓋誤認中小農之結合為集體農場，純出自願之故，而農民亦必有利可圖，始肯自願。實則在蘇聯，絕無自願之事，而國營農場與集體農場，同為逼迫農民，走上只好為國家榨取之途。其道為在國營農場，用火犁耕種，以大量生產方法，使私人經營之小農莊，無法與競。但變成集體農場以後，所增加之生產，皆直接間接，用種種藉詞，以歸入國家，農民之情形，反較以前為壞。這是在新經濟政策下，集體農場反而退步，至五年計劃後則逐年進步，大有一日千里之勢的理由。這是經過國家的干涉，而始有如此重大之轉變的。欲明轉變之情形，莫如採取莫洛托夫之報告，列表如下：

年代	加入集體農場之人數
一九二七	二八六，〇〇〇
一九二八	五九五，〇〇〇
一九二九	二，一三一，〇〇〇
一九三〇	五，五六五，〇〇〇
一九三一	八，八三〇，〇〇〇

史達林之實行集體農場制，採取漸進主義，做出不干涉的姿態。只要參加者到了百分之五十，則該地即為集體農場運動之完成，不再勒令農民加入，此點亦為張先生所欣賞，其實史氏並非贊成漸進主義，實為有漸進之必要故。因為五年計劃下之集體農場制，如與軍事共產制一樣而告失敗，則其政權會動搖的。而且失敗之可能性很大，外蒙不是失敗過麼？

集體農場的標榜，乃增加生產，固然增產亦認為重要的。然蘇聯政府所認為尤要者，還在藉集體農場制度，可以把農產品大量集中，以便政府之徵購。蓋刑法一〇七條不以農產品賣給政府，即作投機論之規定，只是消極之取締，而集體農產制，則為積極之措施。如誤舉為是我個人

的懸揣，則有《聯共黨史》可證，茲錄他們自己的話如下：（三五三頁）

「一九二七年……所出產的穀物，雖然只微少於戰前之所出產的數量（佔戰前百分之九十一）。但——所能出賣給城市的穀物，卻只少微多於戰前之三分之一（佔戰前百分之三十七。……當時在國家面前擺著有兩種可能的道路，或是走到資本主義大生產……或是把各小農戶聯合，成為社會主義的大農莊。……當然……國家只能走後一條道路，即集體農莊農業發展的道路。」

總之蘇聯農業政策的著眼點，在軍事共產時代為徵用，在新經濟政策時代為徵稅，而在五年計劃之集體農場下則為限給徵收。至是否增產當在其次，而農民之是否有利益與其是否活得下去，更所不管的了。

十二、蘇聯工業之發展及其後果

共產黨以馬克思主義者，或社會主義者之正統派自命。然社會主義之原則，以各取所需，各盡所能為第一要義。而共產主義統治下之人民，生產已超過其所能，分配毫不能適應其所需，豈得謂為社會主義？羅素亦不認其為社會主義，而稱為工業主義，蓋譏其以無條件發展工業為事，而不顧其客觀環境之需要與否。我以為蘇聯之所重視者，不為工業之本身，而為工業發展後所產生之效果。即是因工業而發出的力量，這是十九世紀以來富國強兵之術，故亦可稱為力量主義。

羅素又謂，蘇聯國家的工業，與他國差不多，所異者只是不給資本家以利潤而已。羅素好用簡潔而幽默之詞，以說明繁複的事實，若稍加細思，則豈只資本家無利潤，工人亦何嘗有正當的工資？然此為蘇聯所不考慮的事，它只將勞工機器，一併看作機械的力量。而尤要者，為如何把握此等力量，盡量利用之，使發生最大的效果。對內以求控制政權，對外則騖於攘奪更多的衛星國。因其以增加力量為惟一鵠的，故於工業之發展，以重工業為主，而以輕工業為副。重工業雖為力量所在，向不能生利，而蘇聯則不特能使之生利，且恃為一本萬利之所在。即為以軍械接濟各殖民地，而運動其獨立，再納入於鐵幕體系之中。

俄國人曾以三個人等於一匹馬力，合各國之機器力量以比較各國力量。記得統計上說明中國雖有四萬萬五千萬人，美國人口只有其三分之一，然若於中美兩國作一力量的對比，則美國力量超過了中國四千倍，而為全世界第一位的力量，無怪全世界對美國都要屈服了。俄國人於美國是羨慕的，對力量是夢寐以求之的。他們的反對資本主義是不要金錢而只要力量，因為有了力量自然就可拿到金錢，所以有人笑他們是尼采主義。他們既羨慕美國，遂以美國的大量生產為標準來建設蘇聯。

然其環境與美國絕對不同，美國市場遍及全世界，原料亦可任意求諸世界各地。蘇聯之原料與市場，先在本國，現亦只在衛星國範圍內。其保護自己市場，而盡量向外擴張的方法，在美國為保護關稅制度，在蘇聯為對外商業的獨佔。此外為糧食與輕工業製成品之出口、不惜折本，而採用傾銷政策。至其他因工業發展，而造成必不可避免之災難，亦甘心忍受，只求能達造成力量之目的。

一九二六年我們在莫斯科時，俄人對美國之讚揚，可以說我在世界任何角落上都未遇到過，與今日痛罵美帝成強烈的對比。美國的機器，整個工廠的裝備，美藉工程師與工頭，都一批一批的到了蘇聯；而俄國歷代的鑽石寶器以及蘇聯盡有可以輸出的東西，都一船一船的裝到美國去，真所謂交易而退，各得其所。一九二九年後世界不景氣，而美國尚能接到大批的蘇聯定單，未嘗不可以暫資挹注，減少一部分之失業。羅斯福的心，被蘇聯的購買力買軟下來了，乃進而承認蘇聯。在美國人看來，蘇聯的打倒帝國主義是在其國內為謀穩固政權的宣傳，事實上他們已對所謂美帝屈膝了，這是美國人體會到兩個世界共存之理。美國人有句笑話，說蘇聯反對美國，但是卻要美鈔，其實豈只美鈔而已，美國的機器與技術人才都要去了。美國人有了實惠，多聽幾句打倒帝國主義，倒無所謂，何況蘇聯所著重的是英帝日帝，美國倒底與蘇聯不接壤，衝突的地方也過少了。

我們眼見到蘇聯對美德兩國的一頭熱，而美德則隱收其貿易之利。我們房東是工程師，隨著美國技術人員工作的，據說蘇聯欣賞美國泰勒的工廠管理法，務使工作時間少而產量多。蘇聯亦將如美國之重視技術工人與工頭，使其工資高出於一般工程師。工人之工資高出於工程師，只有美國有之，在歐洲則為創舉，蘇聯為其在歐洲的第一個模倣者，可見其一心一德的學美國了。我們去阿穆Amo汽車工廠參觀，廠主告我每月可出卡車二十輛，然成本每輛要一萬元，美國汽車成本尚不到二千元。打算把福特廠買一個分廠下來，連其工程師和工頭都隨機器前來，則可以希望成本減低，屆時即行大量生產。此一阿穆汽車廠，現改稱為史達林廠，每年產汽車十四萬輛。後來有否買福特廠，請福特工程師，以達到增產之目的，我們不知道。不過主顧只有國家，而盡購其所產，則成本降低之方法，可賴工資與幣值降低來做到，不必如美國雖降低生產成本，而以不降低工資為條件。

我們去參觀過頓河上一個水力發電廠，看見隔數里路就有一個水壩，壩內束水頗深，航行亦極便利。俄人告我們說，水白白地流下去，而不利用其力，是多大的浪費呀！後來羅斯福到非洲，謂「非洲之窮是水在地底下流，而不到地面上，使其地受不到水之利所致。資本家盡取非洲之所有，而惜小費，不為修繕其水利，未免太沒良心了。」我立刻聯想到頓河水壩上俄國工程師的話，而訝其與美國精神何等接近了。我又聽見俄人說，基輔將設最大水力發電廠，以美人為總工程師，與頓河、伏爾加河之電力廠合計起來可以供給俄國歐洲各部之需，我估計蘇聯電力發展已大大超過蘇聯目前工業之所需，問以是否將來工業為無限度的發展，俄人輒避免正面答覆，謂首在農村之電氣化。我當時即覺得蘇聯殆不以恢復帝俄時代之工業，使其國內需要得到飽和點為止，而有無限度發展的意義了。

俄人並勉勵我們，謂中國之水力，大至無窮，與美國媲美，不如蘇聯之有限。黃河、長江、淮水、錢塘江、湘江皆是，不特水力可以發達，即水患亦可減輕，而交通且可稱便，他們的想法與以後美國專家薩凡奇之所述相同。同行中對水壩最感沒有興趣的是我，我住錢塘江上游，見得太多了，水堆靠水力推動亦要築壩的，不過規模較小而已。故我只是當作一種風景看，因為對機械與力的問題，我一向對之不發生興趣。而同行中最感到興趣者莫如馮玉祥，他在那裡徘徊半天不肯去，發問最多，有些問題同行的俄工程師亦答覆不上來。我以為他受到軍力以外另一種力量引誘了。他從那時起就注意水利問題；回西北後以兵工替黃河開了許多支渠，以後擔任過一次黃河水利委員會委員長。最後要求赴美考察T. V. A.，並帶了兩位水利工程師做隨員，臨行時我去送他，覺得他是真心想專門研究水利的。可惜到美以後為其夫人李德全所蠱惑，竟仍為蘇聯的力量所誘惑，而死於進入黑海時之赴俄輪船上。

無限制生產之發動力裝好了，倒底要不要使生產無限制發展，共產黨爭辨考慮了三年。從一九二五年至一九二七年，其中以一九二五年十四屆黨代表大會為最重要，這是差不多到了決定的階段。當時爭辨之分野，如看了《聯共黨史》之類的話，會糊塗起來而把托洛新基的主張變為史達林之主張的。那時我們適在俄國，我並且買了一部至十四屆止的黨代表大會的會議錄，所以知道的與《聯共黨史》略有不同。托洛斯基是有名的工業主義者，他主張蘇聯在資本主義包圍中，非發展其工業使其力量與資本主義國家勢均力敵是站不住的。齊諾維夫則認為蘇聯工業應發展至沙皇時代的水準已是飽和點，因為市場在國內，過此殊非俄人之所能負擔。這兩派是對立的，而史達林則認為社會主義可在一國存在，是個中間調和派。托氏攻擊其政策不應停止在俄國一國以內，因為社會主義是世界性的，工業政策亦是世界性的。齊氏則以為若將工業發展至超過了俄國的需要量，即不得不與帝國主義者一樣，然社會主義者豈能如帝國主義者一樣侵略他國呢？故工業應限於本國自給為止，否則自己便是帝國主義者，其言極得當時黨員們之擁護，所以十三屆大會未有決議。史達林雖不主張托氏之世界革命，但贊成其工業主義，他是別有打算的；第一他是看重力量的；第二他不惜為赤色帝國主義者，且比資本主義之帝國主義者，更為凶惡百倍。如果史氏、托氏的工業主義有所不同，便為史氏緩進，而托氏急進就是了。十四屆黨代表大會決議以後，五年計劃就開始起草，原來托氏之主張變為史氏之主張，而將托氏與相反的齊氏並列成為黨的反對派了。

從軍事共產而新經濟政策而五年計劃，本是一貫的。不過在此三個階段上，其所期完成之任務，各有不同而已。軍事共產主義時代，一般人認為是徹底的破壞主義。但亦有人認為是資產階級對封建地主的革命，故只是造成資本主義，無法直接完成社會主義。工業之毀壞與停頓，使工人離開工廠，農業之產量大減，使農民不肯出售其糧食，政府之配給政策失敗，黑市價高，而貨幣跌得一文不值，凡此皆為破壞主義之特徵，固無異詞。惟以戰時共產時代，為走到資本主義之革命現象，亦自有說。土地國有，乃社會革命黨之主張，這是反封建而非反資本主義。且事實上乃由國家租給農民耕種，等於分田，而使其個人經營。而工業國有，銀行國有，亦可以認為是國家資本主義，列寧則認為是在轉變與過渡時期的半調子資本主義。然他並且不以此為病，反以為是正當之發展，對社會主義是有益的。他認為缺乏安放社會主義於其上之資本主義基礎，而欲完成社會主義，若不發達資本主義於先，是不可能的事。

但欲求資本主義之發達，含有破壞與建設兩種矛盾性格之戰時共產主義殊不相宜，而非採純建設性之新經濟政策不可。新經濟政策，本意僅以施行於農業上，後來在工業上，尤其是在小工業上亦被採用了。不過列寧之所謂資本主義，並非分散的個人資本主義，乃為促其急速集中的資本主義。他認為資本愈集中，則其距社會主義愈近，而此一任務，要待新經濟政策來完成。

集中資本之道，厥為工業建設之推進。而在新經濟政策下推進之工業建設的辦法，第一自然在建設國營大工業。所以在一九二一年五月，黨代表大會開會時，列寧主張，有計劃地設立國營大工業，藉以造成國家資本主義。第二小工業亦非首先恢復而培植起來不可，以與大工業，平行不背而相輔相成。遂使小工業，不歸國營，而放回私營。一九二一年又頒佈法令，以鼓勵生產合作社的成立，許其雇用工人，而以不超過其社員人數的百分之三十為限。財政部並給以貸款，於是農村之手工業與小廠都興起了。

凡為國家所沒收的工廠，經營而無利可圖者，仍許原廠主或其後嗣租去經營，而工廠出租為當地地方政府之權，無須其上級的批准。政府於一九二一年七月六日頒佈租廠法規，規定合作社較私人為有優先權。承租人有維持工廠現狀之民刑責任，對原料與工資，須負責供應，不使中斷。租期自二年至五年不等，以產品抽成作為租金。事實上租得出去的為糧食和製革廠，其工人皆在二十人以下。放租之七千一百廠中，租出者有三千八百，半為私人承租。但於共產黨員，不許其個人租廠，只許其參加合作社。

在實際上，這些出租後私營的工廠，不過工業中極小部分，殊不足以威脅社會主義，而百分之八十生產事業，仍歸國有。據一九二二年十二月第一屆全國蘇維埃大會，加滿納夫報告謂國營工業有工人三百萬，而私營者僅有工人七萬人。據一九二三年統計，有十六萬五千個工廠，私營者占百分之八十八·五。但有百分之八十四·五工人服務於國營工業，平均每廠一五五人，而私營工廠中，每廠平均僅二人。依其生產價值言，國營工廠占百分之九十二·四，私營者占百分之四·九，而合作社占百分之二·七。當黨人攻擊新經濟政策時，列寧謂不要緊，大部生產事業，已歸國家掌握，私人資本主義，業已完全過去，不至於復活了。

一九二一年八月九日，政府頒佈一批與新經濟政策有關的法令，樹立一種經濟體系，而使各業互相聯繫。此種體系，有的地方，必須求其合，有的地方則不得不求其分，而所謂體系者，亦非只有合而無分。求其合時則用集中的原則，將工人或手工業之個人集合起來設立小廠，一地之小廠，其同一性質者，則聯成托拉斯，以與國營工業連繫。求其分時，則國營工業，至力量已足自給時，即任其獨立，不再受高經濟委員會管轄，使與小工業相競。國營工業之經費，亦不再入國家預算，而與小工業平等。大小工業悉在市場上與農業相遇，於以聯繫起來，而此即為資本主義下之供求率的體系。故所謂分散原則，即為資本主義，而所謂集中原則，即為社會主義。以新經濟政策有資本主義色彩，指其分散原則而言。仍視之為社會主義之一階段，乃認其仍偏重於集中原則之故。

小工業的集中，進度極慢。但內茨的煤井Douetz，在一九二一年從九五九井縮至六八七井。一九二一年八月勞工保障委員會公佈其成立的，蔴織品及白海伐木兩公司，乃最先的托拉斯。惟於是年十二月，在全國蘇維埃會場上，據最高經濟委員會主席波特諾夫Boydanov報告，已成立了十五個新托拉斯。一九二二年夏，若干煤油與煤礦的托拉斯，宣告成立。在千餘皮革廠中，有一二四廠，占其生產總額百分之八十八者，亦成立托拉斯。至一九二三年八月止，共有四二一托拉斯：其屬於紡織、冶錢、糧食者，在五十以上；屬於製革者，在四十以上，化工三十五以上；電氣二十以上。每一托拉斯，平均包括十個以上工廠。在四二一托拉斯中，有三八〇托拉斯，雇用了八十四萬人，而紡織與冶金二項，已有五十二萬五千人。

一九二一年十月廿七起，政府將國營工業，分為受政府補助，與不受政府補助二種。受補助者大抵為重工業，不受補助者大抵為輕工業，但亦有例外。受補助者，大概可以聯帶獲得供應與配給，惟以後多取消，而使求之於自由市場，然亦參差不齊。一九二二年三月廿一日，宣佈對燃料業，停止糧食配給，而同時亦不再以燃料配給國營工業。惟燃料管理局，仍將燃料集中起來，有的國營工業，固依法前往自由採買，但對鐵路之燃料，仍繼續配給，且於但內茨煤礦工人，亦仍繼續予以糧食配給。不過所有國營工業，完全以謀利而自己能站得住為前提。其資本雖為國家所墊，然須分年攤還；且其利益，須以百分之五十，歸諸國庫，百分之廿五歸於本公司，百分之廿二為同人福利基金，百分之三為建築經費。

實行新經濟政策之結果，農業以需要切，而自由多，故發展得極快，而工業則殊慢。就工業論，私人或合作社之進步較快，而把握在國家手中百分之九十二國營工業的進步較慢。就國營工業論，則輕工業較快，而重工業為最慢。其所以致此之由，實因不懂工業的黨部人員，以官僚作風來管理為最大原因。而最重要的重工業，則歸老幹部管理，其官僚作風最甚，而亦最壞。蘇聯的工業，真是經不起自由市場端爭之考驗的。

依統計手工業在一九二〇年，比一九一二年戰前，恢復至百分之五十四。製革業在一九二二年，已經達到戰前水準。羊毛業在是年較戰前恢復至百分之五十五，蔴織業則恢復至戰前百分之七十二。重工業中，以煤油恢復至戰前百分之三十六為最高，而冶金業僅合戰前百分之七，則為最低。

我們在蘇聯時，親自嘗到主持工業者之官僚作風，相信在世界上任何角落，不會遇到相類的商業行為。我們要買大量汽油，根據軍事委員會給與汽油托拉斯的命令，須依生產成本，賣給我們。但我們與巴庫汽油托拉斯，交涉了三個月，始終買不到一滴油。我們天天去催，他們繼續拒絕出售，其理由為生產成本當算不出來。生產而無成本會計，已經夠稀奇了，而經客人要求，三個月尚且算不出，無法成交，真是荒天下之大唐！有人說，蘇聯之國營商業機關，是以不做生意為原則，少做一件事，即少負一點錯誤的責任。成本會計算不出之理由即在此，豈非官僚作風而何！

但是幹部之官僚作風，是無法改變的，而蘇聯之發展工業，尤其要擴大重工業，為既定國策，亦是無法變更的。新經濟政策，對於此等環境，既不合適，而其時效亦已過去，對農民再無用其敷衍，故只好將其取消。取消之理由，第一重工業之復興，是有賴於國家之配給與補助，且為其唯一主顧的，而新經濟政策，則適與相反。列寧曾說過，「蘇聯之強盛，不靠農業，亦不靠輕工業，而靠重工業。」強盛只有力量，而重工業始為一切力量之源。第二新經濟政策，只是培養富農，而扼殺輕工業。糧食為必需品，富農高抬其價格，不患賣不出去。工業品則為自維其工廠，不得不貶價售出，即以必需品之棉織物論，在一九二二年三月以前所售出者，只合其生產成本百分之五十，餘則更壞。第三生產以消費者的刺激而增加，變成無計劃的發展。計劃經濟是社會主義者所必要的，遠在新經濟政策，與五年計劃以前，即已不斷講求了。

計劃經濟先為政務院下之經濟委員會Vesenkha所主管，然只係對工程問題，如煤礦之改良，列寧格勒電氣之加增，與開渠灌溉以增加棉花之產量等等。後來於經濟委員會之下增設工程委員會，復於其下增設電力委員會，他們自誇為將行政的組織變為生產的組織，而將負責製定一九一九年的統一經濟計劃。但軍事尚未過去，經濟委員會，又缺少設計的專家，一切均流為空話。一九一八年十一月增設的工農防衛委員會，以列寧為一委員長，托洛斯基、喀拉辛、史達林為委員，其權力可命令各部門，然以應付軍事為主，而無意於計劃。一九二〇年第九屆黨代表大會托氏報告謂，「所謂勞工動員；只是在全國經濟各部門有統一的計劃，而依其藍圖，以分配工人。」他又說：「計劃之目的在不急求近利，惟吾人迄無單一的計劃以代替自由競爭。」李可夫則攻擊之，謂托氏之計劃近於空想，離實際生活過遠。決議曾為：「經濟委員會須與有關各部聯繫，以製定單一的經濟政策，」但事實上對此空洞的決議，則置之高閣。

列寧主張全國電氣化，遂成立電氣委員會，有專家百人左右，其分子多為小資產階級，而以老黨員克拉希哈納夫斯基Krzhizhanovsky為委員長。列寧認電氣化為計劃經濟之根本，他說所謂共產主義，即是蘇維埃加上電氣化而已。一九二〇年第九屆大會決議，設立改善運輸委員會，以托洛斯基為委員長，而交通部與經濟委員會均有代表參加。決議起草一個五年計劃，至一九二四年止，期在使全國機車皆可恢復正常狀況，結果三年就完成了。於是大家都興奮而一致主張計劃經濟，不過是各部門分別提出，是多元而非單一的計劃。李可夫亦謂若依一定計劃，則木材與煤可增一倍，煤油可增四五倍，而電氣則可從一億八千萬瓩增至二億四千四百萬瓩。惟除托氏外，皆主張非單一而為多元的有重點的計劃，不特李可夫、齊諾維夫的主張如此，即當時之列寧與史達林亦復如此。而托氏則斥多元的計劃為變相的資本主義，托氏誠不愧為五年計劃的先知先覺了。

一九二〇年十二月第八屆蘇維埃大會通過托氏經濟計劃單一化的提案，組織勞工國防委員會STO隸於人民委員會（政務院）之下，由主要各部部長，及職工會代表組成之，而中央統計局長亦列席。但列寧則斥為是文章上與公文上的空話，而以電氣化即為經濟單一計劃的先決條件。然人民委員會已決議在勞工國防委員會之下，成立全國計劃委員會，Gosplan列寧失敗，而托洛斯基的提案通過了。然列寧又在用人上力爭，堅持以電氣委員會置於計劃委員之下，而以電氣委員長克氏兼任計劃委員會委員長。一九二一年四月，計劃委員會成立，主要職員有三十五人，均為第一流專家，其中只有黨幹部七人。各專家月薪共費一百萬元，配給為最高額，衣服亦然，且及其家屬，在火車上得免費旅行之優先權，與中委同。

計劃經濟，不僅為社會主義者，既定之原則，以免流於資本主義者之矛盾與浪費，且設立其負責機關，疊床架屋，機關且不僅一個，以分別擬議其計劃。而最後負責機關，則為計劃委員會，然它是議事的，而非執行的。在列寧任人民委員會主席時代，大權在握，計劃委員會無甚作為。列寧死後，李可夫繼任，始漸重要起來，取消新經濟政策，而起草第一次五年計劃者，就是計劃委員會。其起草期間，自一九二五年至一九二七年，共有兩年之久。

托洛斯基，其時雖已流亡，未克參加起草五年計劃。但五年計劃之精神，一本托氏計劃單一化之主張，即計劃委員會之設立，亦以托氏主持之運輸委員會為其前身。而他人主張之多元的計劃，與列寧之電氣化計劃，均與五年計劃之單一精神相背謬。自然工業離不了電力；但列寧此時所稱之蘇維埃加上電氣化，即為共產主義；與其以前所稱之馬克思主義加上農民問題，即為社會主義，同屬玩弄名詞之濫調。托氏既創立新經濟政策，又樹立取消此政策之五年計劃的規模，自為其智力的過人。而現在則以新經濟政策，歸功於列寧，以五年計劃歸功於史達林，只以鼓吹世界革命之罪狀歸托氏，不平孰甚！

據哥林哥Gringo綜合五年計劃之報告，在第一次五年計劃，蘇聯多方榨取悉索敝賦而投入之資金，供為六百四十億美元，其分攤於各業者如下：

工業	一六，四〇〇，〇〇〇，〇〇〇
電氣	三，一〇〇，〇〇〇，〇〇〇
運輸	九，九〇〇，〇〇〇，〇〇〇
農業	二三，二〇〇，〇〇〇，〇〇〇

此資本之來源，依胡佛調查為國民所得之新投資在一九二九年為百分之三十。如月入五十盧布之工人，而迫其投資百分之三十，其生活沒有不墮落而陷於工奴的。其五年內全部國民所得為一千七百五十二萬萬美元，故投資為五百三十五萬美元。此紙面上的如意算盤，事實上殊收不足數，乃由盈餘及社會保險基金與沒收私人財產項下撥付。然猶不足，乃將貨幣跌價兩次，盡奪人民之儲蓄而有之，以投於五年計劃。蓋俄人已傾其所有，而其工農已變為奴役，而與機器同等了。茲述其成績如下表：

	五年計劃之機率	達到之成績	超過之百分比
1. 煤	七、〇	一三〇、〇	一七三、三〇
2. 煤油	二二、七	四一、〇	一八八、九〇
3. 煉鋼煤	一一、七	二二、〇	一七〇、九〇
4. 水泥	一三、七	三二、〇	二四〇、九〇

	五年計劃之機率	達到之成績	超過之百分比
5. 生鐵	一〇、〇	一七、〇	一七〇、〇〇
6. 鋼	一〇、四	二〇、〇	一九二、〇〇
7. 熟鐵	八、〇	一五、〇	一八七、五〇
以上皆以百萬噸為單位計算			
8. 銅（以千噸計）	八四五、	二六五、	三一三、〇〇
9. 瓦（以十萬萬片計）	四、五	二〇、	四三三、一二
10. 機犁（以千架計）	五〇一、	一五〇、	六〇、〇〇
11. 自動車（以千架計）	一〇五、	二〇〇、	一九〇、五〇
12. 電磁工業（百萬盧布計）	八九六、	四二六〇、	四七五、〇〇
13. 電力（十萬萬瓩計）	二三、	一二三、	一五〇、〇〇
14. 機器製造	二、一〇〇	六、〇〇〇	二八九、七〇
15. 耕具（以上二種均以百萬盧布計）	六一〇、	二、〇〇〇、	三二七、八〇
16. 皮靴（百萬雙計）	八〇、	一九〇、	二三七、七〇

以上為首二年之統計，而為文化關係局旅行雜誌之宣傳，估計過高，因為五年計劃至最後

僅完成到百分之九十三。五年計劃之優點為生產力之增加，但壞處甚多，最壞者莫如貨幣的貶值。且既需要大量機器進口，則外商部無法藉農產品以使其國際收支平衡，於是國外銀行無外匯可以劃撥清償，只好關門下旗回國了。據一九三〇年統計超入已逾六億，而此為用盡傾銷政策之結果，然其無法填補之虧累，且亦愈趨而數字愈大。依吾人的看法，確為盲目生產無疑。但俄人以為生產力增加即是國家力量增加，而力量增加，即為打倒帝國主義與預防其侵略之警覺性所必需，故不惜蠻幹下去。顧一國之表面上力量愈增，往往即為民間之潛能力量愈減。但蘇聯不如此看法，他是不恤枯竭其民力的，且以為民力之潛藏，足以推倒獨裁政府，他們是最怕的了。第一次世界大戰，蘇聯動員了一千八百萬人，然終無法阻德軍百餘萬人之進攻，而且因為動員已超過全國人口十分之一，所以無人種田，沙皇的統治，遂以人為的饑荒而崩潰。今日蘇聯在工業上，動員五千萬人，故已陷於半瘋癱狀況，外強中乾，將來結果如何，吾人恕不為預言了。

但無論如何蘇聯現在已變為工業國家了。依世界年鑑，其一九一三年之生產量，工業占百分之四二·一，而農業占百分之五七·九。但一九三七年第二次五年計劃後之統計，則其地位已倒置過來，工業占百分之七七·四，而農業占百分之二二·六。一九三二年第一次五年計劃結束，達到原計劃百分之九三·七，而以重工業方面成績為佳。第二次五年計劃，從一九三三至一九三七年，則以建設重工業於東方，及發展輕工業與改善品質為目標，但輕工業方面成績未能如其預期。第三次五年計劃為自一九三八至一九四二年，擬將每年生產工具增加百分之十五，消費貨品增至百分之十一。至一九四一年，工業出品，值一八〇，〇〇〇，〇〇〇，〇〇〇盧布，而在一九三七年則僅有九五，〇〇〇，〇〇〇，〇〇〇盧布，則已加倍增產了。第三次五年計劃以一九四一年六月德國侵蘇後中止，一九四五年三月蘇聯再通過一個第四次五年計劃，預計到一九五〇年，其生產量如下：

鐵	一九，五〇〇，〇〇〇噸
鋼	二五，四〇〇，〇〇〇噸
運輸機器	一七，八〇〇，〇〇〇噸
煤	二五〇，〇〇〇，〇〇〇噸
汽油	三五，〇〇〇，〇〇〇噸
人造煤氣	一，九〇〇，〇〇〇，〇〇〇立方米突
煤氣	八，四〇〇，〇〇〇，〇〇〇立方米突
電	八二，〇〇〇，〇〇〇，〇〇〇瓩
蒸氣引擎	二，二〇〇個
柴油引擎	三三〇個
電力引擎	二六〇個
卡車	四二八，〇〇〇噸
機器零件	一〇二，九〇〇噸

Stam Turbine	二，九〇六，〇〇〇瓩
Water Turbine（大）	三七二，〇〇〇瓩
Water Turbine（中）	一五〇，〇〇〇瓩
Water Turbine（小）	五〇〇，〇〇〇瓩
百瓩以下之電力馬達	六二四，〇〇〇
百瓩以上之電力馬達	九，〇〇〇
金屬母機	七四，〇〇〇
Spiring Fr	一，四〇〇，〇〇〇
Looms	二五，〇〇〇
機犁	一一二，〇〇〇
耕犁	一二〇，〇〇〇
墾犁	八二，三〇〇
播種機	八三，三〇〇
Power Dri	一八，三〇〇
肥田粉	五，一〇〇，〇〇〇噸
顏料	四，三〇〇噸
棉織品	四，六八六，〇〇〇，〇〇〇碼
毛織品	一五九，四〇〇，〇〇〇碼
皮靴	二四〇，〇〇〇，〇〇〇雙

肉	一，三○○，○○○噸
牛油	二七五，○○○噸
糖	二，四○○，○○○噸

其總值為二○五，○○○，○○○，○○○金盧布（依一九二六年之值）而一九四○年生產總值，有一三八，五○○，○○○，○○○金盧布，則又增加百分之四十了。

其實行五年計劃之目的，一言以蔽之，即為與美國競賽。尤其注意於重工業，則亦可說是一種軍備競賽，或為武裝競爭。把全體國民，陷於工奴農奴之境，盡取其所有以從事於軍事投資之冒險企業。然直至第四次五年計劃止，迄未聞有第五個五年計劃之出現，大概亦不會有，蓋其國力與民力，已消耗至無極限了。然只達到美國生產力百分之二十二，且美國之生產，仍蒸蒸日上，繼續擴大，而蘇聯已達其飽和點。故蘇聯力量，永遠達不到與美國可以作戰之程度，是一種先天上定命失敗的競賽，亦復何益呢！

然蘇聯之冒險，乃寄其希望於幻想上。第一於第三次世界大戰起時，希望歐洲人守中立而為其後方，並不惜臨之以威，而啗之以利。但這是毫無把握，而變化太大的事，可能歐洲收到其禮物之後，仍會跟著美國走的。第二支持局部戰爭，而非全面戰爭，蘇聯力量是足夠的，利用美人苟安的心理，以擴大衛星國為事，亦計之得者。就全局言，只要爭到印度，掌握到世界人口半數以上，就可立於不敗之地。為目前計，以軍械接濟，而擴大衛星國的範圍，這是其藉重工業以牟利的辦法。亦是其工業的唯一出路，蓋其輕工業，是無法牟利的。蘇聯對貧苦之外蒙，收益已大可觀，其在中國獲利之豐，更不待言了。然而這是賭博呀，其果能操必勝之權麼？而且現在已經圍堵住了，到處都遇到紅燈，不止步即是大戰，況對鐵幕，尚有將其拉回去的計劃呢？第三以和平共存為號召，而實行保有既得之果實，待其消化後再說。如外交上無結果，再採取定購歐美貨物的辦法，大批定單飛出去，等於鉅額的支票開出去。以前曾打倒過羅斯福，現在亦可利用歐洲，牽制美國之發動戰爭，而維持冷戰局面。然冷戰已到尾聲，反而促成自由世界之再武裝，連亞洲為最弱一環之防線，亦將完成了。倒底不死不活的局面，能維持多久，而且時間是否只對蘇聯有利呢？

以無法完成與美國工業力量相等之計劃，乃只好寄其希望於不可靠的幻想上。美國工業力量，蘇聯絕無法趕上的，五年計劃，一開頭便走錯路了。依新經濟決策與齊諾維夫之主張建設使國內自給為止之工業，反是正當的。然而假使給吾人以機會的話，趕上美國並不難，但此非所以語於蘇聯。力量之基礎須建築在人的潛能上，亦惟人之潛能為最大。蘇聯則重物而輕人，且將人變為奴役，則已非使無自發精神，而盡失其潛能不可。捨人而求力量，等於只看見點石所成之金，而忽於呂純陽所注視的點石成金之指。虐待其人民，而藉以富強其國家，只有專制時代，如沙皇之類的暴君。史達林除沙皇那一套之外，其他一無所知，只好依樣葫蘆的照圖著。

美國工業之發展，其主觀條件為重視人，增進勞工生活，提高勞工地位，而使之尊嚴起來，像一個人。蘇聯則採取倒果為因的看法，只知人所產生的力量，不僅得魚忘筌，為道義所不許可，而且捨本逐末，在事實上亦不可能。蘇聯明知其然，故在宣傳上強調其如何優待勞工，而事實上則不得不視如奴役，以強迫其產生力量。惟強迫會使無窮潛能立即枯竭的，且強迫亦有限度，最後亦會強迫不了，沙皇之前車是可鑑的。在短時期內，強迫固可收目前之効，然而展開與美國之角力競賽，是長時期的事。等到美國尚有潛能大可以發揮，而蘇聯之潛能的源泉久已枯竭之後，即非愈趨而愈落後不可，至是亦只有退出競賽之場。在獨裁國家，往往如是，莫索里尼初起時，其空軍冠全世界，在西班牙內戰時，為勝利之主力。等待十年以後，空軍落後甚多，而第二次世界大戰時，已是強弩之末，只可當配角，最後亦失敗了。

所以在馬克思為注重生產，在托洛茨基為注重工業力量，在列寧為注重電氣與重工業，而到了史達林則只注重力量，而與美國展開軍事競賽。五年計劃開始之後，即為列寧與托洛茨基主張之放棄，而由史達林負其工業上全責。至是則蘇聯社會主義，面目全非了。

十三、第三國際與世界革命

第三國際Third International，俄文為Comintern，成立於一九一九年，解散於一九四三年，共有二十四年的歷史。第二次世界大戰，蘇聯與英美資本主義國家，並肩與德意作戰，乃將第三國際解散，表示其已拋棄世界革命，而堅英美之信心。其實第三國際早已失其活動能力，蓋其最活動期不過最初五年，嗣後即變為空洞的機關，與流亡者的招待所了。解散已失其作用之無謂機關，以爭取大量美援，自然是最上算不過的事。但其過去，確為世界革命的指麾塔，列寧集中西方之社會主義者與東方之民族解放運動者於一堂，而以此為大本營。至史達林因自己不懂外國文，不易與西方革命者聯絡，又怕以事權假諸西方流亡派。且因以激起反共之法西斯，故拋棄西方革命之計劃，於是以西方為主之第三國際，乃入冬眠狀態。至東方反殖民地之運動，雖仍繼續進行，然亦不經過第三國際。因為史達林是民族問題專家，將東方問題收回自理，是名正言順的。故吾人所震驚而欲知道的第三國際，自非其冬眠時代，而為最活動時代。蓋所欲知者，非其名稱與機關，乃其組織與活動，殆可斷言。

第三國際之名，乃緣馬克思所創立的第一國際名稱而起。第一次世界大戰前，歐洲各國社會黨之聯合大會，始緣以自稱為第二國際。列寧與第二國際決裂，而另創共產國際，又緣而自稱為第三國際。至共產國際情報局Cominform則為第三國際解散後，於一九四七年十月五日所創立的新機關。情報局僅包括歐洲國家之保、捷、法、匈、意、波、羅、蘇、南諸國。一九四八年南國狄托脫離之後，遂將辦事處移至羅國，亦殊少活動了。第三國際，與共產國際情報局，雖為兩個不同機關，而其性質則同為蘇聯向西方策動革命而談。

第三國際章程，張君勱先生譯出數條，茲摘錄如下：

「第一條，此新國際勞動者聯合會之成立，所以組織各國無產者之共同行動。其目的則在推翻資本主義，設立無產專政，並組織國際的蘇維埃共和國，以掃除階級而實現社會主義，此為共產社會之第一步。」

「第三條　凡屬於共產國際之黨，應名曰某國共產黨，為共產國際之一部。」

「第八條　執行委員會之主要工作，由執行委員會會址所在國之黨擔負之。」

「第九條　執行委員會，指導共產國際之全部工作。以四國文字編輯機關雜誌，發出共產國際之警告文字。對於屬於共產國際之黨，可指示以有拘束性之方針。執行委員會對於觸犯國際紀律之人或集團，有權要求所屬之黨，驅之於黨外。更對於黨之違犯世界大會之決議者，有權驅之於共產國際之外。」

張先生是到過第三國際，對本問題有研究的人，茲轉錄其扼要之詞，分述於下：

第一關於第三國際會員人數，據稱「一九二八年之加入者，德國有十二萬五千人，捷克有十三萬八千人，法國有五萬六千人，中國有三萬人，瑞士有一萬七千人，英國有七千人，美國有一萬四千人。」

第二為預算，據稱「收入為一百三十萬，支出文化事業佔六十九萬，事務費五十九萬。」秘密費則不在內。

第三關於組織，他是向主管人查問之後記錄的，據稱，一九二八年第三國際開會情形參加者五十八國，代表四七五人選執行委員五九人，互選主席團二十九人，政治秘書一三人，管組織與行政。」

張先生並說，一九二六年英國鑛工罷工，俄人捐資千餘萬以支持罷工工人。此時我適在莫斯科，躬預其盛，所以對此事之印象至深。此一運動繼續至三個月之久，政府並不出面，只由紅色國際工會號召工人捐款給英國工人。而紅色國際工會與青年共產國際同為隸屬於第三國際下之機關。此項表面上為工會與外國工會之關係的捐款，事實上即為蘇聯國家所出。其目的在消極方面欲英國工潮之延長，而在積極方面欲藉捐款設法滲透英國職工會成工黨，以煽起其國內之革命。我們一到莫斯科，翻譯克拉夫即將蘇聯援助英國罷工工人之經過，敘述了一點多鐘，並且興奮的拿每日報上所發表的捐款數字及宣傳文字說給我們聽，似乎英國革命就要起的樣子。馮玉祥問我們倒底怎樣一回事？我告以罷工與否，英國工會自有打算，決不受蘇聯之影響，不至有了捐款就要多罷工幾天，此與中國絕對不同。蘇聯想藉以滲透英國之職工會與工黨則尤難了，這是第三國際以前努力過而失敗之事。

我想欲明第三國際之性質，靠抽象與概括說明是不夠幫助瞭解的。若把列寧生前四次第三國際之開會情形，以及創立經過與其活動概況，略加敘述，則它究竟想做什麼，並做到什麼，即可得其解答了。一九一四年大戰爆發，第二國際破產。托洛茨基因著《戰爭與國際》一書，認為有成立新國際之必要。列寧為俄國社會民主黨起草宣言謂：「無產階級國際，永不死亡，即將創立新者。」他另撰一文謂：「第三國際的任務為組織無產階級的力量，為了在資本主義政府之內的革命堡壘，為了各資產階級國家中奪取政權的內戰，並為了社會主義的勝利。」蘇聯一九一七年革命成功後，以爭取和平而欲與第二國際合併，擬開會於斯土克荷姆Stockholm未果。一九一八年十二月高爾主席之國際大會在列寧格勒開會，美代表雷斯坦Reinstein，英代表費痕堡Fineberg，法代表薩多爾Sadoul均到，但此為本住在蘇聯者，此外還有來自塞、保、土、中國、印度、波斯、高麗的代表，各人發言並不激烈，此即為第三國際的前身了。

一九一九年一月，列寧在克里姆宮，召集外長齊采林Chicherire等會議，決定反對第二國際之復活，乃召開第三國際會議於莫斯科。宣言由托洛茨基起草，於廿四日用無線電廣播發出，因為第二國際要於是月廿一日開會，所以急於唱雙包案藉以拆它的台。宣言由列寧、托洛茨基共同簽名，以蘇聯共產黨中央執行委員會的名義出面邀請。而與聯共共同具名者，尚有匈、波、奧、拉、芬五國共產黨，巴爾幹革命民主社會同盟，及美國社會勞工黨。邀請祗及三十九個團體，而在遠東，並無中國，只有日本社會黨。目的在爭取原有第二國際之左派，而以聯共與德國社會黨左翼為第三國際的中心。並謂無產階級任務在立即奪取政權，故須成立「一個一般性的戰鬥機構，以為此一行動的永久聯繫與系統的領導。共產國家的中心任務，須以各國之個別利益置之國際性的利益之下。」是年三月二日開會，有近五十位代表集合於莫斯科。其中有三十五位乃代表十九國的共產組織，認為具有正式代表資格，其餘則僅許列席備諮詢。大國有五位代表，較小之國有三位代表，小國一位，惟遠地代表不能悉到，缺席極多。

列寧與德國瑞士代表任主席團，此即四位蘇聯代表，為托洛茨基、季諾維也夫、布哈林、齊采林。波蘭、芬蘭、烏克蘭、白俄羅斯、亞美尼亞及波羅的海之小國共產黨亦均有代表。俄屬東部各小民族聯合起來有一位代表，土耳其斯坦、喬治亞、亞自別治Azerbaizan亦只有列席的代表。法美各有一位正式代表，英國、中國、波斯、高麗只有列席代表。挪威、荷蘭、匈牙利、奧國亦有代表。但若干為蘇聯國內各民族的代表。而有些雖代表某國，但其本人則常住莫斯科，或為逋客。或為戰俘。有些不代表共產黨，僅代表左翼分子。荷蘭、日本、美國由一位美藉之荷蘭工程師來代表。英國代表原籍俄國，且在蘇聯外交部任職，名為費痕堡。法國代表薩多爾，為戰時任職法國駐俄軍事代表團職員。瑞士代表巴拉丹是設計陪同列寧回國的人，以後始終沒有離開過俄國。

大會以德語為正式語言，可見最初之如何重視德國了。德國新成立之共產黨派代表二人，僅一人能到達，其人名埃柏林（Eberlein），是為最合法的外國正式代表。然而他的任務是代表其黨（斯巴達卡斯團），來意是反對第三國際之成立的，理由是等待西歐共產主義有發展再說。時季諾維也夫已當選為大會主席，勃剌勃諾夫（Balabanov）佛雷維斯基（Vorovsky）二人為秘書。埃柏林欲將三月二日之會變為預備會，而不欲開成立大會，俄人本已答應；惟奧代表斯塔哈諾（Stainherot）和格雷倍（Graber）反對，謂中歐革命一觸即發，第三國際似須急行成立。當奧、匈、瑞典、巴爾幹代表提出第三國際組織法時，埃柏林仍反對。他說：「比、意二國無代表，英、法、美、西、葡亦無代表，瑞士代表不能代表其本黨，西歐太被忽視了。」但卒將三月四日的會議改為第三國際第一次成立會，並發表托洛茨基起草之告全世界無產階級書，季諾維也夫稱之為第二個共產黨宣言。通過列寧提出的反資產階級議會制，反第二國際，反白色恐怖與協約國之帝國主義各案。」

其告全世界工人書，開頭說：「大會對蘇聯的無產階級及其領導的黨表示感謝。然而蘇聯的解放與改革為內戰所阻延，而內戰則為協商國所支持。所以各國工人的任務，為用種種可能的方法（必要時不惜用革命手段）要求停止干涉，撤退留俄駐軍，承認蘇聯，與之建立外交關係，派出數千工程師工人協助其恢復交通。大會選出中央委員會，在休會時行使職權。以俄、德、奧、匈、巴爾幹聯盟，斯干的那維亞半島，瑞士及各國之代表為中央委員。但在他國代表未到達前，由俄國委員擔任中央委員會任務。以季諾維也夫為中委會主席，拉狄克為秘書，時拉氏尚被拘在德。會址只好在莫斯科，但季諾雅也夫則侈言不久將移至巴黎。此一第三國際顯然依賴蘇聯，而只有為蘇聯利益服務了。

成立第三國際之目的，列寧曾說：「領導著世界上最偉大的革命的各黨國際聯盟，以及進行推翻資本主義的無產階級運動，現在都奠立在最強固的基礎上了。」列寧是要掀起西歐社會革命，尤其是德國，他怕蘇聯一國實行社會主義會站不住。但對德革命則毫無結果，不過蘇聯本國以各國工人的同情，倒站住了。協商國在巴黎開會擬派兵赴蘇時，路德喬治說：「如果派一千英兵去，則此一千英兵必成為共產黨，如果英國與蘇聯作戰，則倫敦便會成立蘇維埃。」英法遠征軍在蘇聯北部者已不肯作戰，而在黑海的法國艦隊開始叛變要求回國了。

一九二〇年拉狄克自德釋回，他一直在第三國際幹了四年多。後來匈牙利的共黨倍刺汗（Belakun）雷可西（Rakosi）伐加（Vaga），魯特耶斯基（Ruduyansky）等以在匈的共產政權失敗，逃到莫斯科。當局不願將其安置在蘇聯共產黨內，乃使之在第三國際服務，刊行的共產主義雜誌都歸他們執筆。擁有一百萬人的德國獨立社會黨亦反對第二國際，而願與第三國際合作。英國工黨在藍斯堡（Lan Isbury）回國之後，派代表團來蘇參觀，內有（Tom Shaw, Robert Williams, Betrand Russell Ethel Snowden Haydn Guest Roden Bukton,）諸人。那時的第三國際真是全盛時代，不特辦事處人才濟濟，且各國名流皆同情它，魏伯氏（S. Webb）至稱之為新文化了。

一九二〇年七月下旬第三國際召開第二屆代表大會，時俄軍已薄波蘭首都之華沙城下，聲勢甚盛。季諾維也夫致開會詞，謂第二國際已終結了。出席代表二百餘人，包括三十五個民族。主要議程皆由列寧出席說明，而布哈林與拉狄克則為之補充，托洛茨基方忙於軍事，僅一現身而已。德國代表中，保羅萊（Paul Leir）表共產黨。此外則獨立社會黨有代表四人，但因其四位代表中，二人贊成，而另二人反對加入第三國際，故不予以表決權。德國之共產工黨有代表二人，亦無表決權。意國代表團包括各派社會黨，只是右派除外，由斯雷蒂（Serrati）率領。英國代表包括社會黨、社會工黨各小派。法國社會黨民有代表二人，但以其尚未決定參加第三國際，故亦無表決權。另有五位法國代表被認為代表第三國際之支部，故反予以正式代表權。美國之共產黨與共產工黨則互爭代表權，歷久不決。

第二屆大會是國際形勢與第一屆大大不同，不特蘇聯不受侵略，而且在歐洲的軍事勝利業已在望。上屆之第三國際，僅為宣傳機構，本屆則欲將其發展為戰鬥機構。世界無產階級應聯合為統一的黨，而各國共產黨應為第三國際之支部，無論以革命行動與致黨理論言，均須統一起來。本來在第一屆大會上，小問題可由各國自決，如應否參加國會與工會這些問題，第三國際不作硬性規定，現在均須依照第三國際決議的統一規定。列寧說：「如果各國可以自決，則第三國際何用？」於是從組織問題進而為紀律問題，遇到意見不一致時，只有清黨之一道。即為少數，只須奉行第三國際的命令，即得領導權遂歸於他們，不必服從其國內的多數。因為多數往往接近於資產階級，等於無產階級之奸細，故敵人在內而不在外。關於加入第三國際資格問題，列寧提出了十九種條件，後改成二十一條件，殊為嚴格，這已變為是職業革命家的黨了。對考茨基等則已議決不許其加入第三國際，惟對左翼分子仍極寬大，以便設法爭取。

第三國際規章，完全依照蘇聯共產黨規章為藍本，而起草的。最高權力在大會，中委會則規定為由十五至十八人（後改為二十一人），駐在國得選中委五人，其他大國則僅有中委各一人。但西方革命未成功，西方共黨無力量，而所謂第三國際者，誠如荷蘭代表所言不過為變相的蘇共中委會而已。瑞士代表說：「列寧之權力如此的大，而我不過為一小黨之代表，自己感覺到渺小，豈有不聽他話的道理？」然而完全聽蘇聯共產黨的指麾，即非失敗不可，其理由是顯然的。第一列寧、史達林似乎在說歷史是重複的，所以用蘇聯革命成功的經驗來教人。結果用蘇聯經驗如法泡製，在西方大失敗，所以歷史是相續而非重複的書生見解，仍應當尊重才是。第二為須以蘇聯為首，而各國共產黨無自決權的問題。遇到第三國際的代表對當地情形極為隔膜，又不肯尊重當地共產領袖的意見時，足以召致共黨內部的分裂，而且所事必失敗無疑。中國就遇到這樣情形，陳獨秀的脫離共黨，基本理由還是在此。當時中共一班書生的話為「對於中國情形，難道我們還沒有鮑羅廷、路哀這樣清楚麼？那麼我們真枉為中國人了。」

根據第二屆第三國際決議，其對議會政治之策略如下：「無論在任何情況之下，議會決不能視為一般改革或從事改善工人階級生活狀況的鬥爭場所？……從事議會政治，其唯一應注意的問題，在於利用資產階級的國家機構來毀滅他們自己。」其對於工會，列寧曾寫道：「共產黨應準備作任何犧牲，而且在必要時，甚至要時常以各式各樣的狡獪、陰謀和策略來運用非法手段，藉以逃避及隱蔽真相，以謀滲入工會寄生其中，並不惜代價在其中執行共產黨的工作。」從此看來，共產黨人無往而不是奸細，此類訓練，自一九二〇年之第三國際起至今已三十餘年了。但亦可以說對現實的屈服，他們雖反對議會與工會，但對議會工會仍然捨不得，又不願放棄利用的機會，所以只好勸黨員們來一套假的歸依了。不過此等手法，在英國是失敗的，或者培植成功英國的工黨，但工黨連英國共產黨都不願與之合作。何況第三國際。

第三國際第二屆代表大會的宣言道：「由殖民地取得的剩餘所得，是現代資本主義財富的主要來源，因此歐洲工人階級要等到這財富來源，已生乾涸時，始能傾覆其資本主義制度。」因此殖民地與民族問題，馬克思所不注意者，已被重視；而西歐革命失敗後，蘇聯始以此為其革命發展的唯一出路了。他們的認識，謂世界革命的原則，可適用於東方民族，而由蘇聯來領導，集中於反英帝國主義一點上。參加大會之東方國家有中、印、韓、土、波斯以及印尼。印尼代表為馬林（Maring其本名為Sneevuet）。代表美國黑人者為約翰李特（John Reed），其人曾撰《十天蘇聯革命震撼了世界》一書。七月二十四日大會另組民族及殖民地小組委員會，以馬林為秘書，由委員會起草報告，二十六日報告提交大會。

列寧與印度代表路哀（Roy）均提出報告，都認為解放被壓迫民族，要經過世界無產階級革命，但有若干觀點二人不同。第一，在殖民地及半殖民地的經濟，路哀認為是前資本主義的形態；而列寧與多數代表則認為受帝國主義下之資本主義所壟斷。第二，路哀認為資本主義國家，所以避免無產階級革命之道，為以殖民地所搾取得來者，津貼工人，故強調非使各弱小民族脫離歐洲帝國主義之羈絆，則歐洲革命為不可能。但著重亞洲革命為西歐革命黨人所不喜，故列寧反對，大會採取其意，而文字上則東西並重。第三，關於策略問題，大家都尊重列寧意見，列寧以為無產階級應與被壓迫民族聯盟，同為推翻地主與資產階級而鬥爭。換言之，即在落後民族中為反封建主義，而在進步國家中則為反資本主義。然除非使蘇聯能戰勝帝國主義，被壓迫民族是得不到解放的，除被壓迫民族得到解放，歐洲資本主義亦不會被推倒的。這種聯盟之性質，在落後地區中，是幫助資產階級，推行民主革命，同時亦為反地主反封建，但不可與之合併，須保持共產黨人之獨立行動。

路哀則認為在殖民地有兩種典型的運動；一為資產階級民主的獨立運動，僅欲在資本主義世界之下獲得政治的獨立；一為無地的農民反對一切的被剝削。第三國際的任務為不使農民運動附屬於民主運動之下，所以必須組織工農，使成為共產黨，此非由於資本主義的發達，而實由於階級意識的發達，故解放殖民地的力量，不僅為資產階級民族主義，單說此一微弱力量是不夠的，而必須為有階級意識工農組成的共產黨所領導。但最初的革命政綱必為小資產階級的如土地分配之類，而非共產主義。路哀的提案為列寧原案之附件而一併通過。路哀的天才，這次可謂語驚四座。他於一九二六年被派充第三國際對武漢政府的代表，清黨後回俄被拘禁五年，回印後又被拘禁五年，現在印度已為反共的自由黨領袖了。我數年前在印度遇見他，並閱其主編各雜誌，才華仍不減於疇昔！他的《中國革命與反革命》一書，胡適之亦很贊揚的。我以為反共的理論如此貧乏，應採納他的觀點，為他山之助，因為他是最瞭解蘇聯共產黨之一人。

如果第二屆代表大會為從西方開始退卻，則第三屆大會為從西方完全退卻。列寧、托洛茨基都主張對西方妥協，只季諾維也夫、布哈林、拉狄克尚主張世界革命。第三國際第三屆代表大會於一九二一年六月二十二日召集，規模最大，到者最多。季諾維夫報告謂中央委員會在此一年中開過三十一次會議，並為便於執行秘密任務起見，選出七人為常務委員。代表俄國發言者為托洛茨基與布哈林，而德國代表亦發言最多，咸以資本主義國家漸趨穩定，欲期世界革命以為不可能了。列寧演說謂：「世界革命之發展，一如吾人所預言有了進步。但進步決不如吾人所期之為直線的。……現在的主要任務，為對革命作基本的準備，並對主要資本主義國家之具體發展，作深刻的研究。」我們可以窺知這是靜伏的研究時期，而非有機可乘的活動時期了。

在東方革命情緒亦不較高，季諾維也夫認為尚在宣傳而未到實行階段。開會時東方代表每人發言限五分鐘以表示其願望。土耳其代表繼續攻擊凱末爾；中、日、韓代表皆攻擊日本帝國主義。只有土耳其斯坦與波斯代表攻擊英國帝國主義，而蘇聯代表默無反應，較一九二〇年之情形大有不同。路哀以為這種會議等於第二國際之機會主義者的集會，而亞洲革命從不被第三國際認為係其本身之目的，一若為副產品。以西方共產黨根據上屆決議而清黨之後，自己變為小黨，力量更弱，並且不能贏得民眾的趨附。於是本屆決議，以深入聯繫民眾為要務了。

但第三國際不以給各國共產黨自治權，為爭取民眾的方法，儘管這是最好方法。第三屆大會通過各國共產黨的組織法與其工作方法及內容，把第三國際和各國共產的職權與責任作詳細的規定。各國共產黨及其附屬報紙黨員皆被認為須服從第三國際之紀律，而黨員尤須積極為黨活動。黨必須為戰鬥組織，而尤須注意於地下工作，全國執行委員會不特須對黨大會尤須對第三國際中央委員會負責。而第三國際對各國共黨之控制則靠金錢。這完全是俄國人的如意算盤，在西歐行不通。因為西歐各國共產黨完全依其全國代表大會的決議，和第三國際不過取得聯繫而已。

第三國際之中央執行委員會擴大了，蘇聯委員仍為五席，惟大國增至三席，小國則為一席。七人常務委員會被大會追認為合法組織，時常務委員為俄之季諾維也夫、拉狄克、布哈林與德之海克脫Heokat、奧匈之勃拉汗Balakun、法之蘇佛雷Soruerålne、意之日內雷Germiarel。為爭取民眾，擴大宣傳計，出版《共產國際月刊》，並有《國際通訊週刊》，有英、法、德、俄國文字版。又創立中委會之擴大會議，邀請非中委出席，大抵各國增一二人，等於小型大會，規定每年舉行二次。從此大會則為不定期召開，不如以前之每年開會一次了。而中委會亦失其作用，只有七人常務委員會與擴大會議的活動了。

第三國際第四屆代表大會於一九二二年十一月召集，列寧最後一次參加是會，不久即死亡了。其策略仍為繼續退卻，只保牢蘇聯這個世界革命的大本營以待將來就夠了。如是則在比重上蘇聯國家較第三國際為重要，列寧曾謂不惜為第三國際而犧牲蘇聯，實則不惜為蘇聯而犧牲第三國際。各國共黨，都說蘇聯右傾，甚至與第二國際亦有妥協之謠傳了。季諾維也夫致開會詞說：「共產國際在最困難時亦能生存，故對任何反動之攻擊是不怕的。」大會集中討論資本家的反攻問題，時意大利法西斯政權業已成立，而大會則視此為資本家最後一張王牌。拉狄克報告謂勞工們已失去奪取權力的信心，而採保守自衛的態度。如果勞工們自己覺得沒有力量，則誰來奪取資產階級的政權呢？列寧出席一次，謂新經濟政策是退卻，他認為第三國際亦要退卻。他希望同志多多研究問題，不復為戰鬥單位，至此第三國際完全洩氣了。

關於組織問題，第四屆大會強調各國共產黨為地方黨部，須聽第三國際的指揮與服從紀律。以前第三國際的中委二十五人，皆為各該國自行推舉，現在則改為由大會選出，然不得中委之國家，仍非爭不可。此外並新選主席團，從九人至十一人，為變相的政治局；再由主席團推出七人管組織部，其中二人須為主席團員，並舉出秘書長一人，副秘書長二人，對主席團負責。此等組織，與蘇聯共產黨絕對相同。組織部負責派遣各國負責共黨之人選，而主持其主要職權及其秘密任務。擴大之中委會議，除原有中委外，由各國共黨增派一人或二人參加，每年舉行二次，迄無變更。新的規定為各國共產黨的開會期間，須在第二國際開會之後，不得在其以前舉行。以便報告第三國際的決議案，而不至攜各國的決議案到莫斯科來影響第三國際大會。凡此皆以表示第三國際為單一組織，而非聯邦式的組織。既是中央集權的組織，則蘇聯自可居於中央而發號施令的支配一切，而第三國際行動，非隨著蘇聯外交部走不可了。

關於第三國際和中國的關係，根據列寧之認識來決定。列寧認中國，波斯與土耳其皆為半殖民地，他在一九一二年批評過孫中山，僅認其為革命的民主主義者而已。孫中山根本不是馬克思主義者，曾嚴正地否認階級之說，但他採取列寧的主張，以革命黨須有紀律為言。孫中山與列寧在未取得政權前，有多次的通訊，故為老友，列寧成功，他極為高興，曾去電勉勵，列寧對中國是不忘記的。故一九二三年六月，第三國際派浮丁斯基Voitinsky到北京，晤李大釗，再赴滬晤陳獨秀，八月成立社會主義青年團而接濟以金錢。第二屆第三國際大會，有二位非正式的中國代表列席，但其決議，根本未提起中國，以亦不知浮氏與陳李之接洽。第三國際之第二位派來中國的代表為印尼人馬林Maring，其任務不只在成立中國共產黨，而為視察中國一般情形。馬林見過吳佩孚與孫中山，欲貫徹民主聯合陣線以反日。其與吳佩孚的關係由李大釗通過其同學白興亞，時白興亞任吳之政務處長，但一九二三年六月，吳氏槍殺京漢路長辛店罷工工人後，關係即中斷了。第三國際第四屆大會拉狄克報告，仍謂中國共產黨是支持吳佩孚的。中國共產黨於一九二一年七月在上海開成立會，據陳獨秀、李大釗告訴我，馬林指導下之功最大，第三國際之全部決議案亦由馬林帶到中國來，使起草規章有所根據。至民主聯合戰線，既為馬林在第三國際的原主張，陳、李更無不贊成之理。

繼近東巴庫會議之後，第三國際決定召開遠東被壓迫民族大會，規定為一九二一年十一月在伊可庫斯克。出席第三屆第三國際大會曾任中國代表之張太雷，赴日請各左翼派代表出席，並酌予以金錢。該會先在伊爾庫斯克開會，時在一九二一年十二月。後移至莫斯科，於一九二二年一月二十二日起開了十天會，其情緒未如巴庫近東會議的熱烈。韓國代表五二人，中國代表四二人，日本代表十六人，而印度、印尼、外蒙亦有少數代表，此外則為蘇聯國內之布里亞特、雅庫斯克各民族之代表。惟代表之隸共黨籍者，只有半數，國民黨亦派代表出席。會議僅為各代表演說表示其願望，以國民黨態度頗親美，故季諾維也夫之演說，對中國問題極為保留。惟以日本之工人有三百萬，無土地的農民有五百萬皆為接近共產主義者，故對日本方面較為注重。日本代表且為史達林所延見，並留其在第三國際工作，有些被送至東方大學讀書，有些給以金錢，使其回國組織日本共產黨。該黨卒於是年七月五日成立。直至一九二二年十二月止，日本共產黨有黨員二百五十人，預備黨員八百人。

國共合作之議，為青年共產國際代表達林Dalin，於一九二二年先向孫中山提出。馬林第二次晤孫，再提出共產黨員以個人資格加入國民黨的辦法，蓋仿印尼之社會民主黨員，可以私人名義加入回族同盟，而孫中山允之。馬林乃再將此問題提出於一九二二年八月杭州之中共中央執行委員會，而陳獨秀等反對甚烈，以國民黨所代表者不只一個，而為許多階級，馬林是以第三國際的命令強其通過的。通過後，由李大釗將決議案報告孫中山，孫氏本已贊成，亦無異詞。國共合作之根本理由，蓋以反帝之目的相同，而共產黨可藉國民黨以吸收其群眾，並陰謀拉其左派以拆散國民黨。凡此皆見於第三國際會議紀錄，其對國民黨最初即不懷好意，並非以想像之詞來諾蔑聯共。然中國共產黨則仍不願與國民黨合作，一九二三年四月第十二屆俄共代表大會，布哈林主張國共合作，而批評中國共產黨之以國民黨與其他各省軍閥相同者為錯誤。故真正國共合作，在精神上根本未曾做到，只俄人拉幾位國民黨的左派去做官，不過國民黨卻被拆散了。

一九二二年八月十二日越飛Joffe到北京，他是第一流外交家，曾任駐德大使。北京大學開歡迎會，蔡元培校長致詞以為中國亦將有社會革命，非過去之政治革命可比。越飛與中日交涉，均無所成，乃赴滬晤孫中山，發表共同宣言，蓋已將馬林所佈置之國共合作變為中蘇兩國的反帝同盟。一九二三年越飛赴日，孫中山使廖仲凱陪之前往，一切細則於此時規定就緒。是年八月蔣中正攜孫中山致列寧、托洛茨基、齊采林函要求軍械援助。同年十月鮑羅廷Nichael Borodin以加拉罕函介充孫中山的顧問。鮑氏是一九〇五年前的俄國社會民主黨老黨員，一九〇五年後赴美，他到中國來，既不代表蘇聯政府，亦不代表第三國際，而只是代表蘇聯共產黨，我述第三國際在中國之活動及其與國共之關係，至此而止，認為已夠使人明白了。詳細的說明，願俟後日之專著。

此一轟轟烈烈之不可一世的第三國際，根據其歷史與成績，會叫人聽了它的名字就發抖的。不料適與我所見到的事實相反，蓋那時的第三國際已失了時效，成為閒衙門了。本來第三國際是取第二國際而代之，為運動西方革命的。迨西方革命失敗之後，乃以之為運動東方殖民地脫離帝國主義的機關。為了顧全東方民族的自尊心，暫時經由第三國際予以命令，其實一切命令與援助都是聯共與史達林發出的。可以說各國共產黨聽第三國際的命令，而第三國際則由聯共專家，其當家人則聽史達林的命令。到了我們來俄求援時，第三國際連經手人的資格都沒有了。因為東方革命之真正急需援助者，已可以直接交涉，無須裝腔作勢，經過第三國際，抱著民族主義的「琵琶」來「半掩面」了。

我們到了莫斯科之後，迄未得到出席第三國際報告的通知，這是頗使我們詫異的。中國共產黨的代表張國燾、譚平山等，抵莫斯科後，第一件事就是到第三國際報告，而接受此一上級之指導與批評。惟林顧問告訴我們這是開會多而辦事少的機關，只能破壞不會幫助人成功的，還是避之為妙。這話是相當的誠懇，所以我們亦放心了。後來仔細調查，知道第三國際主席季諾維也夫，正與史達林鬧意見，而蘇聯大權究操於史達林，季氏對於我們是沒有幫助的。至其組織部各委員多為西歐的流亡逋客，隨時在蘇聯特工的監視中，說不定是間諜。尤其是第三國際的遠東局長日本人山川均，其間諜嫌疑更大。惟馮玉祥則認為同屬革命者，尤其在第三國際之中國人，將來終須要見面的，因囑我前往訪問，但不過交際與聯絡一番而已。

我到第三國際遠東局之中國科，找到兩位四川人，一為袁某，（忘其名）一為劉伯鏗。我一句議論都不敢發，深恐給人以話柄，請他們兩位同到馮玉祥處慢慢的談，他們亦慨允不辭。袁某不久病死於俄國，劉伯鏗後與馮氏一起回國，充西北軍總政治部主任。此人在民國十六年清黨後離開西北，改投程潛，旋以病卒。他們二人常來講蘇聯政情，幫助我們瞭解第三國際與蘇聯共產黨。亦常說我們好話，因為他們參加第三國際的中級小組會議，其意見是容易反映上去的。事後知道對我們俄援的幫忙，亦頗發生間接影響，我總算不虛此行，又為西北軍闖過一關了。劉氏似乎做事頗老練，已到了成熟的階段，至少比孫逸仙大學的學生要勝一籌。我從沒有見過共產黨人中有劉氏這樣黨性不露而缺乏排他性的人，蓋稟性中和之故，所以人緣頗好。袁劉二氏當胡漢民在俄時與胡合辦《前進報》（中文），回國後我問胡氏，胡亦亟稱其人。胡漢民與馮玉祥皆不易相處的，亦足見劉伯鏗之圓通了。

當時我問袁劉二人蘇聯是什麼主義？袁說是國家社會主義或為國家資本主義，兩者名異而實同的。並謂列寧對資本主義是贊揚的，因為資本主義發展至最後階段即自行否定而轉變為社會主義了。我問他們第三國際是什麼機關？劉說：「這是革命失敗者的避難所，與行將出發前往革命者的寄宿舍而已。」一切經費計劃都是蘇聯共產黨安排好的，往往送某同志出發前往某地，第三國際的組織部事前不知道，有的連事後亦不知道，索性不來過問與登記了。至其經過組織部者多為手續上問題，與例行公事而已。問以第三國際決議案有拘束否？則告以蘇聯遇到不願執行的決議案時，輒推說無錢或辦不通而延擱下來。然蘇聯所反對的提案，在第三國際亦根本通不過，只有當時贊成，而事後又翻悔的決議案，以延擱來應付。且原則上第三國際的決議都是比較空洞的。

依我看來，蘇聯自己不惜以貿易來賂賄各國，使自身甘受資本主義的剝削，以求其達到各國予以事實上承認之目的。自然不願第三國際再行公開活動，以刺激各國至失了其買到的對蘇聯之美意。我們求援而蘇聯予我們以援助時，蘇聯人的害怕與緊張情緒，超過我們自己不知若干倍。蘇聯與各國貿易是利誘，而策動第三國際，運動其本國革命是威脅。故第三國際僅是蘇聯所資以哄嚇的工具，等到此一工具用不著或失靈時，只好捲而懷之了。惟在第三國際的他國革命黨人，仍不肯死心，而渴望蘇聯援助其本國革命，蘇聯不能不敷衍。因為他日亦許用得者他們的，只好用欺騙手段，並且限制其活動了。蘇聯才是真正的大騙子，我們則為被騙之人，不過被騙亦有一定限度，倘使違反我們國家利益時，是要翻臉的。第三國際亦拘束不了我們，以此其作用遂根本消滅了。

我願以羅素的話為本篇的結論，他的《布爾什維克之理論與實際》一書是一九二〇年初版，現在一字不改的繼續再版下去。在他當年，已預見到蘇聯發展之既往，與其今日的成就，可惜他不自稱為預言家，不過是預測而多中之人而已。

第一，他認為「蘇聯並不肯犧牲其國家，而變為國際主義者，自然第三國際等於假的了。」列寧公開的說願為革命而犧牲俄國，但這是希望德國革命而說的話。德國社會革命失敗之後，環境不同，說話自然亦不同了。共產主義之基本原則為國家萎謝說，頗以國際主義之姿態與人相見的。然而原則自原則，蘇聯這個國不特未有萎謝而且反有強化的趨勢，這是西方學者隗伯、威爾斯、季德，中國學者張君勱、胡適之所公認的一點。所以羅素亦說：「但俄國一方要求他國犧牲其民族主義，一方對自己民族主義又不能自制，遂在遠東急於收復失地了。」收復失地之後自然進一步的發展為侵略他人以擴展自己，不過藉各國共產黨之名來發展，而蘇聯不居其名，只控制之以收其勝利之果而已。

第二，他認為「蘇聯之政策在西方為革命論，在東方則為侵略論，而合併使用起來。」我以為使其得藉以合併使用之工具，非賴第三國際不為功。而第三國際不啻為赤色帝國主義侵略之觸角。在蘇聯之邏輯，以帝國主義為專屬資本主義之名詞，因以否定自己為帝國主義。羅素駁之說：「則蘇聯自衛的本意既失，亦變為帝國主義者了。」所以字之為赤色帝國主義，亦無不可。

所以蘇聯既仍是一個國家，而其國家一樣的如其他國家，可以變成為侵略他國的帝國主義者。所謂蘇維埃與國際主義俱為不兌現之諾言，則第三國際之變為有名無實而終於關門，乃是必然的了。

十四、孫逸仙大學・東方大學與蘇聯教育制度

陶倫登W. Duanty在《史達林與其同僚》一書，開宗明義就提到孫逸仙大學校長拉狄克。陶氏從一九二一年起，就任到莫斯科，直至一九四一年止。時間太久，其英文亦俄文化，故其政治觀點亦受影響，而神化了史達林與其同僚。讀此類書，還不如讀蘇聯共產黨徒的著作，來得乾脆。它不特佩服史達林的地方太多，連馬連可夫亦歌頌不已。自然亦有說壞話的地方，但嫌其近於小罵大幫忙之灰色態度。

拉狄克是他來往得最多的人，共產黨人，對人是緘默的，惟拉氏喜歡說話，有問必答。蘇聯要人，都怕惹麻煩，不願見客的，惟拉氏則有客必見，來者不拒。他在西歐弄慣了，所以不僅陶氏，我們與拉氏來往與談問題亦最多。中國人中與拉氏有來往的，除馮玉祥與我們一班人外，胡適之亦與他談過，中國共產黨人，自然與有來往。而與拉氏最熟悉，相處最長久的，恐怕還是孫逸仙大學這二三百學生。我擬將我對於拉氏的觀感寫出來，俾於孫逸仙大學的情形，多多瞭解，茲先介紹陶氏之言曰：

「他出身是喀利西亞猶太，因而是奧帝國的子民，他受過很好的教育，說得半打左右的各種語言。……他能吸收各式各樣的片斷的事實與情報，湊攏起來，提出正確的結論。……我再沒有遇見過任何人，比拉狄克還要善於搜集事實找結論。」

「他身為《消息報》……總主筆，……其自由程度直非今日所能想像，而他的談話是犀利微妙而幽默。……在一九三七年一月，他被審謀叛的時候，就虧了他滔滔不絕，才免於死……看守在莫斯科近郊他的別墅裡。他可以收到外國報紙雜誌和書籍，從事分析報告，……有時仍代《消息報》寫不具名的社論。……有些人說在一九四一年的秋季，正在德人迫近蘇聯首都的時候被結果了。……」

當他問蘇聯的黨和政府的關係，拉氏作如下的答覆：

「我不直接引列寧的話，但是我想，這是他對這問題的觀念的要質。俄羅斯民眾是不能自治的，因為他們在整個歷史上，除了幾百年的俄皇虐政以外，從不曾有過別的東西。……所以共產黨的職能與任務是做民眾的導師、領袖和教育者，以至他們能自治。……我也許可以說列寧視共產黨如一個未成年小孩的監護人。……」

在該書之另一處又說：

「列寧曾明白的那樣說，黨是頭腦，政府是身軀，是同一有機件的兩部分。顯然的大多數政府領袖是黨員，……而兩者以政府為次要，因為是自黨而來。」

拉狄克認為黨的權力在中央執行委員會，其決議雖列寧也要遵守，而政治局之處理事務，僅是為了方便。這是史達林運用中委會的多教以打擊托派在政治局多數的說法。等到一九三八年政治局為書記處人員所把持時，中執會多年不開會，已等於虛設，一切都稟承史達林的意旨，在政治局有形式的議決案就算了。如此為了方便起見，頒佈命令與決定方針，又由數人之政治局政治委員，移到史達林一人手中了。拉氏最坦白之處，莫如公認俄人不能自治，而除專制之外，數百年來，沒有其他東西。不過認為專制改體，是倡自列寧，亦是事實，但亦是幫史達林的忙之一種說法。

拉氏和列寧關係最深，從一九〇一年德國社會黨資助列寧辦報，至一九一七年德皇幫助他們回國，都直接間接與他有關。他在《消息報》上寫的社論，都是每日進克里姆林宮，仰承史達林的意旨而撰寫的。德蘇二十年保持友好，直至希特勒侵蘇為止，亦是他的主張。故清黨時未與西方派同被清掉，我想不因為他能做文章，乃是史達林對德交涉還用得到他。等到德蘇宣戰，他的作用才完全消失，而其親德言論幾近二十年的誤國，亦不能不清算。我們雖不如蘇聯政府之確定他為德國間諜，但他的親德是明顯的。當我與他初次見面，我問他那裏人時，他坦率而驕傲的答道：「我是德國人。」則其態度豈只親德而已。至少是說，在民族的立場上他是德人，而在主義的立場上則忠心於蘇聯。在共產黨人的觀點，民族情緒須置於主義信仰之下，所以他能做兩國的橋樑，而亦忠於蘇聯。不過兩國邦交破裂時，史達林就不依主義為重於民族的解釋，而送他上斷頭台了。

多搜集材料慢做結論，確是拉狄克治學的方法。孫逸仙大學除六門功課外，其餘一半時間，學生都在開會，討論問題做結論。這批學生陳紹禹、秦邦憲等都得了拉氏的真傳，所以他們的文章與政治報告皆斐然可觀。拉氏本人對於太平天國及明末流寇的材料搜集得相當的多，其結論謂中國革命只有農民暴動之一途，所以當時寄其希望於河南的紅槍會。毛澤東算不算得農民暴動，是否和紅槍會一樣，以農民立場為根據，是成問題的。我看是野心家效割據的軍閥先占個地盤以徐圖發展而已。那麼拉狄克的結論，陶氏認為絕對準確者，在中國就不驗了。

拉氏的談話除「犀利、微妙而幽默」之外，帶有三分輕鬆，他是矮個子，面色蒼白，如列寧之為老肥翁。有人批評孫逸仙大學男女學生太講自由戀愛，而且常到浴室去洗共和澡，因担心到萬一學校裡生出兒女來怎麼辦？拉狄克的答覆極幽默說：「那麼明年在學校裡附設一個托兒所，越數年添辦一個幼稚園就是。」胡適之過俄時，曾參觀孫逸仙大學，拉氏問他對蘇聯的觀感如何？胡氏答得亦極幽默說：「有一群人，很努力的依據自己的理想在那裡幹。」問他幹得好否，他說這是將來之事，他非預言家。此乃孫逸仙大學當時的學生對我說的，而且大罵胡氏，謂為資產階級訓練出來的東西，難道蘇聯會幹不好麼？似乎胡適之的幽默戰勝了拉狄克，倘不認為吃了胡適之的虧的話，大家不會氣憤歷久而不已。共產黨與其同路人，以後就以罵胡適為原則，好像要談革命就非先革胡適的命不可以的，其以前對胡氏的態度並不如此。以後中國學者如非革命黨人要去參觀就不許了，張君勱先生過俄時即想去孫逸仙大學，終於未得其門而入。

我所要提出反對拉氏的，為他認共產黨為人民之監護人，而以蘇聯現制是歐洲民法上的監護制度，人民成年後要還政於民，真是胡說了。他認為這是列寧所具的觀念，然不直接引列寧的話，這是他狡獪的地方，因為此類的話是不存在的。我則認為既無此類的話，故可證明列寧此類觀念實亦不存在的，專政是共產黨的基本理論，而且專政者的圈子愈縮愈小，馬克思主張工人專政，列寧主張共產黨代工人專政，史達林則本列寧職業革命家之意，由中執會而政治局，終至史達林一人專政，適與還政於民，逐漸將政權擴大之監護制度的趨勢相反。

我以為拉狄克對中國學生的解釋，不得不以孫中山之訓政，故意與蘇聯之專政相混，藉以強調國共合作。說慣了之後，向西方人亦如此說起來了。蘇聯專政，根本不是歐洲民法上之監護制度，亦非孫中山之訓政制度。而且孫中山的訓政，我意是從周公居攝，與周召共和的中國固有觀念，演化而來，為中國的土產。若以我們之訓政，為受到蘇聯專政的影響，或兩者相接近而互相參透，則尤為不可。因為訓政最後之目的是還政於民，無論如何，中國人總是以還政於民為念。而無時不研究達此目的之方法的，即在戰時，輿論上之主張，迄未停止過。最後則頒佈憲法，實行選舉，其與蘇聯之憲法與選舉，仍在一黨專政之下者絕不相同的。

就拉狄克個人言，其西方民主氣氛之重，與之接觸者沒有不感覺到的。與他接談彷彿使人覺得在蘇聯與在歐洲沒有什麼兩樣了。但在史達林眼光中，拉氏雖為最好的應付西方自由學者的招待員，然而並非最好的校長。因為校長多少要講點紀律以盡其維持秩序之責，而他對學生只有放任與鼓勵。於是另設副校長米夫，而關於學科的排列，學生的進退，畢業後工作的分配，都歸米夫，拉氏僅是略加過目而已。陳紹禹在第三國際的走紅，就是為米夫所賞識故，等到米夫失敗，他在中共的地位也就一落千丈了。米夫當時尚兼任第三國際的工作，而在孫逸仙大學是實際上行政負責者。關於討論問題之做結論，方法雖然是拉狄克的，但結論如何做法，不是米夫親自到場指導，就是各教員或導師本其意以草成的。我想結論在事先必給米夫看過，且須得其批准，因為決不能與黨的意見有偏差。譬如硬要說李闖王是好人，胡適之是壞人，這是黨的決定不容走樣的。至其如何好法與如何壞法，則可由各人去發揮，而這就是問題討論會的發言範圍。這是最獨斷的先驗法，換言之，先有結論而後有演繹的。

我們行裝甫卸後的第三天，孫逸仙大學即請馮玉祥去演講，徐季龍與我都在被邀之列。時為晚八時，我們七時半已到，因為該校就在所居歐洲旅館之旁，步行不到三分鐘即達。我與拉狄克談些馬克思與列寧的異同，我以為馬克思哲學是黑格爾的倒裝，而列寧加上菲希德之意志的成分，使之格外具有煽動與堅決的性格。拉氏笑謂他不甚懂哲學，如果針對現實，馬克思是解決工人問題，列寧用之兼來解決農民問題的。故在德是馬克思主義，在俄就是列寧主義，而亦可以說在中國就是三民主義了。米夫又引伸其意謂：「史達林說，一個不識字的工人之懂馬克思主義，必較熟讀馬氏之書的知識分子為多。」我說：「列寧不是要培植革命專家麼？如具階級意識之知識分子，當然比工人強。我看共產黨與其謂為不革命工農的黨，毋寧謂為革命而非工農的黨。自然可十全十美的稱為既革命又是工農的黨。」我知道孫逸仙大學只是培養從事實際工作者，而不是培養理論家的地方，所以如此說的。

一群學生，陪著馮玉祥談天，其中有他安徽同鄉陳紹禹、王同榮諸人，這似乎是學生歡迎我們的場面了。到了會場以後，舉出八位學生任主席團，其中一位是張秀嵐，現在台灣任山西省的監察委員。主席團先在台上坐定後，該校當局請我們坐上去，我看見有許多人不願坐上，遂與該校教員同坐在台下的第一排。拉狄克致歡迎詞介紹馮氏，強調其係破產的農民而當兵，故能迴護農民的利益，而中國北方尤需要他。馮氏即起立演說，開頭就說：「我對資產階級永遠是倒戈者，逼宮一劇亦是我演的，把宣統趕出紫禁城，等於把中國數千年來皇帝的根拔淨了。」第一砲總算放響了，因為台上下掌聲雷動。大家面上顯出愉快之色。不過表演得似乎有點過火，彷彿在台上唱《逍遙津》似的，人們常以馮氏比於曹操、司馬懿，雖夠不上，然亦得其形似了。一共講了一點一刻鐘，時時能吸引台下的注意力，這次演講總算成功，聽說該校各小組討論問題時，曾提出應否援助馮氏的問題，而主張援助者居多數。以黨部下級的意志反映上去，對西北軍是有利的，經過民主集權的考驗，馮氏是及格了。但千萬不可忘記，結論是事前規定好的，則上級決定援助馮氏的意思早已暗示給下級，否則連這個討論的題目，亦拿不出來，並且馮氏亦不會被請去演講的。

第二天陳紹禹這班共產黨學生即來歐洲旅館找我們。陳是個方臉的矮子，他為武昌高師的學生，讀了二年的書才來俄國。他俄文業已學會，並在班上當翻譯，這是很難得的。因為在該校讀書，講義固然是中文，而課堂所授，俄國人講過一遍之後，翻譯立刻會譯成中國話的。學生們彼此以不讀書與不讀俄文相勸戒，並且對用功點的學生，都罵道「難道你不想革命要做小資產階級的大學教授麼？」俄文之外大約還有五門功課，只記得經濟學、經濟地理、中國革命史三門。經濟地理根據蘇聯之最新統計年鑑，內容比較的好，該校學生韓亮僊回國後曾補充其內容，經胡漢民之介紹，在民智書局出版。至經濟學一門，悉講資本論的札要，其第一班之講義殊差，第二班講義雖較詳，然亦逃不出布哈林《共產主義之ABC》一書的範圍，欲藉以對資本論獲得滿意的解釋殊不可能。中國革命史為拉狄克的拿手好戲，然最淺薄無聊者，莫如此科的講義。或者共產黨人對於歷史以胡謅為能事，而我對於中國近代史的材料搜集確比拉狄克更多了一點，這話不妨作為我的偏見罷！

我發現來找馮氏的，多是隸共產黨的學生，大概俄人將來欲以之安插於西北軍，故力求使之接近，自然我們無法拒絕，只有一律歡迎。然而我們是掛國民黨招牌的，至少在蘇聯要如此做，藉以爭取交涉時的對等地位。國民黨的學生竟沒有找我們，真是傷腦筋，後由我到孫逸仙大學去找他們。在該校門口遇到賀衷寒，他說他不過在孫逸仙大學吃飯而已，事實上是陸大學生。再我到德國轉學來的周其庠，他是改組派而反共的，據說不久就要回德去了。最後才知道，該校國民黨分子團結力甚強，信心甚堅，而且徹底的反共，因為不知我們的態度，所以不甚願意和我們來往。然而我們此刻就是不願表明出反共，後來他們漸知我們的真正態度，遂開始與我們談起來。國民黨人在四面楚歌的環境之中，而在莫斯科孫逸仙大學反起共來，不能不佩服這般青年們的勇氣！而國民黨本身有朝氣、有辦法，使青年們能寄其希望與信心，認該黨前途之光明是可預卜則為主因。顧亦有其近因在，國民黨人所以有如此團結的表現，要歸功於胡漢民在莫斯科一年多的努力。那時東方大學學生辦一個《前進報》，頭一篇社論總是胡氏寫的，亦談馬克思與列寧主義，而結論則以歸到三民主義立場。雖則在學術上其論點並非十分靠得住，然給國民黨青年的打氣作用卻發生了。共產黨對於胡氏，是不斷的試探與拉攏，而胡氏不為之動，反為國民黨爭回不少青年，胡氏畢竟有他的一手！

有一位本質上是國民黨而是時卻參加共產黨的青年，即為今日大家都知道的蔣經國。當其在孫逸仙大學時，足以令人刮目相看的，他是時年方十七八歲，戴一頂鴨嘴帽，見了人只是笑而不說話。外號為「工人」，單憑這個徽號即為在蘇聯等於取得一頂桂花冠了。蘇聯對蔣總司令，骨子裡雖曾已破裂，黨部小組已稱之為新軍閥，對古應芬、孫科則稱為地主階級，然而表面上尚不肯如此宣傳。因為托派攻擊史達林為中國所騙，所以史氏不願自暴其短，張揚其在中國之失敗。當時共產黨中的輿論是放棄中國，親近英德，重新注意歐洲。史達林的態度亦未明顯，他曾幽默地說：「真正懂得東方問題的，全蘇聯只有三位（那二位他未指出，我亦不詳），其中有一位加拉罕，只是懂得穿大禮服而已。」一般輿論都不主張對中國再做革命的投資，我們這班求援的人們，變為最大嫌疑的騙子。馮氏要請蔣經國去談話，我勸他勿為非必要的敷衍而誤事。但後來我們的事辦完之後，馮夫人、鄧哲熙諸人與蔣經國是有來往的。鄧哲熙與我於十六年冬見蔣先生之時，他問起經國的情形，我們亦能答覆得出，尚不至於交白卷。我想這十數年在蘇聯的歲月，蔣經國是不易過來的，倘使蘇聯不慫恿我們抗日，他能夠回來與否還是問題。

自然其中有一半以上非國非共莫明其妙的學生，但總逃不脫共黨的利誘和威脅。而這班少數反共的國民黨學生，不久都被遣送返國，該校本定二年畢業，但往往未屆畢業之期，就派回國服務。以我所知孫逸仙大學的學生總共二班，計三百人，後即結束，亦未繼續招生，未畢業的學生則併入東方大學。一九三二年張君勱先生由俄回國時，謂孫逸仙大學之招牌已經卸下，聞改為東方大學之研究院，專門翻譯共產主義書籍。

這群學生年齡最大的為邵力子。邵氏在孫逸仙大學與傅學文燕婉之情，見者莫不肉麻，惟該校有諺為「有女必成雙」，故亦不以為怪。倘使長久辦下去，拉狄克的托兒所與幼稚園的空頭支票非被迫兌現不可。該校之旁有花園與金頂教堂，為學生日常散步之所，其反宗教之情緒以聽了教師之講而益濃。見有老太婆進教堂合十而口中念念有詞者，輒起而效之藉資笑樂。不料為這班老太婆群起而攻，罵之曰：「你們這般吃我們白麵包的人，害得我們自己沒得吃，吃飽之後還要褻瀆我們的上帝麼？」同學吃了虧之後，訴諸校方與警察，均未得直。蘇聯在黨反對之下而能夠容忍其存在的，亦只有宗教，大概因為共產黨本身就是一種新宗教罷！

所謂東方大學，隸於史氏主管之民族部，乃集東方各民族革命者之訓練機關；有韓國人、日本人、中國人、荷印人、馬來亞人、安南人、緬甸人、暹羅人、印度人以及蘇聯國內各少數民族。無非使之對蘇聯發生向心作用，而對其本民族則使發生離心作用。革命原為少數者之不滿情緒所引起，蘇聯乃從而培養其情緒，使之格外不滿，因以激成拚命或革命。他們都是過來人，知道這是一定成功的，而且亦是一本萬利上算的生意。東方大學成立於孫逸仙大學之先，屬於政務院之民族部。兩校不同之點；第一東方大學乃純粹共產黨員的教育機關，而孫逸仙大學亦甚至有反共分子；第二東方大學所包括之革命分子，不純為學生，有小學程度，亦有大學教授程度，其年齡自十餘歲至五六十歲不等。故其施教方面，全與普通學校不同，雖有學科而不甚注重，最注重者為小組會議與其結論。換言之這不僅是訓練機關，而為一般革命黨人沒有行動機會時的休養所在地，而亦為革命失敗者鎩羽歸來的避難所，所以沒有畢業的年限。學生悉聽民族部的命令，隨時有調動，每月學生之進出極多，但似乎比旅館好一點！以史達林曾任民族部長，故該校學生多屬幹部派。

中國人出身該校者有當時在第三國際做事之袁某，以及此後在西北軍任總政治部主任的劉伯鏗。西北軍而送至該校讀書者有曾任軍官之張枕亞，大概他在庫倫辦事處服務時就是共產黨了。若沒有黨籍的西北軍人，如陳天秩等，就是西北軍保送，亦只有送到孫逸仙大學去，不能入該校。我曾去參觀過，亦如孫逸仙大學之若干人同一宿舍，顧方言龐雜，無啻為東方弱小民族招待所。當時的左傾幼稚病亦極流行，清黨以後，大概是結束裁併了。

我第二次到莫斯科取護照時，曾到東方大學去看張枕亞。他搬出新發生的一件笑話給我聽：據說該校在討論問題小組會時，曾決議同志之間，連男女界限，亦要打破。故須養成彼此毫無扞隔的共同生活習慣，庶可行動時獲得方便。所以男女不特可以同房間洗澡，假定彼此願意的話，即性交亦無所謂。該校廁所，男女不分，同在一大間內，不過中間有半扇門掩隔著若干小間。有一次新來的日本女同學，不慣此等生活，竟將大房間內總門關起來大便。妨礙許多同學的大小便，外邊同學喊開門說不要緊，而裡面的日本女同學則連聲用俄文喊著不可以。外面的同學急了，至罵出「思想落後」與「不配做革命同志」等語。但她終堅持至大便完畢，始開門出來。

這些東方大學，孫逸仙大學，不是真正的大學，而是特種訓練班。中共之革命大學，陝北公學，亦與相同。那裡有在俄國的大學，其學生並不懂俄文之理？然比國有夜間演講會，亦稱為民眾社會大學，大學之名本甚廣泛的。訓練班而稱為大學，自足見其實用主義色彩的濃厚，馬克思、列寧，均有其另成一套的實用主義，而與詹姆士、杜威之實用主義無關。蘇聯不特在特種訓練班中以實用為目的，即其整個教育制度，亦富於實用主義色彩的。

在普通教育中，小學四年，初中三年，高中三年，大學四年，其實用主義之色彩均重，有所謂七年制之小學，即包括初中，而十年制之小學則包括高初中在內。在小學四年中，最初採複合教學法，繼採設計教學法，即打破分科制，廢止教科書，而以實例來做教材。譬如講市政與電氣，則從頭到尾均去市政府和電燈公司參觀與實習。但有些地方決非小學生所能懂，且亦非小學教師所能講，輒復草率含糊以終局，故其教育結果只有失敗。此等教育方法與杜威之徒屈伯利女士及門羅先生，在上海職學教育社演講一年之設計教學法完全相同（中國亦試驗不通而放棄）。日本教育本有旅行時作實地演講之辦法，然廢去課本而終年作旅行演講，實在沒有那麼多的材料，結果非把學業盡荒不止。設計教學法在小學四年尚可應付下去，到初中即無法施教了。其高級中學完全為職業教育，甚少普通學科，亦與門羅教授及中國職業教育改進社這般人的主張相同。但此類高中畢業學生升入大學，覺到其對接受高深學術之程度不夠，使大學教授施教極為困難。以此使大學畢業之程度未合水準，致畢業大學之工程師在工廠內不能稱職，工業界遂群起攻擊，乃非改革不可了。

一九三一年九月五日共產黨決議放棄設計教育，而恢復舊日之教育方法，其內容如下：1.時間功課表；2.教科書；3.誦讀練習；4.考試與成績檢查；5.減少學生為社會服務之時間；6.減少學生自治權，注意學校紀律。嗣後又有一決議案，主張提高教師的地位，輕慢教師者得開除之。一九三三年又決議編製教科書以「清除現時茫無涯岸之設計教學法」。不特恢復舊日之俄文寫作，而且恢復讀拉丁文，至此則全與法德兩國之教育制度看齊，而一切革命時代新教育理想之試驗，一併放棄了。其中學亦漸注重人文教育，且使職業教育與普通中學分離。由工廠培養工人之職工學校乃於一九四〇年成立，入學年齡自十四歲至十七歲不等，現入職業學校之學生，每年有三四百萬人。一九五〇年的統計，中小學共有二十二萬所，教員一百六十萬，學生三千七百萬。

大學分文法醫理四科，設有大學之地方為Moscow Leningrade, Kharov, Odensn, Dorpt Kazan, Saratov, Jomsk, Kiev,Sverdlovsk, Jbilisi, Alma-Ata, Jashkent, Minsk, Gorky, Vladivostok, 十六市。合之工業醫藥各專門學校，共有八百九十高等教育機關，學生二百七十萬人。蘇聯科學研究院，則有六十一個研究所，三十二個研究站，三個天文台，三十一個化驗所。一九四八年整肅了一批反對米邱林，李森科的小資產階級的生物學家。其物理研究所，則認愛因斯坦學說為小資產階級的小玩意，此即所謂黨化科學與教育。蘇聯久已放棄訓練班式之教育，而唯一為黨培養人才之機關，則為共產學院。其為黨的唯一的主義之研究機關，只有當時我所參觀之馬恩學院，其學術水準均高，更非訓練班之比了。

吾在莫斯科常去國際書店看書，購買列寧、托洛斯基、布哈林、齊諾維夫與史達林等之著作，就其有英法文譯本者讀之。覺得俄人著作，決非我所心服。列寧充滿矛盾，實集俄人性格之大成；托洛斯基能使人快意，而且陷於預言家的地位；能如考茨基之研究翔實而條理分明者殊不可得。布哈林與拉狄克的著作，我更不愛看，殊為自飽無饑。這班共產黨人的文章，大概為配合當時鬥爭之用，其理論本身是否站得住，均所不問。但其中亦不乏學者，我所佩服的，是馬恩學院院長勃勒勃諾夫Balabanov，與該院導師厄爾門Ullman二人。勃氏鬚髮皆白，其態度全為大學教授型，盡脫政客黨棍之俗氣，令人肅然起敬。據其自稱，原籍波蘭，德法語之佳，一如其本國人。然其熟讀馬克思，差不多那一句出在《資本論》那一章那一節都找得出來，真使我震驚了。厄氏著有《資本主義與家族》一書，他正在作《資本論》解釋分為八大冊。吾心折二氏之後真欲棄政治生活而隨之在馬恩學院讀書了。吾以為馬克思晚年趨於改良派，故其女與婿Aveling均參加初期之英國工黨運動。而列寧等所宗之馬克思主義，則為共產黨宣言以前未到英國時之理論。二氏雖以為然，但囑我對蘇聯政府中人勿作此語，以免觸犯忌諱。因為這是考茨基的話。真是不肯抹煞是非，與藹然仁者之言也，我今猶思之不已。

後來聽說馬恩學院改為馬恩列學院，最後改為馬恩列史學院，而這兩位先生，已不在該院，現在其書亦無法買到。吾因認為在蘇聯統治者之意志重於一切，而理性不過為有利於其行動說明之助時，始加以利用而已。使理性屈於統治者之命令下，而無法高抬之使居於統治者之上，給以命令。此種奴性的理性而非處在最高地位用以支配一切的理性，已把馬克思主義降為奴才主義了。我於列寧主義則認為回到中世紀去之教條至上主義，抹殺現代之科學與文化而回到中世紀去，儘管蘇聯有此需要，然認此為科學的社會主義，此乃滑稽之尤！就蘇聯之教育論，無論其亦步亦趨，如何效法德法英美，總是充滿黨化氣氛，而無法講理性。

蘇聯所自誇的科學教育，亦以黨化之故，而多失敗。所能成功者，其自誇之特點，任何科學皆為蘇聯所發明，說來亦不管他人相信與否？但於必要時，即失其自信，原子彈即自己不去發明，而向美國去偷。然則其學術上地位，至今仍不能獨立，發明云乎哉！

在教育上所以失敗之故有二：第一缺乏自由空氣，教育是無法完成其使命的；第二過於相信實用主義，把實用主義下之整套教育方法都搬來了。現在雖已廢除設計教學法，停辦訓練班，而恢復教科書，再採人文教育。然實用主義之精神，本在馬克思主義生了根的，故其弊是無法革除的了。

十五、列寧墓畔

我們以文化關係局的嚮導，瞻仰列寧之墓。在紅牆內，墓上刻著列寧之名五個大黑字字母。所奇怪的，何以不用烏里雅諾夫的真姓名，而用列寧這個筆名呢？但我們對此音容宛在的共產黨教主，亦不禁為之肅然起敬。

他是一九二四年一月廿一日下午七時，死於莫斯科附近之高爾基村，在他自己的房屋內。遺體經過解剖，並由十一位醫生證明，死亡的原因為血管硬化，與大腦出血。在二十日深夜上床時，還是很好的，但二十一日上午六時四十五分，突然病勢嚴重起來，未數小時，即死去了。據發表的診斷報告，謂腦脈管中有一大硬塊，然而這樣可怕的病，不特仍能繼續思想，處理要政，而且能活下去，任其生命延續至二年之久，是不可思議的事。因而有人懷疑此一診斷書是偽造的，連證明書亦不可靠，想當然是史達林派人前往將其毒斃。自然幹部派指為是反對派的謠言，而我們則視為無法證實的懸案。

列寧於一九二二年，就命史達林代行其職權，回到高爾基村去休息，但遇有重要事務，史達林都去請示的。一九二二年三月，列寧召開十一屆黨代表大會，並親自出席主持，選出史達林為黨部書記長。蓋以自知不起，亟於安排後事，始決定史達林為繼承人，而本年五月，列寧即以第一次中風聞了。一九二三年三月，列寧乃完全不問政事，史達林亦不再請示。列寧為悉心養病起見，乃搬出克里姆林宮，而移至高爾基村。然列寧之以史達林為繼任人，固是事實，但不能據以否定史達林毒斃列寧之謠言。至列寧死後之哀榮，也不能藉以否定其生前為人毒斃之說。

一月二十三日列寧靈柩由共產黨要人親自送到火車站，到了莫斯科放在工會大廈裡供人瞻仰。二十七日上午四時出喪，最後由史達林、齊諾維夫、莫洛托夫、布哈林、拉狄克、唐姆斯基，將棺材抬起放入地穴。這是玻璃蓋的棺材，上面躺著列寧遺體，眼神自不如所傳之英鷙，為高顴小口鼻而大腦袋的老人。死時才五十四歲，但他在二十歲左右就禿頂，雖在中年，已到燈盡油乾之境。所以面黃肌瘦，而人們在背地裡都罵他為韃靼。

他的面容和善而狠毒，慈祥而粗野，熱誠而冷酷，集一切矛盾與複雜的大成。俄羅斯是複雜而矛盾的地區，沒有這樣性格的人亦解決不了俄羅斯問題。其行動是矛盾至昨日之我，與今日之我不惜宣戰的。譬如列寧常詛咒戰爭，而認是帝國主義者的侵略手段，乃最卑鄙而無恥的行為。可是，倘使戰爭於彼有利的話，則亦不惜訴諸一戰，並認為再正當也沒有了。罵人無恥而自己不惜無恥，罵人帝國主義，而自己甘為帝國主義。真是「祗許州官放火，不許百姓點燈，」而所怪的，就反認為當然，而安之若素。

讀遍《列寧全集》與《文集》，所得到的，除矛盾外，則為謊話與罵人的話。他製造一大套罵人的話，與另一套恭維人的話來備用，其創造名詞之多，與天才之高，真可使亞理斯多德甘拜下風。大概凡受過共產主義之洗禮者，雖壞也被認為好的，而其未受洗禮者，雖好也是壞的。真是撲朔迷離，使人難以捉摸的了。但列寧為發明此等原則之人，究竟是理論家成份多於實行家，等到史達林應用起列寧原則之後，其隱毒險狠，真可使人嘆觀止了。

我無以名之，名之曰集俄羅斯神秘主義之大成。其對馬克思主義中之西方自由民主成分，則悉予排除。故於波希維克，不再稱為社會民主黨，而創立共產黨之名，以示與西方思想絕緣。我認為列寧主義，可以分析為下列三種因素：

①無政府主義　其長兄亞歷山大，是標準的無政府黨人，為他最佩服的人。在未皈依馬克思主義以前，他亦是服膺無政府主義的。自然巴枯寧派曾與馬克思合作過，無政府主義亦有人認為是未成熟之馬克思主義，故其間是有其共同點的。茲引一段巴枯寧信徒聶柴伊夫的話於下：

「除了選出來的領袖外，其他的黨員應一概作為工具，盲目地跟隨他的領袖。……領袖對組織分子，如果需要時是可以欺騙他們，掠奪他們，甚至殺害他們，他們只不過是為實現計劃的砲灰。祇要對目標有好處，……領袖是絕對應該保持對你的控制權的。」

如把這一段話，置於《列寧集》中，誰亦分別不出來不是列寧的話。如尚嫌證據不充足，則再錄一段真正列寧自己的話以作比較。他說「改進我們革命組織和革命紀律……是絕對必要的，我們必須坦白承認，我們在這一方面，是遠不如俄國從前的革命黨，所以我們必須……迎頭趕上他們，並且超出他們之上。」其所謂從前的革命黨，亦即是無政府黨，而以迎頭趕上無政府黨為鵠的，難道還不夠說明其色彩與態度麼？

②沙皇特務的統治方法　一九〇五年起，列寧決計與孟希維克分家。時沙皇特務並不重視列寧所領導的波希維克，以為如此難懂的政綱，五十年內，決不能取得民眾擁護，故非所畏。而所認為沙皇的真正之敵人，則為自由民主主義者。惟孟希維克，可與自由民主主義者合作，而波希維克不能，故特務乃思利用波希維克，以打擊沙皇之敵人。列寧等亦願為沙皇所利用，藉以培養其本黨之實力，所以波希維克有錢發展其黨務，而孟希維克以無錢故，反而萎縮了。一九〇五年後，沙皇兩次解散議會，列寧亦以波希維克之理論，反對議會，結論與沙皇相同，祇是理由不同而已。波希維克中委馬林可諾夫斯基，是被疑為出賣同志的特務，布哈林向列寧控訴，而反為所斥，對馬氏仍信任不衰，至一九一五年，馬氏之為特務始行暴露。但一九一三年馬氏薦史達林為俄國局長，故史氏亦有沙皇特務之嫌疑，而一九一三年以前，史達林屢次脫逃，一半近於神話，一半類為戲劇化。革命以後，發現在殘破不全之沙皇檔案中，任其正式特務，而為波希維克的中央委員者，另外尚有二人。蓋黨人非與特務有關係，在國內絕對站不住，而波希維克在國內之力量，且較他黨為雄厚。列寧回國掌握政權後，全賴國內派之支持，實權遂落到史達林身上。列寧一回國即組織特務，而史達林則為運用特務之技巧，超過沙皇之人。

③希臘主義　希臘暴君，多勾結波斯，藉外力以回國。彼不以叛國為恥，而認為政治策略上之不得不然。蓋早期雅典斯巴達，聯合全希臘各邦以敗退波斯之精神，早已澌滅無遺了。惟十九世紀以來，民族主義抬頭，出賣祖國，勾通敵人之舉，已非失敗不可，故無人肯為。列寧則預見民族主義之低潮，不惜勾結正與沙皇作戰之德國，而樹立其以國際主義為號召之共產黨政權。這是希臘主義之復活，也許久已隨希臘正教，而深入俄人心中了。一九一七年德軍東線總參謀長霍夫曼，關於列寧回國之紀錄如下：

「我們自然致力運用宣傳方法，以擴大俄軍因革命而發生的分崩現象，現在我們國內有人與流亡瑞士的俄國革命分子有了聯絡，他正想利用這些流亡者以加速動搖並破滅俄軍的士氣。」

「這個人曾與軍方代表厄爾茲伯爾格及德國外交部代表洽商。因此便決定在後來採用之方式下，把列寧經德國送返彼得格勒。」

列寧獲德國的資助，又以孟希維克的歡迎，得聖彼得堡蘇維埃的批准而回國。同行者除其夫人外，有齊諾維夫、拉狄克、克爾賓斯基諸人。瑞士反德的社會黨人，高呼「間諜……德國間諜……德皇出錢送他們返國」。列寧則倚車箱窗口上，對之作勝利的微笑。他到俄後在火車站演說，反對臨時政府，俄人亦報以間諜之稱。但其結論為結束戰爭，則不願再戰之俄人非聽不可，蓋非戰事結束，即無法取得麵包。然俄人亦殊不願亡國，又不願見德軍之開入聖彼得堡，其餘則任何屈辱條約都可以接受。於是列寧遂以親德之故，反為人民所擁護，而認為最有資格對德談判之人。對德勃雷斯脫立脫維克Brest-Litovik屈辱和約之締結，乃為列寧上台的唯一政治資本。

列寧既是十足的俄國主義者，當然以俄國傳統方法，統治俄國。他雖在西方僑居多年，但對西方有仇恨心理，故祗有壞的批評。不如其他流亡派，多少總吸收點自由空氣，沾染到些民主習慣。所以列寧回國之後，暗中重用國內派，而使掌握實權。對於共患難的西方流亡派，祗給以崇高而無實權的地位。托洛斯基是軍事委員會主席，兼軍事人民委員，然這是名譽職。因為發號施令之權在黨，而托氏則在黨中，未有重要地位。齊諾維夫是第三國際主席，兼彼得格勒黨部主席，然在黨中祗有極小部分之力量，而不能影響整個的黨。其餘諸人，如布哈林、列寧夫人等，更無論了。

列寧夫人有句名言：「倘若伊里奇仍在人間，他準給丟入監獄。這次革命的目的，是求解放，而結果卻給俄國套上新的枷鎖，其徹底尤有過之。」我們在莫斯科時，她適任教育部長，我們想見她，聯絡員卻說她不在莫斯科。後來有人私自通知我們，說她很左傾，還是不見的好。我想我們此來是求助於史達林，而非向這位第一夫人致敬的，所以就不再堅持了。而且我想列寧向東而她向西，她與列寧是背道而馳的，故其名言祗是代表她自己，而不能代表列寧。

列寧之栽培史達林，除以黨交給他，任為秘書外，並使其兼任政府中之民族人民委員，這是以地盤給他的意思，史氏遂憑以重用伏羅夫，藉擴充地盤，以掌握全部紅軍的實權。列寧重用國內派之理由，或謂實力早在他們手中，連其自己亦是其傀儡，不予彼等將自取之。或謂西方流亡派，可能再與孟希維克合流，而國內派反對，列寧亦反對，故為防止將來與孟希維克妥協起見，乃決定以政權予國內派。我以為列寧是實權在握的人，國內派史達林等亦以列寧之栽培而始大。其基本原因，殆因他與史達林同為俄國主義者，所以精神相感應，步驟亦能一致。政權之培養成功，是以漸不以驟，殆非一朝一夕所可決定之事，史氏經過十年，始培養成功。

決定之後，而欲推翻則尤難。列寧與史達林斷絕同志關係的遺囑是真的，其政治遺囑亦是真的，然而已無奈史達林何了。茲節錄其政治遺囑如下：

「我從前說要設法謀中央委員會的穩定，我的意思是，指採取……方法來防止黨的分裂。」

「我們的黨是建立在兩個階級上……意見若不能一致，黨的崩潰將是不可避免的。……但是我相信這件事萬一發生，也在太遙遠的末日，而且也太不可能發生，所以不值一談。」

「我現在腦中所想到的穩定，是一種防止最近將來發生分裂的保證。我想……提出……純屬個人方面的商榷。」

「……我想穩定因素繫於……史達林與托洛斯基身上。我個人以為把中央委員會的委員名額擴大到五十或一百名，是有助於避免這種分裂的。」

「史達林同志自從做了總書記以後，大權獨攬，但是我不知道他是否時時知道怎樣審慎運用其權力。……托洛斯基……確具超人的超越能力……但也證明他也過於剛愎自用……」

此一遺囑是一九二二年十二月廿五日秘書起草，列寧簽名的。另外還有一個遺囑是一九二三年一月四日亦是列寧簽名的，上說：「史達林太過粗魯，他這個短處……作為一個總書記，就不能與以容忍了。所以我向諸位同志建議，我們應設法免去史達林現職，……另外委派一個在各方面比史達林更強的人——也就是說要比史達林更有耐心、更忠實、更懂禮貌、更關心而卻不像史達林那樣反覆無常及其他短處。……從防止黨內分裂的觀點上，和從……史達林與托洛斯基跟係上看……卻是一件與來日休戚相關的事。……」

這二件遺囑，在列寧生前，並未發表。或者是發不出去，或者是列寧怕多事，而不願發出去。只在列寧死後，其夫人克魯斯加雅，於一九二四年提交中央執行委員會的。遺囑提出中委會，實絲毫不發生作用，蓋史達林已掌握其多數票，決不能引起根據列寧遺志，使史達林讓位於托洛斯基的討論。當遺囑在討論時，拉狄克私謂托氏，「從此他們不敢再欺侮你了。」托氏答道：「必然更糟，他們將更欺侮得厲害。」所以對托派或反對派亦是不利的，托氏乃主張不把遺囑公開。中委會遂依托氏的提議，否決公開遺囑，以三十票對十票通過。然托氏仍無法挽救其「必然更糟」的命運，由下野而流亡，最後則被殺了。此二遺囑，史達林曾於一九二七年承認為有的，不過至一九五〇年，共產黨又否認，而以為謠言了。

總之這些都是俄國的事，須以俄羅斯的角度與精神，去觀察與瞭解。所謂俄羅斯精神者，政則沙皇之傳統，教則希臘正教之信仰。故史達林之繼承列寧，與馬倫可夫之繼承史達林，同被認有宮闈革命的陰影。史達林既承大統，乃不惜以列寧為共產黨人之教主。一切主張，均徵引列寧之言為根據，而他人皆起效尤。《列寧全集》達三十巨冊，此外還有補全集的《列寧文集》。除了刪去不利於史達林的文件，如政治遺囑之類以外，列寧的著作，皆網羅在是了。《全集》、《文集》，共為六十餘冊，又分出其中若干部分，另印單行本。合計各種列寧遺著，已發行一萬萬一千五百萬冊，譯成八十種文字，除《聖經》外，任何人的著作，都趕不上他，有如此的廣大發行。但假定僅為列寧的著作，而不拿來用作共產主義者的《聖經》，亦不會有如此之大的銷路。因為《聖經》的用場太廣了，不特可認為唯一真理所在，引得列寧的話做根據，即等於拿到真理。此外還可拿來卜卦與起課，其預言亦為現代預言家所想利用的。

不過二十世紀之真理，不提出懷疑的命題，經過數學的演繹，而摭拾他人之現成結論為根據，且認為科學的，真使人無法索解。一味的馬克思如此說，列寧史達林又如彼說，滿篇的詩云子曰，又不求甚解，會令人誤會到已回至上古中古的世界，而唯教條主義與獨斷主義是尚了。不過教條式的列寧主義，已成為八萬萬人的《聖經》，對八萬萬人有影響之事，自應加意研究。讀了列寧著作之後，對其主義，我以為可歸納為三點，述如下：

第一共產黨不為工農所構成，而為有無產階級意識之智識分子，形成職業革命家的黨，業已在前數章說明。英國前外長貝文，在國際會議議席上，與莫洛托夫吵架時，揚其手掌以示莫氏道，「拿出手來比比看，誰可代表工人？」莫洛托夫笑而不答，其意若曰，「你真不明白，我是有了無產階級意識的智識分子，才是真正的工人代表。你雖是工人出身，然而那裡配做工人代表？」因而令人想起沙皇亞歷山大與拿破崙見面的故事了：拿破崙說，我來自歐洲，故歐洲是我；亞歷山大說，我面對歐洲，故歐洲是我。

第二共產黨的最後目標是世界革命，要全部共產主義化，而現在的宣傳，則為社會主義與資本主義兩個世界，可以和平並存。這些謊言，我已在他章詞而闢之，並加以充分說明了。但西方之政治家與富商鉅賈，一聽到蘇俄放出和平並存之宣傳，便欣然以為又有生意可做了。茲以列寧的話，證明並存之不可能，述如下：

「蘇維埃共和國和帝國主義國家，長時期的共存是不可思議的。到頭來總有一個打倒另一個。……」

「只要資本主義與社會主義一日存在，我們就一日不能在和平中生活。最後，……不是資本主義世界為蘇維埃共和國唱輓歌，便是後者為前者唱輓歌。」

第三列寧特別重視東方，尤其是中國。傳聞他臨死的時候，覺得俄國還沒有上軌道，同志們很灰心，他說：「希望很大呢，往東看吧！」又有亞洲為到歐洲最短的捷徑之語，這是他一貫的看法。他於一九一六年作《帝國主義》一書，曾預言「社會革命必先在俄國成功，而不會在歐洲成功。因為帝國主義是世界性的鐵鎖鏈，而必在最高腐朽之一環，先被扭斷，那麼俄國最腐朽，次之即為印度與中國了。」列寧亦是主張世界革命的，〔祇有卡爾Cayr的見解與我相同。〕可是箭頭指向印度與中國，與托洛斯基的主張援助西方社會黨，使其取得政權者不同。史達林雖主張先把俄國社會主義基礎打穩再說，然暗中仍在援助中國，則其執行列寧之世界主義可知。

蘇俄除自己外即為中國第一主義，此種政策執行之努力，迄未鬆懈過。一九四九年馬倫可夫於十月革命第三十二週紀念會上說道：

「列寧於一九二三年曾說，資本主義與共產主義的世界鬥爭問題，將有賴於對下列事實的最後分析！俄國印度和中國擁有世界人口的絕大多數，而這樣大多數的人口，正在以非常速度從事解放鬥爭。中國人民勝利以後，歐洲和亞洲的人民民主國家，以及蘇維埃聯邦的力量，一共擁有八億人口之眾。」

「史達林同志早在一九二五年說過中國革命運動的力量是不可估計的。他們尚沒有使人們適當地感覺到他們的力量。但是在將來他們將使人們感覺到他們的力量。東方和西方的統治者，倘若不能看到這股力量。而不以適當的眼光來估計這一股力量，必將身受其害。……」

我將列寧主義歸納為上列三點之後，欲再歸納一點而質言之，我認為就是不折不扣的新沙皇主義。拉狄克亦說俄國人民祗有數百年沙皇專制的經驗，你叫他不專制，殊無其他途徑可走。惟史達林的列寧主義，把民主主義都認為列寧主義的一部分，未免是煙幕太大，而且美麗而不兌現的諾言太多，謊話連篇亦復何益！或者可以說這不是謊話，而是新宗教的新神學，因為列寧史達林都是學過神學的。上帝與天堂的諾言，始終沒有兌現過，但到現在止，還繼續強迫人們來相信此一不兌現支票的真實性，就是神學的妙用了。

我們同時在俄的中國朋友中，張秋白是見過列寧的，據說是個激烈而同時又極仁慈之人，富於理想亟盼其主張之兌現，但對於現實極富敏感，而於策略之運用亦不遺餘力。他喜歡談主義，好發議論，徜徉無所歸束而自引以為快。史達林就不然了，他是深沉而隱藏其自己之主張的。但他們二人有一相同之點，就是獻身革命，犧牲家庭的幸福。列寧有句名言說：「太太如果叫你向東走，你立刻向西一直走下去，決計沒有錯。」但列寧雖是政治上主張，不依太太的話，然總算勉強有個家庭。至史達林的家庭，其三位太太都不感有幸福，其長子誓不與之見面，只賴其次女代主中饋，這種家庭，等於假的了。從前威廉第二批評希特勒，謂其無家庭之樂的人，必定不近人情。因其猜不透一般有家庭之樂的老百姓的心理，自然得不到老百姓的擁護，而終於失敗。我以為社會待他們太殘酷，使其精神受到虐待，得志後自然要報復，這些都由其生活所影響而引起的。茲將列寧一生簡歷述如下：

一八七〇年符拉基米爾，伊里奇，烏里亞諾夫（即列寧）Ulynov生於四月廿二日，在辛比斯克Simbirsk。父親是參謀及督學，母親為醫生之女，兄妹六人，長兄為亞歷山大，長他四歲。

一八七四年他始學會走路，有點頭重腳輕，人亦不如兄妹之漂亮。粗野而活潑，兩眼炯炯有神。

一八八二年入本地中學，校長為克倫斯基之父。

一八八六年畢業中學成績第一，得金獎章，父死。

一八八七年以長兄為無政府黨參加暗殺沙皇陰謀，被處死刑，故不易為大學所收容。藉中學校長之介，入卡桑Kazar大學，但未半年即鬧風潮，於十二月被驅逐出校。

一八八八年獲准住卡桑，但申請恢復學籍的要求未准。開始研究馬克思主義。

一八九一年參加聖彼得堡大學法科畢業考試，得律師證書。

一八九三年到聖彼得堡，參加社會民主黨的老年派，向工人講解馬克思的共產黨宣言。

一八九四年贊揚普列哈諾夫Plehkaroff的著作。

一八九五年治肺炎出國，在日內瓦附近和普氏見面，是年回國。

普氏於一八八三年成立工人解放會為一種馬克思主義的團體。列寧回國後，仿普氏意成立工人解放鬥爭會，於聖彼得堡被捕。在獄共十四個月，仍暗自指揮活動。是年作《為唯物論辨護》一書，筆名為Beltov。

一八九七年五月被流放至蘇善斯克。

一八九八年五月克魯斯加雅Krupskaya教工人夜校，認識列寧後亦被流放至西伯利亞。她冒認為列寧未婚妻，要求同在一處得准，同居以後她為列寧抄寫。列寧除著《俄國資本主義的發展》外，復翻譯英人隗伯夫婦S. B. Webb著之《工會的理論與實際》。又著《俄國社會民主黨的任務》，開始用列寧筆名，蓋以紀念流放地之列那河。是年三月社會民主黨在明斯克Minsk開會，各代表被捕。宣言為馬克思主義者司脫雷Peter Struve所起草，甚為列寧所贊同。

一九〇〇年赴國外辦《火星報》Spark與普列哈諾夫合組六人委員會，每方各出三人。兼辦一理論的雜誌名為《微明Dawn報》，在萊比錫出版而編輯部則設在慕尼黑。先將報紙送至柏林社會民主黨機關之《前進報》地下室，分批運至俄國，但多被扣留。

一九〇二年克魯斯加雅放逐期滿至慕尼黑同居。

一九〇二年移居倫敦，認識外號為筆桿的托洛斯基。《怎樣幹？》一書於是年出版。

一九〇三年黨代表大會先在比京後在倫敦開會，有二十三個單位參加，每一單位有二權，而猶太工會則有三權。共五十一權，而到會者之四三代表中，贊成火星派者佔多數，故稱為多數派，亦被稱為波希維克。蓋在俄文即是多數之意。然在黨章「關於黨員資格」一點上，列寧欲以職業革命家組成，而反對者則認為是工人的黨，以二十八票對二十二票；反對者勝利，列寧失敗。此隨列寧之二十二人，亦誤被稱為多數派，實則已是少數了。

一九〇四年列寧召集二十二多數派代表在日內瓦開會，並放棄《火星報》，而另辦《前進報》。

一九〇五年少數黨與社會革命黨在聖彼得堡成立蘇維埃，托洛斯基為副主席。列寧召集多數黨開會於倫敦，決議運軍械返國，而在莫斯科暴動。各處暴動均失敗，托洛斯基下獄，列寧在芬蘭指揮，史達林往見。第一屆俄國國會開會，旋即解散，列寧亦反對國會。

一九〇六年兩派中央委員會在瑞京開聯席會議。

一九〇七年兩派在倫敦開會妥協未成。六月十六日少數派在俄國國會議員被流放到西伯利亞。國內只有多數派可活動，列寧乃又贊成國會了。少數派勢衰，而多數派轉盛。列寧遂以為沒有與少數派合作的必要，乃強調清黨以保持黨內意見的一致。

一九〇八年兩派在巴黎開會，始完全破裂。但多數黨同志亦離開列寧，責其攫取基金，蔑視多數人意見。只加滿納夫（Kamanaff）、齊諾維夫（Zinoviev）繼續追隨他。

一九〇九年他移家巴黎。

一九一二年多數派在布勒克（Prague）開會，始成為獨立之黨。新中央委員有加里寧（Kalinin）、齊諾維夫、史達林，並以史氏為俄國局局長。辦《真理報》於聖彼得堡，於四月四日出版。〔許伯（Shub）之《列寧傳》謂五月一日出版，誤。〕列寧移居奧國，《真理報》社論，多為彼所撰。

一九一三年史達林被捕，流放至西伯利亞，多數黨議員亦被驅逐。

一九一四年列寧被奧政府驅逐至瑞士。

一九一五年國際主義者開反戰會於Zimmerwald，列寧主張掀起內戰。

一九一六年列寧著《帝國主義論》一書，生活甚感困難，黨務停頓至十六個月，只青年莫洛托夫尚在活動。

一九一七年聖彼得堡組蘇維埃，柴希遮及克倫斯基為正副主席，選出臨時政府。列寧回國反對其黨與臨時政府合作，推動十月革命。列寧任人民委員會主席，訂對德和約，然政府在內憂外患交迫之下，而無法穩定。

一九一八年列寧解散制憲大會，遷都莫斯科。

一九一九年成立第三國際。

一九二一年水兵叛變平定。

一九二二年列寧病。

一九二四年列寧死。

十六、史達林會見記

我們赴俄乞援的動機，已不是保存與擴充西北軍實力，而以武力統一全中國，以馮玉祥為中國之主人。果其如此，儘可就近與日本人洽商，何必遠赴俄國？日本人是找上門來的，故其事易舉；俄人是我們找他的，故其事難辦。若以做到兒皇帝自足，則日俄何擇焉！不過我們為的是民族國家之獨立，而日本則以取消我們的獨立為其唯一目的，故不能不反日。既然反日，則不能不以俄為與國，然中俄之共同政策，亦僅為反日一事。我們所需要的，是日俄在遠東之均勢，並不信共黨的宣傳，日本如何壞，而蘇聯如何好！

馮玉祥既自己到莫斯科來主持對俄交涉，而我們之與蘇聯，既為有限度的朋友，則不能不商定若干原則。逾越限度，我們就不能幹，交涉亦必無成，這些原則，我們大家參預意見後，決定如下：

第一我們決不可聽錯冒充主義的話，而裝做信仰共產主義的樣子，去高攀而表示要加入共產黨。這一點是我的看法，曾以去就爭，不如此即不幹的，馮氏亦同意此一見解。只是馮夫人與西北軍幹部仍舊反對，他們以為加入共產黨之後，即可一勞永逸依靠蘇聯，不用自己費心了。不知事實不會那麼簡單，其理由業已見前，茲不贅。

第二我們既加入國民黨，須表示與國民革命軍統一戰略，對北方軍事多負責任，尤其要肅清東北。無論馮氏有否問鼎中原的雄心，國民黨員這塊招牌，總是拒入共產黨的擋箭牌。北方政權，在歷史上是俄國所欲扶植的對象，而東北與蘇聯接壤，為中日蘇三角鬥爭的中心點，蘇聯對之是最有興趣的。

第三我們實力不可盡消耗於當時的戰場上，而須退至甘肅。保全實力與地盤，軍人比我們懂得的更多。

以上三點，前已屢有述及，因其為我們的基本態度，所以綜合起來，再述之於上。以明我們向史達林的交涉，可以要的與不可以要的是甚麼，而可以讓步與變更，和不能動搖與改變的又是甚麼？

蘇聯在遠東第一件事，祇是應付日本。其聯合中國對付日本之真意，為以中國擋住日本作挨打的槍靶，自已則藏在中國之後求安全，並以接濟中國軍械作其安全之代價。所以蘇聯對我們談起日本來，好像日俄已箭在弦上，立將開戰的樣子。然而日本如稍一表示願與締結互不侵犯條約之類，即趨之惟恐不及，雖屈辱的妥協亦所不恤。但蘇俄當時的恐日病，我們決不能將其拆穿，必須佯為不知。且我們對於日本，必須有滅此朝食，劍及履及之概，非如此即不能得到挨打的資格。換言之必須是願作替死鬼的傻子，北洋軍人裝傻的技術，是無人能與相比的，而馮玉祥為其中之尤。當其提到日本時，真是視若累世血仇，聲淚俱下，無人不為之感動，陪其流淚。但我想到他想接受太倉八千萬借款時，不禁破涕為笑了。

馮玉祥之與史達林，同為濃眉大眼，具有粗暴性格之外表的人。人們常喜用其所短，在其心理上欲把先天不足之處補足來，其實是遺憾終古，而補不足的。老粗們好附庸風雅，與史達林好作簡筆畫之心理相同。馮玉祥開始在莫斯科習簡筆畫，練了三次就很好，林顧問且稱其與史達林差不多。這不僅向史達林看齊之做作，確亦為其內心之所需，故進步能如此的快。史氏是在地下生活長大起來的，馮氏是以大兵而躋高位的，對現實都甚仇視，而簡筆畫恰是諷刺現實的。此外之共同點為忍耐，所以我們在莫斯科老等，表出其忍耐，而與之精神上發生感應。

突然的不利消息飛來，要打破我們的原則，即為蘇俄希望我們加入共產黨。而林顧問亦不就列寧格勒軍區司令，仍與我們一同回去，就西北軍顧問。此話是林顧問對馮氏說的，馮氏據以告知我們，使大家商量應付辦法。李興中等則主張加入共產黨，理由為如不加入，蘇俄即不援助，西北軍非根本失敗不可。況且我們已進到共產黨範圍之中，人家看得起你，叫你加入，你竟敢違反其意，恐大家性命亦在危險之中。大多數的隨從人員咸感失望與恐慌，都贊成此說。

惟我獨持異議，我認為原則不可變，現在把握不住原則者，將來亦把握不住現實，結果只是失敗。且情形之壞尚不至此，我以為是假定語氣，就是說假令我們加入共產黨，則林顧問仍回西北，不然即不會與林顧問之事一併提出來講。萬一是肯定語氣，而非我們加入共產黨不可者，則一切已出我們意料之外，而違反國共合作的諾言，茲事體大，要馮氏親自決定。不過充其量僅是俄援少點甚至沒有而已，危險是不會有的。孫逸仙大學的學生，有反共的，亦仍供給以一切，而未迫其退學。其中托派之張威遐、陸一遠等，在紅場上，史達林演說時，大呼打倒史達林，亦仍無事。

我以為第一個假定是，如所稱的加入共產黨而林顧問回西北，他將是太上總司令。未知馮先生何以對自己與西北團體，又何以對國家民族？為馮先生作此想者，我不知將置馮先生於何地？第二個假定是不加入共產黨，而因林顧問之不來，俄援遂至停止。但我不作此想，因為對已經發生衝突的國民革命軍，俄援仍未停止。第三個假定為我們仍是國民黨，俄援仍斷斷續續的來，我想最有可能。今日而有相反的消息傳來，我想把其中蹊蹺弄清楚再決定。

我說完之後，大家面面相覷，只馮玉祥一人贊成。他說，「我誓不做兒皇帝，老早已經講過了，咱們要對得住國家。」他要大家辦護照離開俄國到德國去，打算經印度由西藏而達甘肅。我認為尚未到決裂階段，仍有交涉餘地，不能輕舉妄動，不如待林顧問來問個明白再說。

第二天林顧問來了，開始勸我們加入共產黨，以為加入之後只有好處，而沒有壞處。然這不是蘇聯政府的意思，而是他個人此數月來為我們辦交涉的感覺。譬如蘇俄對我們以前的軍械援助，是一種對友軍的援助，以一次為限。再要求援助時，則另案辦理，要重行調查，再行決議。

所以耽誤許多時候，接濟不上，西北軍至有此次之失敗。他這次與軍事委員會副委員長翁歇立克脫之交涉，亦是要求一次援助。但鑒於以前之失敗，擬訂立永久性不斷援助之計劃，然非把我們軍隊變為共產黨軍隊，軍委會是不便負責統籌的。

至此我們明白要我們加入共黨者，為林顧問之希望。然我們對於蘇俄，只要求其一次大批的援助，因所謂永久援助者，仍不可靠，中途亦要停止的。馮氏即謂，他是國民黨黨員，所以不考慮加入共產黨問題。馮氏既有堅決的答覆，我們就可說話了。我因說共產主義，現在蘇聯尚行不通，不然亦不至頒行新經濟政策，何能以期諸中國？為了爭取俄援，把那來做不到之事，亦預先答應下來，騙人之事，我們是不能幹的。林顧問則謂他完全從軍援上著眼，他是軍人，政治問題，要我們自己考慮，他打算三天後，來聽回音。

第三天馮氏告訴我，林顧問要我和另一位去吃晚飯。飯後也許要帶我們去會什麼要人，我們可以好好準備點談話材料。但會什麼人也不知道，談話材料自無從預備起。屆時林顧問果然親來，偕我們重到一個多月前去過的夜總會晚餐。餐畢即邀懂俄文之某君去會史達林，說已約定十點一刻，可以談半句鐘。屆時克里姆林宮有專備汽車來接，囑我在夜總會暫候，因我不大懂俄文，可以用不到去。

史達林的晤見，真是稀罕的事，他是不多見外客的。那時西方人見到他的，僅有五個人，他是黨部書記長，而在政府中無職務，所以可拒見外來貴賓。不過東方人見過他的，亦殊不少，中國人中，張國燾、譚平山、鄧演達、陳友仁都見過他。因為他是東方民族問題專家，所以喜歡與東方人見面，以充實其研究之材料。然其談話，刻板至類於公文程式，故被譏為形式主義者，其無味可知。而其生活，則以流亡二十年，養成其晝伏夜動之習慣，非九時後不辦公。其見西方人必在日間，自認是痛苦的，故不常有。

史達林此次與某君的談話，多關於今後中國的政局，實在太重要了。我當時立刻把某君所轉告者，一齊記下來。這本書都是回憶當時情形，現在始寫下來，惟於史達林會見的談話，是當時記在日記上，而現在抄錄下來的。可惜某君以恐妨礙其政治前途，而不肯透露姓名，這是要向讀者抱歉的地方。

莫斯科街上所掛的史達林照相，以全身而手持香煙者為多，覺得他是高個子。可是據某君說，他的個子並不高，面麻，談話時並不多抽香煙。美國記者常見史氏一面與人談話，一面劃著簡筆畫玩，可是這次談話並不如此。他穿著列寧裝，在二樓辦公室內會見，他仍坐在辦公桌上，某君坐在對面，林顧問則坐在旁邊。以下記其問答之詞。

「你看中國前途如何？」史問。

「我們皆以為北京政府勢在必倒。」某君答。

「蔣介石北伐，這樣沒有把握的仗，你們以為能勝利麼？」史問。

「我們以為這是全國人心所盼望的，必然成功。」某君答。

「蔣氏能反帝國主義到底而不與英美妥協麼？」史問。

「惟對日本則絕不能妥協，因為全國人心都是反日的。」某君答。

「這樣就不徹底了。英美之帝國主義，其力量比日本尤大。」史說。

「這是沒有法子的。中國人已往對美感情最好，因為從未與中國作過戰，亦未要過中國領土。而對英國是討厭，對日本是仇恨，且日本尚不肯放棄其侵略。中日關係是個死結，任何人都解不開，這把火必然要燃起來的。現在中國人對蘇聯最好，因為他已放棄特權，而以平等之民族待我們。現在蘇聯已經幫助我們革命，將來還希望幫我們打日本。」某君說。

「我是研究民族問題的，覺得非經過革命，完全放棄原有意識，而生出新意識之後，兩民族之仇恨，是不易消除的。」史氏此話，我想是說中蘇經過革命後，將重新有較好的關係了。

「那麼英美會不會與日本衝突？」史問。

「此一問題，史先生研究得一定比我們清楚。我們讀到史先生的文章，知道帝國主義間雖有矛盾亦可妥協的。」史氏聽到某君說此話時，把身體仰在椅背上微笑了。

「你看上海中國財閥會不會出錢給陳獨秀辦報？」史氏突然問到另一問題上去了。

「我看財閥們都不會，因為他們並不重視陳獨秀。」某君答。

「如此陳獨秀不跟共產黨走即無出路，我們共產黨人對他可以放心了。」史如此說。但不久陳氏就不被重視，而終於被革去黨籍。我想正惟因為沒有財閥會支持他，沒有反響，所以史氏敢免他的職。某君自怨以無意中害了陳獨秀一下，梟雄說話與態度的不可測，亦可見其梗概。

說了半天，終於言歸正傳了。

「我想裝備在甘肅之馮玉祥部五萬人，」史說。

「如此則只能使馮氏有了甘肅地盤，若幫助一個割據的軍閥，固然夠了。不過苟欲責備馮氏，使其參加國民革命，出陝西入河南，而與國民革命軍會師，則力量尚差得遠。陝西雜牌軍閥，其力量超過十萬人，這須馮氏獨力應付的。北洋軍閥張吳合併起來，在河南增兵至五十萬，而孫傳芳所部，尚不計算在內。我們與黨軍合併起來，與北洋軍閥力量之對比，為一比五，如何能濟？況且我們還要為郭嵩齡報仇，直搗東三省之奉系老巢，屆時是要遭遇到日本之關東軍的。」某君說。

「那麼你們所希望之最大限度，要裝備多少人？」史問。

「我們不以內戰之最後勝利為目標，而以打到東三省，遭遇到日本之關東軍為目標。關東軍是日軍的精銳，我們單獨的力量，勉強希望能擊敗奉軍，不能有擊敗關東軍的自信。所以希望蘇聯在遠東的紅軍，與西北軍合作，做成兩鉗之形，以鉗住關東軍。紅軍可以按兵不動，只是我們這一鉗迎上去，以與紅軍之一鉗接合，而企圖把關東軍鉗在裡面。造成此一形勢，則我們解決奉軍時，關東軍必不敢動，故亦不至牽動國際局面。不過兩把鉗的力量，須平均，始能鉗得住，尤其我們動的這一面鉗，力量不能太弱。」某君說。

「你們是不是要求與遠東紅軍，有同等數量的裝備？不過你們若不拿來打日本人，而在中國稱雄起來，則我們不特害了中國，妨礙其革命的推進，而且結果會害了你們自己的。」史說。

我以為此話有希望我們加入共產黨的意味。

某君自然連說不會，林顧問亦斷然地幫著說，中國人祇要有力量，必然會打日本的，他無形中為我們做保證人了。史達林臉上至是露出興奮與得意之狀，而以加倍努力於革命相勉勵。某君覺得功行已經圓滿，遂興辭而出。臨行時說我們到處參觀，不斷學習，對蘇人招待之忱，至為感謝。某君先出，坐在汽車上，等了林顧問十分鐘，他始與史達林談畢下來，同驅車至夜總會和我相見。

林顧問一入門即告我，要較原來的軍援計劃，擴大至八倍，又要花他幾天功夫，重新開單與軍事委員會商量過。他是不能回西北了，繼任人他已保薦軍長山古斯基Sankoski未知軍委會能批准否，不過史達林那裡已經通過了。山氏是他的好朋友，人甚和平精細。他的原任翻譯克拉夫仍回西北，藉可駕輕就熟，以期彼此之繼續和諧。惟大功告成，希望西北朋友，將來不要忘記他，而今日更不可不盡通宵之狂歡。遂請了舊日一起玩夜總會的朋友，與若干歌女舞女十餘人，飲酒作樂，一直從夜間十一點半起至翌晨五時始止，大家都已東歪西倒，胡言亂道了。

六點半我回到寓所時，馮氏時已起身。在路上遇到他，不得不將結果報告，惟馮氏見我醉態甚濃，頗疑其不實不盡。所以不要我再說下去，叫我先去睡覺，睡醒後晚飯到他那裡，吃他親手烤的大餅，以及庫倫帶來的大頭菜。我下午六時到他那裡，見他正在自己動手，在廚房裡烤餅。烤到一半，要把上面的一半，調換的烤，即不用手來翻，祗把鍋子一揚，就翻過來了。馮氏隨說，「你看我向上一抖，真正能抖起來了。」又說林顧問下午四時已經來過，留他晚飯，他以要到軍委會去，不肯留在這裡，一切都已報告他了。

晚餐極為豐富，仍如張家口舊時習慣，有鷄有肉，以及牛羊魚蝦之類。外間所傳馮氏不吃好菜，祗有豆腐鷄蛋是不確的，不過燕窩魚翅是沒有的，而且煙酒亦不許用，未免覺到稍有缺憾而已。他所認為最名貴的，是庫倫新寄來的北京黃大頭菜，非此食不下咽。但合到一元一片，因為寄到莫斯科的寄費太貴，而且其在庫倫的價錢，已較北京貴了數十倍。他拼命把黃大頭菜塞到我碗裡，我吃了兩三片之後，就拒絕了，因為我並不喜歡吃。飯後他說，大家可以回國了，囑我先回上烏丁斯克招呼一下。

事隔二十餘年，猶以疇昔間事，足證史達林魔力的偉大，亦足證明「道高一尺魔高一丈」之語為不我欺了。尤其兩把鉗之說，恍若言猶在耳，而感到痛澈肺腑似的。二十餘年以後，國軍與共軍戰於東三省，共軍與遠東之蘇聯紅軍，適成兩把鉗，共軍之一鉗，機動地迎上去，而紅軍一鉗不動，一切均如原擬。而與二十餘年前之原擬不同的地方，就是所鉗掉的，不復為日本之關東軍，而為自己的國軍。大概東三省之戰，蘇聯與中共，是拿蘇聯二十餘年前其參謀部所製定的軍事原計劃，來實施了。國軍無關東軍之強韌，自然吃不住的。然其軍事原計劃，根據史達林的授意；而史達林的授意，出於某君的建議。但願此為一種巧合，而與某君這次談話無關，否則一言喪邦，負疚終身，尚敢以參加革命為功麼？

十七、異國話同舟

我們在莫斯科住了三個月以上，援助原則已經爭取到，祇是數量與其他細則尚未能決定。我們對蘇俄的交涉，總算大功告成，而對於運輸路線要開始籌劃。再則張家口前方，尚在張作霖、吳佩孚與閻錫山的三面包圍中，祇靠北方通外蒙一路的接濟。自然我們急於脫離戰鬥，不過也要靠退卻的殿後戰，非物資補充上去不可。所以張允榮先我一個月回到上烏丁斯克，我與勾增澍亦趕回來了。馮玉祥離開莫斯科不過後於我兩個月，是確實得到西北軍從張家口退卻消息以後，才回國的。

我們以前所得到的俄援，都是日本三八式的步槍，和法國式的機關槍，總之凡可以避免用俄造軍用品者，都一概避免。但軍中有俄造九響的連珠槍，與鋼甲汽車坦克車之類，這亦是不可避免，但數量並不多。即我們自已所採購的東西，俄人亦請我們最好勿用俄國貨，而到海參威去買日本貨。目的在掩飾一時，使日本暫時找不到俄援的物證，軍事本來是爭取時間的，晚點被人發現秘密，總比早點公開的掩飾好。當日本特務發現西北軍有大量日本三八式步槍與六五口徑的子彈時，總疑心日本浪人以軍械賣給我們。一時尚想不到此即蘇俄所給我們的俄援，俄援應該是俄式軍械，那裡會是日本製造的軍械呢？

不料二三十年後，蘇俄玩其同一手法，以大批美式軍械送給中國共產黨，因憑之以佔領了整個中國。而揚言這是共黨搶奪自國民黨的，其作用是證明國民黨軍隊的不成，是偽裝蘇俄的中立。實則就是第二次世界大戰對德作戰時，給予蘇俄的美援軍械，再以撥給中共。然而美國特務與二三十年前的日本特務，一樣的不成，皆被蘇俄玩弄了。無法找到蘇俄援助中共的物證，遂誤認為蘇俄真正守中立，而以國共戰事為中國人之國內戰。我是身歷其境的過來人，不得不嘆蘇俄人的奸詐，與美國人的天真，使蘇俄的魔術，老變著那一套，而仍未被戳穿。

我那時是單身漢，隨著軍隊走，亦不短錢使用。而且受了馮氏本人無積蓄的感召，因張之江、李鳴鐘、鹿鍾麟等，出其私財，以濟軍實的榜樣，而有所感動。我本來參加辛亥革命的人，對於革命先烈之認識殊多。以為革命不必空談，拿出錢拿出性命來再說。也是西北軍合當復興，所以如我們之類的傻子大有其人，且成為風氣。我先拿出來四千元給大家開伙食，還嫌不夠，把身邊的金磅也換了二千元，最後把存在北平安家費三千元亦寄來了。張允榮勸我不要這樣傻，萬一革命失敗了，手頭沒有錢怎麼辦？我說：「退步已佈置好了，我將到莫斯科的馬克思恩格斯學院去讀書，在革命未成功前不結婚的理由即在此。馮玉祥亦告知我，辦事處與領館的賬須分開，辦事處不能用我的錢，他可以負担的。我對他的答覆說：「你帶了七萬元來，其中有李鳴鐘送給你五萬元，你獨不許我做第二李鳴鐘麼？我雖沒有五萬元，幾千元是有的。」

我以前的積蓄，都在此用光了。民國十六年脫離西北軍到暨南大學教書時，祇剩了一百八十元，還靠我母親的私蓄，才租下房子買點木器。我在領館墊下的伙食費，總共六個月，經常總是二十多人，每人每月以五十元計，即伙食一項亦六千餘元了。當時一般人還以為伙食是馮玉祥出錢開的，好像還嫌飯菜不好，至疑我揩油，實則人人都在揩我的油。馮玉祥答應革命成功後加三倍還我的，並口頭提出將以北平船板胡同他的房子送給我，不料事過境遷，後來竟裝作不知道了。我所尤氣的，北京政府因我附馮而扣發我領館經費九千餘元，南京外交部授王正廷與次長唐悅良，都是馮保薦的。當我向外交部索舊欠時，他們諉為北政府的事，在清理項下。質言之，南京新政府，是不發舊欠了。我言於馮，馮竟諉為無辦法，好像事不干己以的，他不特忘了我墊之錢，是為他用去的，而且他以船板胡同房子讓我，與革命成功後加三倍還我的諾言，都已抛向九霄雲外去了。

千金散盡還復來，錢究竟是小事，我這二三十年來，不是依然能活下去麼？所可惋惜的，倒是自我犧牲之精神，不復得到獎勵，與社會頽風之愈趨愈下。馮玉祥竟對我亦施其過河拆橋之技倆，北洋軍人，對部下多是慷慨的，而馮氏則不惜施其詐偽手段，也許這是他不自甘列於北洋軍人之故！我以後脫離馮氏，而不再回頭，究竟誰負誰，茲亦不願詞費，不過不知何故，其舊人咸連翩脫離了。

我與勾增澍趙回上烏丁斯克，與張允榮商量一番之後，工作始行展開。接到張之江數封軍報催買物資：第一南口關公嶺的正面防線對方為鄒作華的砲兵，我方雖沒有電網，但每天都需要修補，因為常被砲轟毀的，所以連鐵絲銅絲都要買；第二因為沒有火車油，所以連火車也開不動了。火車油更為要緊，因為我們正回軍攻大同，而且將來撤退時亦必需要的，其實鐵絲與火車油不過舉其最要者而已，在被封鎖期中，可以說那樣都要買。但始終沒有錢寄來，張允榮乃去電訴苦，且催寄錢，張之江第一批即匯來七萬元，並稱無論如何決不使我們為難。收到錢後我們始敢派人赴海參威去買日本貨之各種用品，亦是得俄人幫忙才買到的。俄人又在有意無意之間指給我們看一條船上滿裝軍用品，說是運到廣州接濟革命軍的。我們因此判斷北伐軍將出發，而且其對西北軍之接濟亦不會比廣東少。我們買了五萬多元的物資帶回上烏丁斯克運庫倫轉張家口去，據說退軍時還全靠這批火車油呢！不過張之江的七萬餘元，不全為公款，連他做連長時的私蓄都拿出來了。

張允榮預料西北軍支持不下去，擬回庫倫去，待軍隊退時即以馮命去收容。他與我商量，此間購物與招待之事由我任之，預料張家口敗退時，必有大批高級人員經過我這裡，由海參威回國去。以在在需款，他自己拿了三千元去，餘下一萬二千元全留給我。後來這批錢我分文未要，全以充庫倫運軍械之費用去了。因為多一枝槍運回去，即多一點勝利的機會。張允榮即藉這批新軍械之運到，於西北軍退出張家口大同時，竟在包頭收容到五千人。馮氏回國後，在包頭亦全賴此五千人做基礎，後來已經投降閻錫山之韓石二將因知有軍械到，遂單騎見馮哭了一場。第二天即率所部萬餘人離開閻氏，隨同撤退了，馮氏因得率二萬人西去屯兵五原。孫良誠一旅人本是被五馬奉吳佩孚命圍在蘭州的，得到軍援有著，馮氏回國的消息，竟轉敗為勝，而五馬亦退兵了。勝利之因，基於張允榮聞敗訊，即以一批軍械運包頭，收容到五千人做基礎。我則在領館招待敗退的高級人員，結果不能藉此多找幾個朋友，反而樹了許多敵人，亦足見我之不善交際了。

第一位到領館來住的是于右任，有一天我看見俄報說邵力子代表蔣總司令趁這班車到莫斯科去，將於半夜經上烏丁斯克。時張允榮尚未走，我們商量好，由戈主事定遠到火車站接他下車玩數天，一則想打聽國民革命軍何時北伐的消息，二則想請他到莫斯科去晤馮，以便取得聯絡。我們那時想，如革命軍不北伐，西北軍將始終被封鎖在西北，獨力是無法打敗張吳的。因為對蔣期望甚殷，所以對其代表要倒屣以迎於火車站了。誰知邵氏還要幾個月後才動身，而且此行並無使命，只是到孫逸仙大學讀書而已。但戈主事並不虛此行，接不到邵氏而接了一個于右任回來。他從北京逃出，想到我這裡暫住以與馮氏取得聯絡，大概亦是李守常為他設計的。我和他不很熟，在北京時同鄉鄭英伯住在他家，因而看過他一趟。於到後我就把大臥房讓出給他住，我自己住在小房內。我與張允榮一樣的看法，西北軍不能久困在甘肅，必須由陝西出潼關問鼎中原，那麼他是陝西人，實是可以合作的。不過他沒有錢，我們在經濟絕端困難中，還要弄一筆錢來招待他。

他是名士詩人左傾的國民黨員。他沿路做詩甚多，有〈過朝鮮東京灣歌〉，我喜其「遺民重話安重根，伊籐銅像更巍然」之句。他把許多詩寫好送給我們，沒有宣紙就用道林紙寫。我們又為他在領館開了麻將之禁，但他老人家屢賭屢輸，賭了三天，輸了三四百元。我們不會裝假輸給他，又沒有送錢給他用的資格，只好停賭休息。他有兩封信交工人付郵，一致李印泉，一致李守常要求借一千元，工人偷拆開來後，再把信寄走，乃以告我們，時軍中對外客已有特務行動了。然二李均未覆，不久有一位國民二軍將領史可軒偕一青年馬文彥來，因與于先生熟，亦住在領館，史大約帶些錢可以供給他的。時我們已電馮，而馮的覆電亦到，囑他們赴莫斯科晤面，然已等了一個月了。于氏至莫斯科，似亦到過第三國際，見過蘇聯政府中人，軍委會還送他一枝銀柄手槍。他回時仍住領館，出其新作詩以示我們，後與史可軒等回庫倫。待馮玉祥回國後，隨之至五原而甘肅，馮軍入陝仍任于為陝西主席。我們對這位于先生，可稱既恭敬又盡力的了。

第二位是李烈鈞，張家口退出後帶了一位副官，三四個兒子到領事館少住。他不去莫斯科，數日後即由海參威坐船到廣東，任國民政府參謀總長。那時蘇俄有一種計劃，以馮玉祥自任西北軍總司令，擬請李氏任東北軍總司令，司令部設在海參威。蘇聯方面除補充以軍械外，並撥給朝鮮兵二師，中國兵一師為主力，擬攻入吉黑二省後，大事擴編。李烈鈞為絕頂聰明的人，對此議絕未作考慮，他知道蘇俄是不易合作的，因函馮薦張秋白以自代。張氏偕郭增愷住在領館內，有一個時期對此頗為熱心，並邀李之秘書雷嘯岑參加。我以為他們總是在那裡組織東北軍總司令部，不料雷嘯岑只是找人日夜不停的打麻將。怕打多了我要干涉，乃把樓上的房門緊閉起來，我只好識相點，視此為我管不著的化外了。郭增愷更為聰明，絕口不提，好像沒有東北軍這回事一樣。本來軍權、財權均惟俄人是賴，俄人有的是共產黨人會告奮勇，用不著我們借箸代籌。他們到海參威後，果然撲了一個空，軍隊是有的，但交不出來，遂相率回國了。這一群朋友是有意思的，第一不愚蠢，第二不虛偽，故夠得上稱為朋友。我的招待，只是乘機交幾個朋友而已。

我所怕的，就是既不夠料，又好生事的人，而此類座上客，多在患難中出現。譬如何其鞏與李興中二人，是李鳴鐘綏遠都統署的秘書長和參謀長：因為李氏的關係，所以招待他在領館住了一個多月。他們函電馮氏，要求到莫斯科去幫忙，馮覆函緩來，他們即預備回國，並動身離開上烏丁斯克，已到海參崴等船了。我因言於馮氏，謂不可使部下離心，還是請他們來罷。馮氏允後，我即打電到海把他們追回來。卻巧馮夫人亦自庫倫來，與他們同火車，不料沿途就與馮夫人說我的壞話。我倒不怪他們，因為大家都知道馮夫人不愜於我，並非他們自己真正不滿意我，不過投其所好而已。

到了莫斯科之後，何李二人，竟說起他們老長官李鳴鐘的壞話來。馮本多疑，而他們知道李鳴鐘之事甚多，往往斷章取義來講，不由馮氏不信。其意不外見好於馮氏，然如李氏之類的重臣，離開了之後，西北軍之事，就難辦多了。他們不特見好馮氏，而且要去見好蘇俄，李興中與共產黨的關係，就是那時發生的。何其鞏在抗戰時，與日本人發生關係，同時又向重慶送秋波，這類人太複雜了。李興中為內戰時代的活躍人物，一九四八年上海將撤退時，他出現了，為的是游說吉星文、劉汝明二人。而馮治安部、張克俠、何基灃、過家芳的徐州倒戈，聽說亦是他幹的，現在他任共產黨之偽河北省府委員了。我真悔不當初，不特招待，而且保薦他們。

在馮氏幹部中，最左傾而收穫最大的，為其總參謀長劉驥。他最初充馮氏代表，與蘇大使加拉罕接洽，因而接近共產黨，張作霖搜查蘇聯大使館後，用柯羅版印出的文件上，有他的名字。他平時與我聯絡得最好，所以在領館，奉之為上賓，且帶其親戚們同來。有一天他暗自勸我勿反共，並說，「西北軍失敗後，你可以教書，我們將不得了。」我疑心他親共，乃和他疏遠。後來他充西北軍對武漢政府的代表，而發大財，遂經商去了。

就記憶所及，鹿鍾麟好像是從北京走海參崴到我這裡來，而折回西北的。此事記不清了，不過住在領館時，只記得他拿出一大束中南銀行十元鈔票，托我們去換俄幣。蘇聯銀行，只要中國、交通兩銀行的鈔票，所以不肯換。我們托其政府中人說好話，始肯掉換，但是要貼水。鹿氏是當時西北軍中的財神爺，據其自稱，南口一戰，搶了他一千四百萬，清宮的收益都用完了。有人笑他不自知其財產，因為都是無價之寶吓！但我總不肯向他開口，許多人都向我建議向他要錢。因為大家知道領館的伙食有點維持不下去，我已到了墊無可墊，賠無可賠之境了。然而我終硬自掙扎，竟不向他提及此間情形，連訴苦與哭窮的意思，都熬住不露出來。鹿氏亦樂得裝不知道，帶了許多人住過三天，揚長而去。同住在領館的人，都笑我傻，其實我之傻亦豈只在此等處？我因與大家相約，我在此地一日，伙食始終會維持下去的，鹿氏如拿錢出來，亦不過大家吃得好點而已。

由國內來西伯利亞，經庫倫而回至西北者，有蕭振瀛、門君二人偕來。門氏時任旅長，後任寧夏主席，最後做漢奸下海。聞最近住在香港潦倒不堪，尚是謹愿者流，故一寒至此。蕭振瀛之人品本不佳，曾任安福系之新新國會議員。他做過綏遠實業廳下之臨河設治局長，設治局低於縣治，他與西北軍關係不深，不過喜做冒險家而已。蕭的冒險後來竟成功，藉宋哲元的關係爬到天津市長，勝利前後死了。

西北軍中奇人實在不少，有鋼甲車司令張某，鴉片癮尚未斷，而且一句俄國話不懂，亦能找到鴉片抽。他以招呼軍械為名，而住在領事館內，我真怕他為鴉片而發生問題。幸而當地的政治保衛局，佯為不見不聞，所以沒有出事。但我始終惴惴不安，直到他離開上烏丁斯克，到海參威去，才放了心。當時在領館的人實在太多，使我不勝其記憶，日久便忘記更多。但重要的都記下來，而且亦無一一寫出來之必要。

最後一批到蘇俄去的西北軍官，為鹿鍾麟所率領的高級人員，共有二十人左右。他們來自五原，大抵因為兵少將多，有些編餘軍官，還直是閒著沒事做。索性讓他們前來蘇聯，考察一番，藉以表示對蘇俄的景仰。他們多為師旅長階級，有李向榮、程希賢等。程希賢缺了一隻手，頗稱足智多謀，後來在韓復榘處做事。最後搭上土肥原路線，做了漢奸，勝利後好像死於獄中，晚節不全，頗為可惜。記得張克俠、何基灃等亦在內，他們年齡較輕，世故較淺，故易為共產黨所拉攏。其中文人，只有一位牧師浦化仁，他對共產黨最為嚮往，大概要從舊的宗教，跳到新的共產了。大抵願意到莫斯科去的人，多少總有點朝聖心理，為好奇心而去，去而反共者究竟不多，易為共黨吸收去的。

我們派人到莫斯科去，利少而害多，若為考察，亦考察不出所以然，其唯一所得，即為增加共產黨之氣息而已。鹿鍾麟與這般團員問我蘇俄怎麼樣？我知道他們都傾向蘇俄的，覺得無話可說，但又不能不隨便敷衍的說幾句。乃說：「我所看見的，是蘇俄的建設，不特恢復戰前水準，而且聘任美國工程師，將以美國之大工業為目標，而凌駕歐洲了。至於他的宣傳，仍主張破壞與革命，與實際政治上所幹出來的截然若兩回事。我則佩服其建設而不羨慕其破壞，諸位可以到各工廠水壩與基輔的發電水力廠去多看看。至於革命理論，他們內部方在清黨，究竟那一派學說為準確，現在鬥爭方始，尚未到決定性的階段。所以他們自己還沒有弄清的事，我們還是不參加他人家中糾紛的好。」這番話說得大家都點頭滿意，但我已捏一把冷汗而以沒有出岔子為萬幸了。

這是一群環繞馮玉祥左右的革命者，官僚、政客、營混子都有。我以辛亥革命黨人的標準衡之，似乎多不夠標準。我因而懷疑我的標準是否太老而不合時宜，於是我對自己也懷疑是否配做個革命者。因為這班人差不多都為共產黨收容了去，他們已合於共產黨的標準了。而我則始終無法承認共產黨的新標準而且永不肯放棄我的舊標準。

馮玉祥最後自莫斯科回至上烏丁斯克，即住在臥車上，他派人來通知，我們都趕到車站上去看他。據他告知，在此尚有三數天的勾留，因為要等汽車，俄人做事一向是慢的。在火車上雖有俄兵守衛，然其力量殊薄，因為經常只見一位站崗，就是一向在車站的衛兵。既未加崗，又未換人，我頗為之危懼。臥車橫陳在路軌上之樹林深處，然這是藏不起來，為人人所得見的。而且同行之十餘人中，不免有走動，或上街購物，或在車站散步，亦是禁不勝禁的。馮氏欲秘密起來，我以為只是盡可能以減少對外接觸而已，秘密終歸要洩漏的。馮氏與高級之隨行人員，如劉伯鏗、何其鞏等，固可寸步不離車站，然年輕的傳令員，總要偷偷摸摸上街去逛逛的。

此間車站，並無食堂，即開水、麵包之類，亦要火車到時才有得賣，然火車有時二日才經過一班，所以膳食成問題。我與馮商，最好免得大家上街吃飯，一則可以較守秘密，二則離市區有八里路，馬車要一元，這許多人的交通費，已屬不貲。我可以送飯來，只須每天一輛馬車往返一次，二元交通費就夠了。菜就是大鍋菜，把幾十斤鷄鴨豬肉，或牛羊肉，加了粉絲、白菜、番茄、洋薯竟成一大鍋就夠了。亦可稱之為大一品鍋，馮玉祥當然不會嫌壞的，只要營養夠就成了，而且這個地方，只有這些東西可吃。默念大家的吃飯問題，亦只有我送來之一法，較為簡便，不過也許送得過遲，要請大家忍耐點餓著肚子等。因為領館中，尚有十幾個人的飯要先開，只好把他們的飯，應當於十二點開的，提前於十點開了，再做馮先生們的飯。廚子只有一個，忙不過來，館員們都是自己人，可以幫忙，不過相距是八里路，所以最快要下午二點鐘始能送到，說不定會遲到下午四點鐘的。

馮氏先很高興，說一天送一次飯，已經難為你了，什麼時間送來都成。不料他們住在車上逾一星期，因不耐煩而有點火氣，而我們送飯曾趕在二時前送到，有一二次竟遲至四時。而且屢次我自己去，有一次以領館有外客，乃由倪主事送去，以種種原因，同行的人，竟吹毛求疵的暗中責備我起來了。有人向馮說，街上都知道他在此地，秘密定是我們領館中人洩漏的。馮氏因以責備我，我亦不辯，其實是上下火車的華僑，問站崗衛兵問出來的。

馮氏就第二天到西餐館，叫了數十客大菜，請我們吃飯，同行諸人作陪，大家席地而坐。我明知這是他不滿意我送飯過遲，與因而洩漏秘密，間接表示不需要我們再送飯的意思。但是只好裝作不懂，繼續送到他們走時為止。

臨走時，馮氏向我說了許多的話，請我無論如何要到西北去，我的人亦都要去，他完全能將其安插。但我對於他那一套假話，聽得太多，好話固然聽夠，傻事亦已做盡，釘子碰得更多，吃苦永不出頭，倒有點悵惘與徬徨起來了。只是馮氏這樣的不近人情下去，西北軍是絕無希望的，但他已是四五十歲的人了，還能希望其變化氣質嗎？不過國民革命是有前途的，願意參加革命的人，小地方大家必須互相原諒，始能統一意志，而綰結同心。當時之所希望，亦只在此，所以我便毅然答應下來。一直等到馮氏一行汽車開出後，塵土揚起落下來，我們才回到領事館。

十八、布里雅特去思

我在北京東交民巷容利飯店，認識一位中年婦人，其名為巴芬，係海拉爾蒙古人郭道甫所介紹。其人一如其他布里雅特蒙古人之大方臉，鼻扁而顴聳，剪髮作劉海裝而不燙。機警堅決，俄文亦極流利，確為革命中陶冶出來的人物。西裝整潔殊甚，衣服褶痕，常能保持其稜角。態度雖嚴肅超過了風韻，然確為和藹可親之人。

她來北京，是開全蒙民族代表大會，郭道甫介紹我，因為我就要到上烏丁斯克去做領事，而她是布里雅特的書記長，希望將來有照應。我到後即到黨部去找她，她亦來看我，她是布里雅特第一人，尚幸彼此談得很投機。她並且介紹，五位內蒙在當地師範學校讀書的學生，來看我。

有一次她邀我於三八婦女節，作一公開演講。然而這是共產黨黨部主持的大會，頗感為難。因為共產黨最近對於婦女的新觀點，弄不清楚，所以不好措辭。她說，「你是進步份子，還是用自由主義的觀點來講，只要不罵共黨就是。」我說如果一定要我講，將拿英國衛思麥（Westermark）的《人類婚姻史》上面抄一段來發揮，說明婦女地位之演進何如？她連說：「好極，這樣演說，不至乾枯，頗能使聽者發生興趣。」我預備了三天的演講稿，請勾倪二主事翻成俄文之後，再請俄國老頭子改過，始用打字機打出來。並將演講稿三天前送一份給黨部，請其斟酌，以便隨時改正，她覆信謂演說詞無毛病是認可了。不過我是當地的唯一外交官，英美日以無僑民而未派領事，所以自己十分小心，生怕因演講出事，所以在會場上也要佈置一下。於是請勾主事找數十位華僑去聽講，在四邊埋伏著，無事則充喇叭隊，有事亦可起來發言，將反對聲浪壓下去。我是開會打架出身的學生，這一套固優為之，有人笑我太小心，但我以為小心一點好，仍然要佈置。會場即在本市之電影院，於晚九時後最後一場電影演畢開始，到了一千餘人，然婦女絕少，我想是當地的全體黨員都來參加，而且帶了不少來看熱鬧。

她做主席，演說了十餘分鐘，掌聲四起，確是此中能手。她介紹我時，極為捧場，且稱我為同志，我接上去講了一點三十分鐘，倪主事讀一段，台下繼以拍手了一陣。我以為這不是我的演講成功，而是自由主義的理論，好像一泓甘泉，澆到此一沙漠地帶來，大家都一飲而盡，引以為快之故，但講完之後，共黨幹部提出質問，認我不站穩立場講話。我未答覆時，勾主事即站起來說：「毛領事開頭就聲明他是自由主義者，而不是共產黨員，你難道沒有聽見麼？」後來因為聽眾與我有好感，所以質問沒有發展下去。這位開始與我鬥爭的俄人，據說是貝加爾省黨部派來的視察。主席並沒有阻止他發言，對我演說詞，她似乎已感覺到為難，所以都沒有做結論，而忽忽宣佈散會。從此我知道她雖是布里雅特共和國的唯一領袖，但逢到俄國人就非退讓三分不可。所以此後領館與政府的交涉，我們都硬著頭皮的自己幹，絕不敢托她了。我與她所以能始終保持友好。就是不去麻煩她，連我以後護照、簽證被扣，都沒有告訴她一句。她對人便說我好，亦是真情，而且還叫在其師範學校的內蒙女生，常常來看我呢！

布里雅特蒙古共和國第二位巨頭，為總統伊爾般諾夫Irbanoff。在外交儀節上，我一到必須約期去會他，他亦約期來答拜。他為俄蒙的混合種，而非純蒙古血統，倒是一位很平穩的好好先生。他的任務是簡單的，可能是不統不治的總統。其下有位俄人秘書，畢斯格岳夫Piscкayoff代其主持政務，而直接請示於伊爾庫斯克省政府。畢氏大忙特忙，每日都要到各機關一次，他亦常來領館。我見其鼠眼獐腮，不像好人的樣子，遇事又好亂問一起，我嫌其不懂禮貌，輒請勾主事與之敷衍。但在平時彼此亦無過不去的樣子！華僑犯了案，領館去保立即釋放，我們要護照簽證，他辦得很快，而且往往自己送來，不勞我們去取。

但我卸任後，畢氏即不給我們由庫倫回西北的護照簽證。他態度的突變，引起我的抗議。我對他說：「拒發外交官領事官的護照，在國際上是最不禮貌的舉動，即交戰國亦不應有的，何況我們正在合作？你要留意後果！」然而他的智識，知道的並沒有那麼多，以理性與常識責備蘇俄公務員，根本是沒有懂得蘇俄。後果他知道是不會有的，因為他已被我提醒，明白我們正在合作，而是西北軍正靠蘇俄了。所以敢於如此蠻幹，他當然請示過貝加爾省政府，省政府視為例行公事，所以也如擬照辦了。後來我到莫斯科查問，知道外交部護照科，並沒有接到貝加爾省政府請示的公文。外交官是國與國的關係，扣發其護照，而不由中央政府，逕由省政府作主，這又是省政府當局的糊塗了。我們在西方所學到的常識，在蘇俄一點用不著，亦足見蘇俄行政界之一場糊塗了。

畢氏對勾主事說：「假使毛領事交代不清，或虧空公款，當地政府放他走了，後任責備起來，何以應付？」真是愈說愈不像話了，試問前後任有見面之必要，與駐在國有監盤交代之可能否？如其有之，則我的前任，何以未與我見面而先走，駐在地當局何以不加干涉，而扣發其護照。而且我的前任與後任，同為一人。如其有之，則我正歡迎之不暇，因為外交部欠了我九個月的經費。我正想有人來監盤，使交代辦清，將應得的公款找還我，俾外交部對我的虧空，不至永遠成為一筆呆帳。可惜是不能，這是本國的事，外國政府管不著。然而畢氏竟要管起來，翻破了國際公法，也翻不出這個慣例來，真使我啼笑皆非。

依畢氏的透露，我的揣測，與所得的情報，均認為後任申領事，要求當地政府，把我扣起來。其原因是一半私怨，一半公仇。私怨之說，為申領事以為我挾西北軍人的力量，取而代之，所以他亦投向東北軍人懷抱，奪回此一地位。東北軍與西北軍戰，東北軍勝利，連北京政府都搶去，北京政府遂發表申氏回任。他的名字本是申作霖，為表示其渺小起見，至不敢與張作霖同名，而改為佐霖，言其祇配輔佐張作霖而已。中國君主時代避諱的老辦法，亦翻出來用了。

外交總長是後來做漢奸的王蔭泰，當時靠楊宇霆而做官的，他免了我的職。申領事遂進一步向楊王告奮勇，接洽俄人把我扣起來，明知做不到，他亦要丑表功的做作一番。俄人此時最怕北京政府責備他們庇護西北軍人，所以要我與後任見面後，再放我走，以卸卻他們的責任為言，然而我就不願聽他們擺佈。我雖未得護照，尚未失去行動自由，看起來事態並不嚴重，卒於中領事將到之前一夜，乘西去火車走了。中領事向北京外交部的第一件報告，就是說我與勾主事夜間私開館門外出。他就憑此一紙報告，表示捉我不到，而且他的領事已到手，亦只求卸責就是了。

那時我的佈置，為我自己與勾主事留在最後走。馮玉祥給我的原則，為最好是不交代，如果非走不可的話，領事館全體人員在西北軍中都可安插。我的廚子隨張允榮回甘肅去，張不久即發表為甘肅財政廳長。戈定遠則已隨門致中、蕭振瀛同車回西北去，我給以現洋四百元，何其鞏謝我保其為秘書長之力，事先電我謂將任戈為總部副秘書長，但後來只終以上校秘書。倪主事是他的父親與申領事談好要留任了，我可以不管。現在最後走的勾主事知道蘇俄方面不給我們簽證，終日抱頭嘆氣，幾成神經病了。這亦難怪，因為他知道在蘇俄的外交官常會失踪的。我則猶如初生之犢不怕虎，心中好像確有把握，乃決逕往莫斯科據理力爭。但是勾君被恐嚇的連長途旅行都不能勝任了，而且怕到莫斯科去，於是只好依他的意思先在伊爾庫斯克避避風頭。該城有華僑金醫生甚為富有，他可以招待我們在他家裡住。此外勾君還有一位同學黃君任伊城中國領館之隨習領事，他想或者可托黃氏去請簽證。我明知到伊爾庫斯克有相當危險的，因為此正是上烏金斯克的上級政府，他們可能知道而且同意上烏丁斯克政府的對付我的辦法。然而兩地之危險情形充其量不過相同而已，即不走亦危險不到那裡去。因為勾君已到了神經病邊緣，換一環境，可以使他得到安靜，遂赴伊城，並與說好在此地勾留不能超過一星期。在此一星期中，他託黃隨習領事向省政府打聽，乃知省政府護照科已知我們的簽證被扣，因此他想在該城辦簽證的念頭亦打銷了。其實我們是辦回庫倫的簽證，而這是須特別允許，非一般人所可做到。伊爾庫省府所能辦的簽證，只有經滿洲里回國的一項，當時我們不會經過東三省回國，奉系的人已把我當「赤匪」看，而我亦不願走上去送死。

勾君休息一星期之後經黃金二君勸導一番，眼神不如以前之定著而有點流動起來，他亦認除依我赴莫斯科外，別無其他辦法，遂相偕西行。事前我已將不能取得簽證事分函在莫斯科之馮夫人與邵力子及在庫倫之陳繼淹。他們都不明何以被扣，不願置身漩渦，故均無覆信。我們到莫斯科後，仍住歐洲旅館，第二天即偕勾君到外部，去見加拉罕。未二分鐘加氏之機要秘書辛西夫Shensheff走出來見我，謂加氏方會外交團，如要見他，下午可以來。因問我何事？辛西夫是在北京大使館時的熟人，一向是代表加氏發言，而且不須請示，遇事能作主張的。我即告以我想回庫倫轉西北，而上烏金斯克政府不發簽證，因趕到莫斯科來要。他一如在北京之爽快說：「簽證我立刻給你，馬上就可拿來，請你稍待。」即把護照拿去未三分鐘簽證即辦好還給我們，而且仍是個外交官簽證，連行李都免查的。我說：「我恐怕犯什麼嫌疑，所以親來弄個明白。」即詢以當地政府不發簽證之故。他說他根本不知道，不過現在黨內亂得很，勸我還是不要理他們，趕緊回國罷！我因其言甚消極，判斷加氏此次回國並不得意，遂未去看他，囑為代候而去。不料不到一年，他們都以清黨而被殺了。

這一來勾君高興了，一個月來橫梗在心頭的一塊大石頭失掉了。我們看馮夫人、邵力子，並到列寧格勒去玩，再乘火車回上烏丁斯克，住在華僑魯連升酒館。再搭汽車回庫倫，不過我沒有能到西北，勾君留在庫倫，我仍由庫倫折回西伯利亞經海參威回上海，我們就從此分道揚鑣，一直沒有共過事。這場虛驚是布里雅特要人畢斯格岳夫之賜。

但對我是個極大的教訓。我對共產主義雖極懷疑，然而對西歐之社會主義，是至今仍存有幻想的。到蘇俄後始知其與社會主義背道而馳，與其冒充民主而自稱民主，如出一轍，我開始痛恨共產主義。組織中國共產黨之創始人為陳獨秀、李大釗等，最初與我們一起做民主運動，日後為求辦法而遷就共產黨。但自從知道中國共產黨，成為蘇俄第三國際之支部以後，我即拋棄對他們的幻想，和他們對我的友誼，而分道揚鑣了。反共之堅決意識，此時已經形成，二十餘年，迄未得足以使我改變之道。亦正賴有此，始得苟全性命於海隅，不至關進鐵幕。蓋痛定思痛，嗣後凡與蘇俄有關係的事，我碰也不敢再碰。不要說共產黨，連駐蘇俄的外交官也不敢再做，不要說外交官，連對蘇俄的經商也不願做。一度運銷蘇俄汽的光華公司，我曾勸朋友們不要組織，他們不聽，結果以虧本而關門大吉。

共產黨人，沒有好下場的，聽也聽得怕起來了，一九二六年以後，為蘇俄大清黨的時期，許多政要被殺，茲亦不再贅了。西伯利亞火車的臥車上，常常發現趕赴列寧格勒去開會的同志屍體。其用意為威脅其同志不敢去開會，甚至不敢再做托派，而暗中代幹部派執行者為格別烏；然在火車上殺托派的格別烏，其首領狄仁斯基亦於一九二六年被清。後西伯利亞一帶格別烏全體改組，昔日之在火車上暗殺他人者，今日亦輪到自己頭上，而為人所殺了。這一套史達林式的政治措施，與其說與馬克思相聯繫，不如說與暴君伊凡大帝較為接近的好。

我回國一年以後，聽說繼丹巴之後，此第一位布里雅特共和國的女子化名為巴芬者，業已被清黨清掉了。這位告訴我的人，是蘇俄的銀行家，其銀行撤離上海時，他不敢回去，自願留在上海做白俄了。我打聽了蒙古方面的朋友，都說不知道，不過好久沒有她的消息了。我回憶到她的清潔、乾脆，口齒的伶俐，頭腦的機警，衣服與身材線條的挺拔，富有男性的健康美，她的種種優點，一一湧上心頭來。令我有說不出的難過，我只望此一消息不確。但我忽然翻到一部俄文的年鑑，布里雅特的總統已非伊爾般諾夫，黨部書記長亦不是她，蘇聯政治永沒有下野退休之一說，下台就是被清算被殺掉。連伊爾般諾夫這樣平凡的人都不免被清，何況她是有作為有主張的。

後來又有人說她的罪狀為勾結日本，與中國人內蒙人過於接近。遠東政要之被清者，輒以勾結日本帝國主義為其罪狀，與在歐洲之被清者以勾結德國為藉口，同為莫須有之獄，顧其公式是一律的。勾結內蒙可能以她對提拔內蒙青年去俄讀書之經費，用得太多，而蘇俄未收其聯絡內蒙之實惠，因得不償失，乃以她為犧牲作待罪的羔羊。其內蒙最好的朋友郭道甫，不久亦以勾結蘇聯的罪名而為日本傀儡之滿洲國當局所殺，罪狀當然是通俄。他們兩人同為大蒙古主義之夢想者，而均齎志以歿，未免死得寃枉。她又與丹巴犯同一罪名，為與中國人過於接近，尤使我感慨不已。她沒有什麼中國朋友，有之亦只我們少數人，可能以我回國後之反共運動害了她。蔣馮徐州會議決議反共時，莫斯科《消息報》以大字標題說：「馮玉祥、毛以亨在蘇聯所說的話不算了，他們的口從此將用女人掩陰戶的樹葉子掩起來了。」我想不到以我這樣無拳無勇的人，竟與一世之雄的馮玉祥並列，而且害了一位遠地的朋友。我除了用《聖經》上「好人替壞人去死，」這句話為她祝福外，別無可說的了。

一九二六年蘇俄的清黨，外間只知道莫斯科列寧格勒死者之多，其實邊遠的西伯利亞區，死的人比之大都會為尤多。不過邊遠地方少人注意而已。共產黨對大都市的清黨總比邊遠地方為寬大；第一因為大都市為觀瞻所繫，不好太殘酷，小地方則人不知、鬼不覺，為所欲為，儘量殘酷點亦不要緊；第二大都市易於控制，寬大點不妨事，小城城則鞭長莫及，非藉此以立威不可；第三在莫斯科列寧格勒可以順風轉舵，本是托派者可以變為非托派。莫洛托夫在列寧格勒的成功，就是把托派爭取過來。在邊遠地方，則一為托派，便是命裡註定的非死不可，等於在數難逃了。聽說貝加爾全省的政府和黨部人員，未被清者，殊為少數之少數。想畢斯格岳夫，亦不免於是役，而我之作此想者，係根據當時實際情形之判斷，不懷幸災樂禍之報復心理。想到辛西夫告我蘇俄國內情形甚亂，囑速回國，勿再留連之語，真令人不寒而慄，而悲憫之懷，亦隨以俱至了。這真是猿鶴蟲沙，同歸於盡，人生至此，天道寧論，還有什麼恩怨可言呢？

我的去後之思，並非布里雅特共和國，而是成吉斯汗之子孫，大蒙古主義者，以及其自己幾忘為女性的巴芬小姐。惟於他們對我，希望其不留去思：雪泥鴻爪，永留漠北，固為盛事，但緣盡於此，何必空留遺恨於人間呢？

十九、沙漠一歸人

沙漠上無路而到處是路，其交通有汽車、牛車與駱駝，其經常過往者當為商人之駱駝、牛車與馬匹混合之隊伍。而經商於蒙古者，昔只漢人，今日則全為俄人。在昔蒙古人中，則不特無商人，且無工人，因各盟旗的王公，使族人悉去游牧，而無他務，則易於統治，其關係類乎牧者之於群羊。若任其經營工商，則易於脫離其群，而例外既多，即為其統治權之缺陷。乃以工商之事委之漢人，王公喇嘛先則保護之而收其稅，繼則投資於是，請漢人出面而自己任其後台老板。蒙古王公與喇嘛之富，除土地與牛羊外，實以經商為大宗，而皆為專利與獨佔的商業。北京西直門一帶的蒙古王爺，甲第連雲，前門外的大商號多有其股本，履豐席厚，有畢生從未履其所管之盟旗者。

經營蒙古商業之漢人，樹立一種托辣斯制之獨佔商業，小商人名為獨立而實為其支店與掮客。不特司中國蒙古之貿易，即蒙人各地間貿易亦由其經手。活佛、高僧與廟中喇嘛，以及各盟旗的王公均暗中經營商業，而假手於華商。華商賴其權力之助有二：一為王公們管理公產，蒙古人民向漢人賒賬，由他們來登記承認其債務，而以公產為担保。如其牛羊發生瘟疫而無法償債時，王公們即應由公產項下先為代償，再向一般人民增稅以補足公產。蓋公產等於王公喇嘛之私財，實不容其損失。二為徵用蒙人與其車馬為華商運貨，對蒙人則指為當差而不給值，仍向華商收其運輸之費，而入私囊。華商對各盟旗均有放款，盟旗雖欲還而華商亦不肯，謂常主顧須有來往賬，然其利息極大，至有年息五十分者。歸化城，大三貴一家每年向蒙人徵收之利息，至馬七萬匹，羊五十萬頭。至一九一三年蒙古獨立時止，蒙古人對華商之欠款，達一千五百萬兩，大約平均每戶欠出五百兩左右。此項欠款，為蒙古獨立政府所取消，而這些大商家，一律被驅逐離境。這些錢都是山西各票號的資金，蒙古王公之股款亦多，從此票號破產，而在北京之蒙古王公亦窮了。

商貨隊，都是趕牛車的、牽駱駝的、與騎馬的各群之混合，或從張家口，或從歸化城出發，咸以庫倫為目的地。每年只往返一次，計單程約三個月，來回則需七個月，春往秋歸，習以為常。往返一次則一年之生計畢矣，其餘五個月為休息時間，然亦無人羨慕此等商隊的生活。只有商人們每年至少要走一次，輒雇人為之，經理與店東常住於歸化城張家口與庫倫，收發商貨而已。駱駝既以緩步著稱，而牛車則尤笨重，每日只行三數十里，故以三千餘里之行程竟須三個月。牛車以輪軸無彈性，須壓得重而始免於顛簸，然壓得重則走得更慢，而在不平的路上其顛簸為尤甚，然此從冰河以來迄未經人工開鑿的路，平的地方實在太少了。遇到小河急流是沒有橋的，牛車亦要硬衝過去。我曾看見牛至半渡不勝鞭策力盡以死，而車亦隨躓者，則將貨分載於其他牛車上。牛既如此的苦，而趕牛的人，當然不會快樂。我們坐在汽車上，覺皮衣尚嫌兩肩負担過重，有點透不過氣來，他們穿著老羊皮的衣服，還要趕車走路。

晚間能宿於蒙古包（即蒙古人之家，掘地及半，而半在地上，四周圓穹形而覆以氈幕者）即是萬幸，然蒙古包要走幾百里路才遇到一個。而此有一個蒙古包的地方卻是有地名的地方，有時軍事地圖上亦可見到的。所以宿於荒野之時為多，往往依小麓為屏而四周繞以牛車，牛馬列在內圈，再內則搭帳篷而人居其中。其所以如此佈置者蓋以防狼。狼嘗於夜間來襲，襲時伏地一號，附近數十里之狼畢至，少則五六頭，多至數十頭。牛車繞成之堡壘殊不易破，蓋狼性多疑而怕火，帳篷中非舉火不煖，見到火即相率避去。然牛馬與人畜之傷於狼者，每年亦不知有若干。我等在汽車上，即行走時，亦常為狼所襲，放槍擊之，猶復追咬汽車胎不已。幸車行速而狼終追不上，故無甚危險性，然我們所放之槍，亦未能擊中狼。

牛車以外尚有駱駝，騎駝背旅行實不舒服，馬鶴天騎了二星期駱駝，臥病一個多月。駝以其能任重載物，而不是給人騎的，駝峯雖美，騎慣者能在其上睡覺，然不足以語於一般人。少時讀動物學，謂沙漠旅行無水時，輒殺駱駝取其儲在駝峯上之水飲之，實則旅客皆熟悉路徑，此等事為絕無僅有。騎馬雖較騎駱駝舒服，但我們對於馬術僅有理論而無經驗，對口北的馬是不敢過問的。蒙古人七八歲就會騎馬，看他們的臀部渾若貼在馬背上，有鞍與否均所不計。在嚴寒的氣候下旅行，我們都著老羊皮兩件，而騎者只著夾衣可見其用力了。

如問這些騎士以路程，他的答覆總是以鞭指給你說，一鞭子就到，而從來不告訴你里數，他們是不知道而且不計較那些里數的。但是你從其鞭所指亦可約摸辨識其遠近，大約在百里以內者，其鞭指向地下，在百里以上者，其鞭指向上，而其馬力亦確一鞭能到。但如此的馬，蒙古人雖能騎，我們是不易騎的，騎兵出身之將領為口外馬摔下來者不知凡幾。所以漢人少有在口外騎著馬旅行的，有之惟在新疆，其馬亦較純。

在這廣大的蒙古高原上，最舒服的旅客，自然是我們汽車階級了。普通商人載貨是不常用汽車的，因為汽車常壞，沿途多停留。有一次我們運軍械從庫倫到寧夏，駱駝不過五十九天到達，而汽車竟要四十天，但運費至少要貴十倍，沿途無加油站，須自帶汽油。大家用的都是道奇篷車，後座及兩傍都用以裝貨，而人坐於貨上。與司機相並之前座為最佳之座位，其票價較後座要加百分之五十。然而坐汽車於沙漠道上並不舒服。我所帶上海厨子一人，不耐風雪，曾於冬天往來此路，見到凍掉耳鼻的人，寧願死在路上不肯再上汽車了。祗有少時逃學的拉鐵摩，尚嫌坐汽車不夠刺激，竟隨駱駝隊走了許多年。然而這無異於在沙漠大學上了課，他的被美國人認為專家，而為禍於中國；除了書本上的西北地理常識外，把駝背上所受到的精神上不滿，一齊向中國人發洩了。

我最後一次馳騁在蒙古沙漠上為民國十五年九月。時係在莫斯科取得護照後，由上烏丁斯克乘汽車到庫倫。沿途所經，與上次到庫倫見馮玉祥時並無兩樣，不過心緒大為不同而已，故不再贅。到庫倫後，即下榻於辦事處，我即將張允榮留下在領館購物之三千元，交辦事處長陳繼淹，而伙食費九千元則聲明為我捐助。祇要西北軍復興之後，大家不再忘記此等毀家紓難之精神而已，模範表率云云倒可不必。陳氏接到此款後，頗為感動，同座尚有內蒙地下政府之金君，與新來自寧夏之馬鶴天，及和我同行的勾主事增澍，亦極推許，我以為此不過赤子之心而已。

知道西北軍事，已有轉機，馮氏在五原誓師，而揮兵西進甘肅，五馬業已就範，頗為興奮。惟見了五原誓師詞，有「與中山並世而生，聞主義之旨獨晚」之語，頗為不懌。馮氏年少於中山，資望差得更遠，何得稱為並世？且我們已加入國民黨，對黨魁而稱並，則逆謀已露，叛跡昭彰了。

誓師詞是秘書長何其鞏所起草，他的秘書長乃我和張允榮所保，我真悔多事與孟浪。他中文雖好，但究祇為中學畢業生，器識不夠。又好高抬自己地位，以為可藉以佔他人便宜。誓師詞之措辭，為其佔便宜心理之充分表現，馮氏亦犯此病，故有此失。我想這批營混子，如何對付得了將來的局面，不覺悲觀起來。因電馮報告我的行程，並主張誓師詞暫勿流通。覆電祇催我速回寧夏，而對誓師詞未提及。

在整裝待發之時，陳繼淹帶我去看東庫倫的軍械，露天擺著，共有二里多路長。看了清單，始知有法造之輕重機關槍二千餘挺，步槍二十萬枝，日造三八式最多，俄造連珠槍次之，子彈二萬萬發，大砲二百餘門。此外尚有國內戰場上尚未用過的鋼甲汽車，與每小時行三十里的坦克車。倘能悉數運完，好好裝備起來，其將為國內之第一勢力，可以無疑。

但是我所最耽心的，就怕一時無法運完，萬一局面變化，蘇俄會不給我們的。運完之條件：第一運費起碼要二百萬，西北軍是萬萬拿不出的；第二合庫倫現有之運輸力量，將汽車、駱駝、牛車一併集中起來，亦非一二年內所能還完。而我則疑心一二年內，局勢就會變化，怕不能完全運走，豈非落到口中的東西，重新嘔出來？且運不完之後，即無法變西北軍為第一勢力，不要說打東三省與關東軍衝突談不上，連北京都不能到，出潼關且成問題。我所以很著急之故，因為此次軍援雖成功，然辦交涉的人沒有不是帶著一肚子氣回來的，只是表面上保持合作而已。馮氏是量窄而不能容物的人，帶回來的這一肚子氣必然發作的。就是我們能忍，而為國內大勢所推動，亦必發作。現在國共矛盾，已到了頂點，萬一決裂起來，我們決不會幫共產黨的。乃告陳繼淹，促速集中運輸力量，至少到甘肅後向馮要五十萬給他，他乃留勾增澍在庫倫助辦運輸。

十月為塞外最好的天氣，秋高氣爽，正是胡人牧馬南下之時。蒙古旅行，以此最後一次為最舒適，蓋高原之氣候本最宜人，所患者只是嚴寒。嚴寒既去，風沙到處皆是，亦畏不了這許多了。此行共有道奇小篷車六輛，我與李德全之弟李連三同行，雖有負責之押運副官，但進止則取決於我。此次為張家口失守後之第三次運械，惟前兩次皆運至包頭，而此次則須逕運寧夏，取此途徑，實為第一次。真是逢山開路，遇水搭橋，其途徑須橫穿戈壁之中心，而此途久已封閉，連駱駝隊都已不行走了。我們雇用蘇俄貿易處的車，司機皆為俄人，其所以不用中國人者，一為保密起見，二則使俄人佔點小便宜，可以換得一切的方便。我主張機關槍先運，因法造二百五十發之機槍，在當時中國戰場上為任何式樣的機關槍所不及。每車亦僅能載數十挺之輕重機關槍，因為我主張多帶槍彈故。並於每車兩旁，安放兩挺實彈的機關槍，以防萬一，即陳繼淹亦以為多餘，惟俄人司機贊成我的主張。司機既不怕麻煩而自顧工作，旁人亦無話可說了。不料此行能化險為夷，也許全賴有此一著。裝武器的汽車座位甚空，一行二十餘人，大家都坐得很舒服。

我們汽車行二日至烏特，此為外蒙內蒙之邊境，外蒙戍兵亦止於是。再西南行橫穿戈壁，戈壁多被人誤會為流沙所積成，又有人以為沙灘之全為麻石。著《亞洲地理》之葛德石氏（Cressy）民國三十九年在香港大學演講時，我曾見之，始知即數十年前在中蒙道上之舊識。渠從張家口經庫倫至西伯利亞凡四次，其對於戈壁之說明如下：

「中部戈壁的年雨量在八寸以下，為近於不毛之沙漠。沙漠四周的年雨量高至十二寸。」「沙漠區域，雨量變化甚大，戈壁亦如其他沙漠，並無固定，而有前後行動、進退於蒙古之東北兩面。——」

「戈壁為最北的沙漠，大陸性亦烈。在亞洲其他地方亦有乾燥氣候，但其溫差，無戈壁之大。冬季溫度低至——負四十度，夏季陰地溫度常至九十度，暴晒的岩石可達百五十度，夜間多涼爽。——」

「冬春雨季有少許的雪，但鮮有積雪至數寸者。以戈壁之中部與西部最為乾燥。」

「與熱帶沙漠不同，其雨為陣雨，且為細雨而非驟雨。此種雨分佈僅及於局部。——」

「——戈壁大部為B. S.型氣候，為乾燥草原，而非真正沙漠。小部為B. W.型，為真正沙漠，在其南部及西南部，幾全無植物，為廣大的沙丘。——」

「蒙古三分之二的地方在平趣的戈壁上。——戈壁四周皆為高起的山嶺邊緣，地勢逐漸下降。——在此一望無際之單調的沙漠平原上，亘延達數百里，到處有崎嶇山地或切割地形。」

「較蒙古平原地勢為低之另一平滑蝕浸，為戈壁準平原。其高度變化甚大，通常高約四千尺左右。——」

「在戈壁平原上到處皆有乾淺的河谷，長約二百碼至一里者，深有二十尺到四百尺者，是謂滂江的侵蝕面，尚未成為完全的準平原。——有許多間歇鹹水湖。——」

「沙丘……整個戈壁不過百分之五，主要在其西南。——」

「大部戈壁蓋有一薄層礫石，成為沙漠中之行人道。——」

以我旅行的經驗，戈壁與非戈壁之界不易分出來。到處都有礫石、乾的河床、以及短得貼在地上的草，地上多為白色的鹼。我親自看見的流沙地帶，僅經過三里地，以皆為細沙容易把輪子陷下去，我們下車來推車，有時墊上跳板始能推過。此時無風，我不知刮大風時，是否會把汽車埋下去，誠如若干地理書上所言。不過蘇俄的司機告我，此事殊不常有，如果常有的話，大家即不走此路而繞道走了。

我們每晚都找到蒙古包住下，原因是此次都是新車，路上抛錨的事極少。但我沒有看見一個地方有四家以上的蒙古包，有時只有一家，多則兩家。蒙古包不是蒙古人造的，乃是山西木匠造的，所有沙鍋鋸器以及穿的衣服都是中國來的，而以其唯一出產的牧畜來交換。就我們所住宿的這幾家蒙古人論，他們一仍其慷慨歡迎客人投宿的中世紀遺風。但我們不給以錢即予以食物，彼等亦受之，彼等祇為吾人泡茶，而食物則為吾人自己所攜帶。其燃料為晒乾之牛馬糞，以是地益瘠而草益短。蒙古人是守規矩的，其女子亦守婦道，客人與其家人同睡在一炕上。但炕緣堡之四周砌起來，可橫睡十數人，我們多睡在門口，中間為其家之男人。有人謂女子願薦遠客枕席之說絕不足信，果有其事，亦為欽差們的威脅，而非蒙古人自願。

蒙古地雖瘠而平均國民財富較漢人為富，漢人每人平均財富，依各種不同估計自十七元至四十元。拉鐵摩與共產黨同路人多言蒙古人之窮，乃以強調漢人剝削之甚。據外蒙人民共和國一九三七年統計：駱駝五十七萬六千頭；馬一百九十萬零九十匹；牛二百四十一萬頭；棉羊一千四百三十七萬隻。其人口為六十萬至八十萬，試以七十萬人平均分那些財產，則每人可得駱駝一匹弱，馬三匹弱，牛四頭弱，羊二十隻強，我想一隻羊就不止十七元罷。蒙古人慣吃羊肉，我們遇到一家蒙古人，鍋上煮了全牛一隻，惜沒有洗淨，我們不敢嘗它。主人見漢人之體面者輒稱欽差，照例羊之左耳尖須拉下給欽差先嘗。是日主人援例以耳尖進，我一口吃完，主人乃大喜。凡騎馬之蒙人，腰間常掛一隻烤熟的羊腿，飢則取而食之，三五日行程的乾糧悉在是了。家居則以羊乳為酪和茶磚煮食，以為飲料，吃的方面，中國人是無法與蒙古人比的。穿的方面亦然，他們男女都穿紅黃色之緞，油漬滿身，但漢人不見得人人都穿綢緞罷！

為漢人所剝削之說，殊不盡然。商家對蒙古人亦以貿易而不以放債為目的。商家的旅行貿易隊，每年到蒙古人家中一次，給以其所需，自麵茶衣料用具應有盡有。計出其值，而以牛羊馬來抵償，不足之數，始為債務。欠債普通為十分利至三十分利。而牧羊之飼料為天生無代價之草原蒙古人牧畜之利實在一百分利以上，即五十分利蒙古人亦不在乎。蒙古人對商人，因其交易已經過數代，故殊信任，雖給以賬單，蒙古人亦不看，任其自己計算完畢，將牛羊取走。自明以來之互市直至現在之內蒙若干地方仍然如此，相處五百年，蒙古人雖未富起來，卻也沒有窮下去。

自從俄人控制蒙古以來，生活高漲，使蒙古人一年祇能喫半年，餘半年即非挨餓不可。先雖示以小惠，借款可不付利息，但到了最後，實行集體農場，人民之牛羊俱被充公。蒙古人之一百分利息牧畜業竟為人攘奪以去，變為一無所有，這倒要在乎起來反感到寧願漢人剝削亦不能再得了。我在蒙時尚未實行集體農場制，然蘇俄貿易公司已取舊日漢人商家之貿易權而代之。不過有若干貨品為蒙人所用慣者，完全為中國貨，非蘇俄貨品所可替代，如綢緞、粗洋布、茶磚之類。蘇俄貿易公司，乃購諸中國，遂不得不提高原來價值，而蒙古人感到太貴了。

我所要特別提出的是蒙古老百姓對中國人具有真感情，見了我們好像濶別多年的親戚開始聚首似的，份外親熱，遇事幫忙。外蒙政府人員，打起官腔來總要恭維蘇俄一番，但背地裡卻對我們批評蘇俄人。他們似有一種矛盾心理，一面是中國人為同病相憐的同胞，一面卻怕我們看他們不起，聲聲口口是獨立自主的民族。不過無論蒙古政府中人和老百姓，對我們大抵只有善意而無惡意是可斷言的。我們此次所走的路大家都沒有走過，全靠蒙古人沿途指示我們，有的尚騎著馬領我們一段路。因此我們免去了許多危險，而且狼群所聚集的地方，總是設法使我們避免繞道而過。所以我們只遇到一次狼，而黃羊子則每天都可遇到，數百成群的，因驚動而飛跑。我們也曾拿槍打著了一隻，烤而食之，殊勝於羊肉與鹿脯，中外人士俱贊為美味。

行至內蒙古之阿拉善旗，忽遇一蒙古騎士，謂阿拉善之東大公，要攔劫我們的運械車。此舉係受閻錫山的運動，閻怕西北軍再起將以他為第一個目標，所以不惜用種種妨礙的方法。又聞阿拉善王與西大公均不贊成，而東大公以獲得老閻之鼓勵與槍械之接濟，悍然行之，業已出動千人以上，現只距我們相去一百里。我們今日又猝遇到數十騎的小股土匪，幸現汽車兩旁皆有機關槍，而他們祇有步槍，所以未動手，在與我們相距半里路上竄過去。但此人跡不到之處，那裡來的土匪？而且適於此時出現，這不是土匪而是東大公的先遣隊了。我第一步派同車之蒙人，騎馬前進，第二步以俄人司機之懂蒙古話與少許英語者，裝作英國旅行探險家的模樣，使其自開一輛汽車前往。這兩批人都遇到東大公的騎兵三百餘人，謂他們已等了三天，問他們見到西北軍的運械車否？

我與押運員及司機開一次會議，大家都主張回庫倫，以免被俘虜。不過汽車是雇自蘇俄貿易公司，每輛運價一九〇〇元，倘使我們主張退回，運費仍然要照付的。幸而司機中有位組長，是共產黨員，他主張回去，並保證其公司不收運費。謂倘使汽車被土匪扣去，則吃虧更大，殊為不值，全體人員既主張退回庫倫，我亦無法持異議。這條路是出不得事的，擬電馮請派兵護路，我意只要派數百騎兵巡行至阿拉善一帶就可以了。東大公究非我們的死敵，但以不與交戰，不傷其人以免成仇為要，所以此次是必須退避三舍的。聽說東大公很高興，對人誇口謂西北軍尚且怕他。日後西北軍運械之路暢通，迄未派人護路，東大公再也不來劫車，蒙古人心理，我們總算摸到了。

回至庫倫後，我決經西伯利亞由海參威回國。西北軍在國民政府的代表，為李鳴鐘、劉驥，我將曉以利害，向其要運輸經費。我們遙想李鳴鐘可以當家，我是和他極相得的，預計他們必然代西北軍要到許多錢，而且寄不回去西北。我們打算向他們要二百萬至一百萬，自己買五百輛道奇車，帶司機前來，預備六個月運完。但事實否定了我的計劃，等到十六年徐州會議召開時，蘇俄即不許我們將軍械運走了。陰錯陽差，路路不通、未及二年，馮玉祥即完全失去造成第一勢力之機會，天歟人歟！

臨行時陳繼淹問我，什麼時候回來？我乾脆的答道：「再來不值一文錢，請我到蒙古做皇帝也不幹了。」事後有人譏為語讖，然即馮氏夫婦以失敗之全部責任歸我，亦不敢辭，問題是我是否有此榮譽而已。

二十、從海參威回國到徐州會議

華僑在西伯利亞，除纏回人由新疆，蒙古人由外蒙越境外，大部中國人均來自東三省。沿邊數千里，自黑河、伯力、雙城子、滿洲里沿邊數千里，有的以合法手續入境，有的違法偷越，亦防不勝防。東北移民，其原籍為山東，故西伯利亞華僑，什九皆山東人，而河北人亦間有之。少時所聞，青田人賣圖章，湖北人賣紙花，步行西伯利亞以至歐洲之事，我在俄一年餘，雖勤於訪問，亦未有所獲，大概現在已絕跡了。

中國人生活力之強韌，冠於世界，尤其山東人至東三省之移民，無須政府之補助，而能自行移往開墾，誠為世界所鮮有。其相率進入西伯利亞，如蜂擁與蟻附，這是證明在彼謀生較易。然其較易之原因，不盡由於物產之較庶，因為西伯利亞，無論從耕種、畜牧、佃獵、經商各方面言，均不較東三省為優勝。實因中國人品質，無論以智力、勤勞、與刻苦言，均較俄人為優。以此華僑之在西伯利亞者，以優勝劣敗之理，而根深蒂固，比俄人自己為更站得住。其人數雖無正確統計，但約略的估計，至少亦在數十萬以上。西伯利亞沿鐵路各城市，無慮數十，到處皆見華僑。

俄人素以能堅壁清野自豪，第一次世界大戰時，美軍盡佔西伯利亞，而終以主客異勢，不得不退出。假令中國軍隊進佔西伯利亞，則有優越社會地位之華僑，必起而支持，至少使俄人堅壁清野的計劃，大大打個折扣，也可能使之失敗。此種想法，實不自本人始，一八八〇年前後，左宗棠為了伊犁問題欲與俄人戰，就打過這種主意。而曾紀澤的對俄外交，因為有了左氏的後盾，故能收回少許崇厚已喪失的權利。日本人進佔西伯利亞，則利用白黨之謝米諾夫，謝氏雖為俄人，亦起用若干西伯利亞華僑。若張宗昌本為海參威一帶賭場之看門人，為謝所用，始搞軍隊，而其任山東督軍時之長矛騎兵，固仍謝米諾夫白軍之舊。

庫倫曾為白黨所佔，赤黨之俄蒙人多逃亡，後來美軍退出西伯利亞，要求日軍亦同時退出，庫倫始為赤軍所重佔。美國人天真之處，常誤以自己無辦法之事，認為他人亦無辦法。且即知道他人有辦法，亦不顧鄰之厚，己之薄，而破壞了均勢。其將西伯利亞交還蘇俄，而換得俄人通商與和平的空頭支票。不料於交還西伯利亞時，並附帶加增了一項禮物，即把蘇俄侵略之果的外蒙，亦一併交給它了。我想美國專家們拉鐵摩之類的研究成績，幫了蘇俄不少的忙，而我們則在《雅爾達協定》之後，始完全明白，亦未免太遲了。

蘇俄對於西伯利亞華僑的能起作用，是清楚的，所以非急於想辦法不可。其消極的辦法自然是殘殺與沒收財產，使其在西伯利亞立不住腳。這些華僑都是冒險家，往往沒有帶家眷去，看到取締他們，就溜回來了。但是溜回來又可溜回去，華僑之所以能立足，不靠憑藉而靠自己生存的能力。只要在西伯利亞的俄人智慧仍然落後，華僑們會捲土重來的。於是俄人覺得單憑消極方法不夠，而非積極的加以利用，變為自己的工具不可。

其道為將這班人組織起來，幫助他們偷進東三省打劫一番，飽掠而去。遠在蘇聯之遠東共和國的時代，中國共產黨尚未正式成立之候，海參威就有韓國師二師，中國師一師。民國十五年他們計劃把這三師人借給我們，成立東北軍總司令部，馮玉祥先委李烈鈞後委張秋白為總司令，前文已經表過。我到海參威後，見過這位中國軍的師長，他姓王，有兩撇鬍子，人因稱之為王鬍子。聞其去年曾入吉林打劫，以弟兄們傷亡過多，所以沒有剩什麼錢。西北軍派在海參威與王氏聯絡者，為張建侯，其人於賭嫖吹無所不為，與王打得火熱。此殊可為馮氏慶得人，倘派循規蹈矩的人，未必能如是之水乳交融。他們都住在海參威一家中國戲院之後台內，而且這家戲園每晚仍舊演出八音聯彈之七八兩本《貍貓換太子》。王氏夫婦，人亦爽直，均能馬上双手發槍，百發百中，其妻且為小腳。有一次以數騎而困擾正規車一營人，威名因以大著。惟韓國二師人之負責人，則未見面，蓋吾人本無意成立東北軍總司令部，而蘇俄亦未坦然以軍隊交與我們。

梁柏台時任海參威省府委員，乃中國共產黨派往海參威之代表，為陳獨秀的親信。他是浙江第一師範的學生，記得是紹興人，張建侯要他介紹加入共產黨，而他不肯，反謂奉陳獨秀、李守常命令要我加入。我告以中國共產黨尚未定型，我在北京與李守常研究過，根據歷史的發展，蘇聯可能重採帝俄的路線。則我們和蘇聯的關係，將重新調整過，所以我得守常的同意，只加入國民黨而不加入共產黨。最後我請他把我的話，轉告上海的陳獨秀，到上海後，我們見面時再研究何如？他亦贊成，讀書人彼此都能推誠相見，我絕不疑心老實話會引起我在客中的麻煩。然不出所料，梁氏因以對我倍加親切，所得到的不是麻煩，而是無形中的若干便利。

我在海參威住在俄式旅館中，中午常到王鬍子那裡吃中國菜，晚間看中國戲。俄國金盧布無形中貶值，在海參威日本正金銀行的黑市，最近匯價從八折跌至六折，這是蘇俄新建設所引起的。我們帶的金盧布如交正金銀行匯到上海，則立刻吃虧一半，倘使不願的話，只好把錢存在蘇俄，且須在上海有錢可用。蘇俄海關，對於金盧布票，不特不准帶進口，並且不許帶出口，只好走黑市的路。我存了二千元在蘇俄，至今尚未取出，業已分文不值了。隨身帶四五百元金盧布，預備作零用的，亦為海關繳去。同行的俄人，與海關講妥，將此款改寄其家作家用，到滬後給我一百五十美金，使我的困難，始得解決。此一俄人名保路衛Borovy，懂得中文，為北京大使館經常派駐西北軍之聯絡員。他亦同船赴上海，可稱是巧遇，也可能是蘇俄派他來跟踪監視我們的。

船為不及一千噸之貨船，我們都住在船員房中，大概把我們報作船員，因為貨船是不許載客的。時在冬令，海參威出海時，以破冰船前導，我還是初次見識到。行五日始至上海，沿途風浪甚大，船又陳舊，頗感危險。抵滬後大家都匿在船長及大副室內，泊於十六舖。但以貨船故，海關未上船檢查，須翌日報關後始來驗貨。我們一行七八人，則於晚間悄悄登陸，實為偷渡性質。

時孫傳芳軍尚在滬上，我們頗有戒心。幸托租界庇護，我即移鋪蓋於我叔處，地在英界麥根路福星里。時為舊曆除夕之前一日，勞人少休，在家過了一個很愉快的新年。

時國民政府已定都武漢，蔣總司令敗孫傳芳於南昌，孫軍已退至南京，惟在浙之國民革命軍受挫，夏超死焉。而革命軍中內鬨方始，國共之裂痕已著，武漢政府隱然為親共之大本營，徐謙代國府主席，鮑羅廷暗中操縱之。西北軍正代表李鳴鐘徘徊滬上，副代表劉驥素親共故在武漢，兼任軍政部之陸軍處長。我知道武漢給西北軍餉每月二百萬，皆在劉手中。為了想拿到二百萬充庫倫運械的經費，遂促李鳴鐘赴武漢，實行正代表職權。劉氏之所以排李能成功，完全共產黨替他撐腰。我想法使共產黨不再支持劉，而不與李氏為敵，則李氏自願前往做正式代表。我因函陳獨秀，告以目的在得二百萬之運械費，非擁李出來，則劉氏死把住錢不肯放，要耽誤事，所以問計於他。

陳氏接到信後，即派其秘書王若飛與另一人（似李維漢）來談，彼此都是留法的熟人，所以無保留地談起來了。他們說，「仲甫先生（即陳獨秀之字）不敢到英租界所住的地段來，且已有三星期未出門一步，所以請我們來幫助你解決問題。」隨即取出陳氏致鮑羅廷的信，信為白報紙之拍紙簿上撕下來的紙，用紅墨水以鋼筆寫成，係出親筆。信上大意說，他是知道我最深的人，本是和他一起做新文化運動的，現在和李鳴鐘前來，擬為西北軍籌款，運存在庫倫的器械，請竭力幫忙等語。

若飛進而問我運械經費的必要，並願於西北軍情形有進一步的瞭解。我告以在西北軍，李鳴鐘占第二席，馮氏告假辭職時，總是李氏代拆代行的。馮李之私交亦不壞：遠事如辛亥革命在灤州時，馮為王懷慶所扣留，李即率其一排人衝進去，將馮救出來；近事如最近馮氏赴蘇，李亦送了五萬元路費。所以真正能代表馮氏的還是李，為保持國民政府與西北軍的聯繫，使李多負重任，較為妥當。聽說國民政府給西北軍協餉每月二百萬，已有六百萬存在劉處，以匯兌不通無法匯往。而庫倫無錢運械，有武器而不運，延遲打敵人之期間，是可惜的。上海至庫倫之匯兌是通的，甚至庫倫至蘭州之匯兌亦通的。劉氏把住此款，而利用鮑羅廷為後盾，然我不願參加糾紛，所為是籌運械費而來。只要劉拿出一二百萬運費出來，並不強迫他將六百萬掃數由庫倫轉匯西北。李鳴鐘是一位無政治立場的一張白紙，其將來之政治動向與關係，我實不知道。

談到政治關係，若飛就提起梁柏台來了。他說，「梁柏台致仲甫的信已經收到，你的態度怎樣？」我的答覆是我現在為西北軍辦事，只是事務員，不應該拿出自己政治態度來的。他問我與仲甫的關係，既然如此的好，何以只加入國民黨，而不加入共產黨？我告以這是李守常的主張，我們都是研究歷史的，循蘇俄發展之跡，怕他要走上沙皇的舊路。〔按李守常此項觀察，知者甚多，李秋生亦如此說，並非阿其所好，而硬為之辯護。〕守常尚且如此懷疑，我的懷疑則尤甚，到了蘇俄之後，則懷疑獲得結論，更不考慮加入共產黨問題了。

我於是大發議論，認第三國際與列寧堅持行動必須統一為不合理。列寧認為各國共產黨，若拿出自己的主張，而不肯聽第三國際的命令，則要第三國際何用？我倒要反問一句，假使隨便聽第三國際的指導，而中國人自己無主張，則要中國人何用？我看仲甫、守常，都是搞民主運動的，決不令屈己從人，失去自主，這是我可斷言的。而將來真正能服從蘇俄的，還是下一代講現實的小夥子，於時黨內衝突必起，恕我不參加糾紛了。若飛他們二人，亦默然無語，不再談下去了。臨行時說，一切當為轉達，他們已經諒解，當然要設法幫助我們到武漢去，以壯行色。

李鳴鐘獲到中國共產黨不幫助劉驥反對他的諾言，自然願意到武漢去，以否定他迷戀於十里洋場的謠言。去的方法，是日本人代我們佈置的。松室孝良亦在上海，花了許多錢，請我們吃飯叫藝妓。因以見了許多日本要人，包括阪西、阪垣，以及以前幫助孫黃革命的黑社會前輩，我與李鳴鐘、韓安三人，遂乘日輪鳳陽丸，前往漢口。因為南京、上海、九江一帶，仍是孫傳芳的防地，只好藏在船長室內。這種請教日本人的旅行保險，往往要出很大代價的，我們拿不起保險費，所以分文未給，這是要多謝的。

到漢口後，我們住東方旅館，劉驥來看我們，他對我特別拉攏，而只是敷衍李鳴鐘。倒要我出席政府之聯席會議，報告西北與庫倫近況，並要求增加協款，我依其意而出席報告。庫倫運械費，他只答應十萬元，過數日即給我金城銀行匯單看，說已匯出了。但對於李鳴鐘把正代表的責任負起來的話，仍然一字不提。辦事處都是他的人，我們亦不想搬進去，看起來我們以無法久留。不過出席的榮譽，與十萬元運費的匯出，這是陳獨秀的面子，亦是值得多謝的。但以共產黨中央執行委員會委員長陳獨秀的主張，尚且無法使李鳴鐘實行其正代表的職權，而仍由副代表來霸佔，可見陳獨秀是無用的，只要巴結到鮑羅廷就成了。以是而受了民族自尊心的衝激，堅決的走到反共之路。

先是我找了鮑羅廷三次，兩次都只找到張太雷，他是新式的買辦，獐頭鼠目，我不願意和他多談。第三次適遇鮑氏外出，遇之於門，一面走一面談，談了不到十分鐘。他的結論為：「我們只認西北軍代表劉驥，你們有什麼事，須要經過他，再到我們這裡。」我忍不住了，乃說，「西北軍的代表，是要西北軍派出的，現在只認其副代表，而不認其正代表。鮑先生的話使我不解，所稱我們，究竟是代表第三國際，中國共產黨，抑是武漢政府？」他見我生氣，遂敷衍地說，我們約劉驥來商量一下再說。我氣極了，乃函陳獨秀，告以運械費匯出十萬元，謝謝他。至革命前途，我誓將外國流氓趕出中國再講，其他不談了。

那時黃郛與李鳴鐘，在漢口德明飯店見面，邀我們赴南昌與蔣總司令接洽，我們遂離武漢。到九江時，總司令部情報處長殷汝耕，招呼我們，上南潯路火車。到南昌時，總司令部副官處派人來迎，招持我們下榻於大旅社。當日下午三時即被請至總司令部談話，直至內進三間洋房。當中一間為張群、陳果夫二人，分別會見黨政諸人之地，各據一案頭。我們被延入東廂房，見其分為內外兩間，蔣總司令據外間窗口書桌批公事，讓我們到內間去坐。我見他穿中山裝，著布鞋，較到南京後之威嚴凜然大不相同。到內間時，見到譚延闓坐在那裡等我們，他陪我們從三點鐘談起談到六點鐘。而內間至外間之門仍開著，蔣總司令一面批公文，一面聽我們談話，聽到緊張時，即擱下筆來，點點頭和我們笑笑。那時他才明白，馮氏不特不至附共，而且是反共的。

七點鐘蔣總司令請我們晚餐，陪客家有譚延闓、李烈鈞、黃郛、張群諸人。飯後到黃郛那裡去坐，他住在總司令部之西花廳。第二天李烈鈞、朱培德請我們吃飯，所談皆為反共問題。我瞭解當日情形，黨政大權既在武漢政府，而軍權亦大部操於親共者之手。蔣總司令所能把握到者，不過三分之一，要大家合力，湊在一起，始有辦法。西北軍即能幫助他，亦是遠水救不得近火。我們遂問他要了十萬元之庫倫運械費，折回上海。

國民革命軍到了南京，組織政府，下令清共。時汪精衛、陳獨秀聯合宣言，主國共合作，但時機已太遲了。蔣總司令命我攜其親筆函，和密電本，回西北晤馮。此外還有蔡元培、吳稚暉、李石曾諸人之親筆函，力主反共。我由上海經張作霖之北京天津防地，而至閻錫山處，時閻已與國府有接洽，故以汽車送我至運城。我坐騾車到風陵渡，隔岸即為潼關，時馮玉祥適自西安移軍至此。我到後即向其報告三小時，清共之議遂決。

至鄭州後，馮與唐生智、張發奎等，開鄭州會議。以河南地盤讓馮，而唐等回師東進，聲言討蔣。鄭州會議方閉幕，馮即派我赴徐州，晤見李宗仁、白崇禧諸人。在白氏所寓之交通銀行，談了三小時，決定蔣馮在徐州會晤。翌日蔣氏已到，同來者有吳稚暉、李石曾、黃郛、何成濬、方本仁、陳立夫、李鳴鐘諸人。李氏與我陪蔣總司令代表何成濬、方本仁二氏至歸德迎馮。翌日馮即東來，蔣總司令以專車親自迎之於馬牧集附近。馮李和我三人即登其藍鋼車，到客廳後，將星雲集。馮一一請教姓名，以南北語言之隔，且以賀耀組誤為何應欽，賀即遞上其名片。徐州會議之結果，由蔣馮聯名通電取消武漢政府，國民政府每月協濟西北軍餉二百萬，並實行清黨，送鮑羅廷回國。

我與李鳴鐘、韓安三人，充西北軍駐南京代表。我代表馮氏列席政治會議，一度被提出為內政次長並代部。但我自參加馮幕起，至此已是四年，有點疲倦。而且李守常被殺於北京，清共之役，朋友中死者尤多，遂加上一點懺悔。疲倦與懺悔，逐漸擴大，驅使我非改變生活不可。於是乘機漸漸脫離政治，不到三年，我已成為與政治絕對無關之人，純為教授了。

此二十餘年中，並非沒有從政的機會，但是無論如何，始終提不起精神來。歷次內戰，均未參預，即對日抗戰之民族戰事，亦未激發起往日的熱情，不克盡國民之天職。獨於共產黨勢力逐漸興起之後，我心中內燃之火，亦隨以成正比例的熾熱起來，至今殆已達到爆炸的頂點了。

全文完

血歷史206　PC1029

新銳文創
INDEPENDENT & UNIQUE

俄蒙回憶錄

原　　著	毛以亨
主　　編	蔡登山
責任編輯	楊岱晴
圖文排版	蔡忠翰
封面設計	劉肇昇

出版策劃	新銳文創
發 行 人	宋政坤
法律顧問	毛國樑　律師
製作發行	秀威資訊科技股份有限公司 114 台北市內湖區瑞光路76巷65號1樓 電話：+886-2-2796-3638　傳真：+886-2-2796-1377 服務信箱：service@showwe.com.tw http://www.showwe.com.tw
郵政劃撥	19563868　戶名：秀威資訊科技股份有限公司
展售門市	國家書店【松江門市】 104 台北市中山區松江路209號1樓 電話：+886-2-2518-0207　傳真：+886-2-2518-0778
網路訂購	秀威網路書店：https://www.bodbooks.com.tw 國家網路書店：https://www.govbooks.com.tw

出版日期	2021年11月　BOD一版
定　　價	350元

Printed in Taiwan

國家圖書館出版品預行編目

俄蒙回憶錄/毛以亨原著；蔡登山主編. -- 一版. -- 臺北市：新銳文創, 2021.11
面；　公分. -- (血歷史；206)
BOD版
ISBN 978-986-5540-80-7(平裝)

1.毛以亨 2.回憶錄 3.內蒙古自治區 4.俄國

782.887　　110017038